中国产业园区持续发展蓝皮书
中国100强产业园区持续发展指数报告

同济大学发展研究院

任 浩　甄 杰　叶江峰　刘 斌
唐开翼　郭卓玭　欧阳娟　　　　著

同济大学出版社
Tongji University Press

内 容 提 要

本书分析了2017—2018年中国产业园区持续发展态势,探索了产业园区形态演进的规律特征。以"中国产业园区改革开放40周年进程"为专题,以独特的视角客观发现和探究产业园区的发展。本书延续了2013年中国产业园区持续发展的评价指标体系,对2017年中国产业园区持续发展进行了综合排名与分析。

本书对于产业园区的政府主管部门领导、产业园区的管理者,以及相关研究人员了解产业园区最新数据,掌握理论研究成果,指导产业园区持续发展具有重要的参考价值。

图书在版编目(CIP)数据

2018中国产业园区持续发展蓝皮书:中国100强产业园区持续发展指数报告/任浩等著.--上海:同济大学出版社,2018.12
ISBN 978-7-5608-8243-7

Ⅰ.①2… Ⅱ.①任… Ⅲ.①工业园区-可持续性发展-研究报告-中国-2018 Ⅳ.①F424

中国版本图书馆CIP数据核字(2018)第261825号

2018中国产业园区持续发展蓝皮书
中国100强产业园区持续发展指数报告

任 浩 甄 杰 叶江峰 刘 斌　著
唐开翼 郭卓玑 欧阳娟

责任编辑　熊磊丽　　**责任校对**　徐春莲　　**封面设计**　潘向蓁

出版发行	同济大学出版社　www.tongjipress.com.cn
	(地址:上海市四平路1239号　邮编:200092　电话:021-65985622)
经　销	全国各地新华书店
排　版	南京新翰博图文制作有限公司
印　刷	上海丽佳制版印刷有限公司
开　本	787mm×1 092mm　1/16
印　张	16
字　数	399 000
版　次	2018年12月第1版　2018年12月第1次印刷
书　号	ISBN 978-7-5608-8243-7
定　价	228.00元

本书若有印装质量问题,请向本社发行部调换　　　版权所有　　侵权必究

序　言

2018年的蓝皮书如期而至。

在今年的蓝皮书中,我们一如既往对2017年的百强产业园区进行了梳理排序。在此基础上,对百强园区的持续发展综合指数、区域指数、类别指数等进行了年度系统分析,并进行了五年趋势对比分析。通过这样的年度分析与对比分析,让关心园区领域的部门和人士能更好地了解并掌握产业园区发生的基本状况与主要特征。

本书也一如既往地进行了专题分析。每年结合一个热点或重大问题进行专题分析,是本书与众不同的特色之一,迄今为止,已有"中国产业园区持续发展评价指标体系构建""中国产业园区发展30年""中国产业园区软环境""中国产业园区国际化"和"中国产业园区制度"等专题,今年的专题是"中国产业园区改革开放40年进程"。中国改革开放40年,如果离开了园区的参与,就失去了极为重要的一章,甚至可以说,中国改革开放的重阵建于园区、始于园区。过去一直以为深圳、珠海、厦门、汕头特区的建设是中国改革开放的先驱,这样的观点有失偏颇。实际上,蛇口工业园的诞生早于深圳特区,是推动特区发展的重要构成。而且,蛇口工业园的理念与精神开启并构筑了深圳这座中国最活跃、最年轻的特色城市的基础。

在园区改革开放40年进程中,我们组织团队紧扣两个主要问题进行研究,即研究园区40年中发生了什么？发生背后的动因又是什么？这样的研究是基于作为独立于政府主管部门和园区实务部门的第三方,我们的使命始终是努力客观地去发现和探究园区发展的真实,而不是作主观的价值判断。对园区40年的分析是试图为中国改革开放40年提供一个独特视角,也是为园区已有的分析和未来的分析提供不同的分析框架和观点。对此专题感兴趣的读者可关注本书第2章。想了解得更全面些,可扩展阅读我们组织编写的专著——《园区不惑:中国园区改革开放40年进程》(上海人民出版社,2018年)。

正因如此,今年的园区论坛主题也选定为"求质图新:产业园区改革开放40年",希望蓝皮书的相关内容和观点能为"12·3"论坛抛砖引玉,更希望能得到各位的指点和完善。

感谢仲东亭、李军强、易静怡、邱纤雨、靳元青、王宇、吴逸凡、田嘉哲、曲怡颖、陶晨、巩祥彬、李梦祺、冯荣、于洋、赵燕、刘博超,以及任一、蒋宁琪、张语孙等,他们参加了项目研究、本书撰写或数据整理等工作;感谢"中国产业园区改革开放40年进程"项目研究团队;感谢一直以来给予我们宝贵支持的国家发改委、科技部、商务部、中国开发区协会等的指导;感谢一直以来给予我们积极支持的新华社、《人民日报》等媒体的关注和报道;感谢园区界与学界的参与和支持。特别要感谢同济大学和同济大学经济与管理学院以"将论文写在祖国大地上"的理念,始终如一地给予这项研究的特别支持和帮助。

2018年10月

2013 中国产业园区持续发展蓝皮书·序言

中国产业园区是中国经济发展的重要平台。据统计,截至 2012 年 12 月,全国开发区以占全国不到 2% 的开发土地面积创造了全国 GDP 总量的 12.8%。本蓝皮书研究显示,全国 100 强产业园区 GDP 总量约为 71 678 亿元,占所有国家级经济开发区和高新产业区 GDP 总量的 78%,进一步证明了产业园区特别是 100 强产业园区的重要地位。但美中不足的是,产业园区的研究存在着经济技术开发区与高新技术产业开发区评价指标不统一、评价内容不持续、评价方法难以量化的状况。为此,同济大学发展研究院基于对国内外产业园区发展路径理论的长期研究和对产业园区产业规划的丰富实践,撰写了本蓝皮书。

在研究与撰写中,我们关注的是中国产业园区的持续发展,它区别于短期的发展概念,也区别于偏重环境生态保护的可持续发展概念。"持续发展"是以"可持续发展"理念为基础,强调发展的状态,即在可持续发展的理念下,注重存量与增量协调、突出内部与外部互动、强调经济与社会和谐的长期发展状态。由此,中国产业园区持续发展即指中国产业园区以"可持续发展"理念为基础,注重存量与增量协调、突出内部与外部互动、强调经济与社会和谐的长期发展状态。《2013 中国产业园区持续发展蓝皮书》是国内第一次对产业园区的发展指数进行研究;构建的持续发展评价指标体系,是对中国产业园区未来发展的重要引导;提出的"三聚"(聚核、聚链、聚网)产业园区发展模式,是对我国产业园区发展历程的实践总结和理论提炼。

《2013中国产业园区持续发展蓝皮书》主要包括六部分内容。一是分析中国产业园区的内涵、类型与功能,构建持续发展的评价指标体系;二是综合排名分析,形成中国产业园区持续发展竞争力百强榜单,并进行指标得分与均值排名;三是区域性排名分析,具体展示东、中、西部地区产业园区持续发展的竞争力情况,以及各省份产业园区的排名情况;四是产业园区类别分析,针对高新技术产业开发区和经济技术开发区,分别就其总体情况、前10强情况以及单项指标进行排名;五是园区产业合作情况排名分析,阐述产业合作的理论与实践背景,对产业合作前10强进行总体、区域和类别分析;六是对中国产业园区持续发展的趋势、瓶颈进行剖析,提出概要性的对策建议。

本蓝皮书指标体系的构建理念包含三个方面:一是重视持续发展。长期以来,产业园区存在着"重外部优惠政策,轻内生动力培育;重零星招商引资,轻产业链整合打造;重经济指标提升,轻区域系统协调"的瓶颈问题。本蓝皮书从"存量与增量、内部与外部、经济与社会"的三个结合,构建了产业园区持续发展指标体系。二是形成统一评价。对产业园区的现有评价指标体系基本是针对某类别、某区域或某级别园区进行专门性评价,没有对中国产业园区发展进行全面统一观测。本蓝皮书深入研究各类园区特征,将经济与创新、使用外资与出口创汇等进行等值换算,实现统一评价。三是强调"三聚"路径。由于历史原因,现有产业园区存在着自发性的道路特征。本蓝皮书依循产业园区的发展规律,提出了确定主导产业并吸引核心企业以"聚核"、拓展纵向产业链和横向服务链以"聚链"、打造公共平台并进行功能体系建设以"聚网"的"三聚"发展路径。

本蓝皮书一级指标涵盖了经济发展、创新发展、产业合作、公共服务、社会发展五个范畴。一是经济发展指标。经济发展是产业园区持续发展的基础,表现为经济实力、经济增长两个方面。二是创新发展指标。创新发展是产业园区持续发展的源动力,表现为创新资源、创新平台、创新成果三个方面。三是产业合作指标。产业合作是产业园区持续发展的有效方式,表现为园区内企业集聚度、园区合作状况两个方面。四是公共服务指标。公共服务是产业园区持续发展的支撑条件,表现为区位优势、园区组织结构、配套服务机构三个方面。五是社会发展指标。社会发展是产业园区持续发展的外延扩张，表现为环境保护和社会声誉两个方面。

同济大学发展研究院今后将继续对中国产业园区的持续发展进行观测分析，自2013年起，将每年出版当年的《中国产业园区持续发展蓝皮书》，并发布中国100强产业园区持续发展指数报告。

本蓝皮书由任浩、甄杰、叶江峰、曹宁、陶晨、喻细花执笔；参加撰写的还有马盼、倪慧、黄拓、卢俊美以及张保仓、陈祖胜、卞庆珍、韩振、夏晗、俞珊、曹文晶、李晓玉、王天钰；为本蓝皮书完成作出贡献的专家有霍佳震、周文泳、陈青洲、徐承军等；新华社上海分社、港澳资讯产业股份有限公司等也提供了宝贵的支持；本蓝皮书的合作单位是华东政法大学企业发展研究所。2013年12月30日，《中国产业园区持续发展蓝皮书暨中国100强产业园区排行榜》在同济大学正式发布，中国新闻社、新华社、人民日报、经济日报、解放日报、文汇报等全国24家媒体的领导与记者出席发布会，并对此进行了充分报道；同济大学江波副校长出席会议并致辞。《中国产业园区持续发展蓝皮书》的发布引起了中央有关部委、地方省市级政府、许多产业园区管委会以及专家学者的热情关注与肯定。本书能在较短时间内高质量地出版得益于同济大学出版社，特别是支文军社长的积极支持。在此，向长期以来关心和支持我们工作的同济大学、同济大学经管学院以及社会各界表示诚挚的谢意。

2013年12月31日

目 录

序言
2013 中国产业园区持续发展蓝皮书·序言

第 1 章　2018 年中国产业园区持续发展主报告　　001

- 1.1　2017 年中国产业园区持续发展态势 …………………………… 003
  - 1.1.1　总体分布保持稳定,得分继续反弹回升 …………………… 003
  - 1.1.2　东部领先局面不变,江苏榜首力量增强 …………………… 005
  - 1.1.3　高新经开差距增大,高新全面优于经开 …………………… 007
  - 1.1.4　全能园区数量稳增,均值呈回落式稳定 …………………… 007
  - 1.1.5　西部经济反超中部,高新增速由负转正 …………………… 008
  - 1.1.6　创新发展持续增长,增速高于其他指标 …………………… 010
  - 1.1.7　产业合作稳步回升,产业集聚程度提高 …………………… 012
  - 1.1.8　公共服务升至最高,中部均值增速领先 …………………… 013
  - 1.1.9　社会发展下降尚稳,生态建设形势严峻 …………………… 014
- 1.2　中国产业园区迈向高质量发展阶段 …………………………… 014
  - 1.2.1　三重压力下产业园区发展的挑战和机遇 …………………… 015
  - 1.2.2　产业园区营商环境优化成为持续发展的重要手段 ………… 018
  - 1.2.3　产业园区合作成为区域协调深化发展的重要抓手 ………… 024
  - 1.2.4　产业园区国际化的双向路径不断拓宽 ……………………… 029
  - 1.2.5　新旧动能转换成为产业园区跨越发展的重要方向 ………… 034
  - 1.2.6　生态优化发展逐步成为产业园区发展的共识 ……………… 038
- 1.3　中国产业园区改革开放 40 年发展历程与主要贡献 …………… 043
  - 1.3.1　中国产业园区改革开放 40 年的发展历程 ………………… 044
  - 1.3.2　中国产业园区改革开放 40 年的主要贡献 ………………… 049

第 2 章　中国产业园区改革开放 40 年进程专题报告　　061

2.1　中国产业园区改革开放 40 年发展形态 …………………………………… 063
　　2.1.1　产业园区发展形态的基本内涵 ……………………………… 064
　　2.1.2　从产业单核向多核并举发展的产业形态 …………………… 064
　　2.1.3　从经济为主向经济社会与环境并举发展的空间形态 ……… 073
　　2.1.4　从内部融合向内外融合并举发展的合作关系形态 ………… 076
2.2　中国产业园区改革开放 40 年发展模式 …………………………………… 082
　　2.2.1　产业园区发展模式的基本内涵 ……………………………… 082
　　2.2.2　行政与市场相结合的园区管理体制 ………………………… 084
　　2.2.3　从单维发力到多维共振的园区开发方式 …………………… 087
　　2.2.4　以企业吸引力为导向的园区发展动力 ……………………… 093
2.3　中国产业园区持续发展展望 ………………………………………………… 095
　　2.3.1　产业园区持续发展的愿景：园区创新生态系统 …………… 095
　　2.3.2　产业园区持续发展的关键路径：园区管理体系 …………… 099

第 3 章　中国产业园区持续发展综合排名分析　　109

3.1　综合排名与分析 ……………………………………………………………… 111
　　3.1.1　持续发展综合排名总体状况分析 …………………………… 113
　　3.1.2　持续发展综合排名区域状况分析 …………………………… 115
　　3.1.3　持续发展综合排名类别状况分析 …………………………… 117
3.2　均值以上与均值以下产业园区比较 ………………………………………… 119
　　3.2.1　总体状况比较 ………………………………………………… 119
　　3.2.2　区域状况比较 ………………………………………………… 120
　　3.2.3　类别状况比较 ………………………………………………… 121
3.3　具体指标排名分析 …………………………………………………………… 122
　　3.3.1　经济发展指标排名分析 ……………………………………… 122
　　3.3.2　创新发展指标排名分析 ……………………………………… 124
　　3.3.3　产业合作指标排名分析 ……………………………………… 127
　　3.3.4　公共服务指标排名分析 ……………………………………… 129
　　3.3.5　社会发展指标排名分析 ……………………………………… 131
　　3.3.6　五大类指标得分均值与变异系数比较 ……………………… 134

3.4 百强榜产业园区各年度比较分析 135
　　3.4.1 综合排名状况比较分析 135
　　3.4.2 综合排名区域状况比较分析 138
　　3.4.3 综合排名类别状况比较分析 142
　　3.4.4 经济发展指标排名比较分析 145
　　3.4.5 创新发展指标排名比较分析 145
　　3.4.6 产业合作指标排名比较分析 146
　　3.4.7 公共服务指标排名比较分析 148
　　3.4.8 社会发展指标排名比较分析 148

第4章　中国产业园区持续发展区域排名分析　　151

4.1 东部地区产业园区持续发展竞争力排名分析 153
　　4.1.1 东部产业园区综合排名状况分析 153
　　4.1.2 东部产业园区经济发展排名状况分析 155
　　4.1.3 东部产业园区创新发展排名状况分析 156
　　4.1.4 东部产业园区产业合作排名状况分析 158
　　4.1.5 东部产业园区公共服务排名状况分析 159
　　4.1.6 东部产业园区社会发展排名状况分析 161
4.2 中部地区产业园区持续发展竞争力排名分析 162
　　4.2.1 中部产业园区综合排名状况分析 162
　　4.2.2 中部产业园区经济发展排名状况分析 164
　　4.2.3 中部产业园区创新发展排名状况分析 165
　　4.2.4 中部产业园区产业合作排名状况分析 167
　　4.2.5 中部产业园区公共服务排名状况分析 168
　　4.2.6 中部产业园区社会发展排名状况分析 170
4.3 西部地区产业园区持续发展竞争力排名分析 171
　　4.3.1 西部产业园区综合排名状况分析 171
　　4.3.2 西部产业园区经济发展排名状况分析 172
　　4.3.3 西部产业园区创新发展排名状况分析 173
　　4.3.4 西部产业园区产业合作排名状况分析 176
　　4.3.5 西部产业园区公共服务排名状况分析 176
　　4.3.6 西部产业园区社会发展排名状况分析 178
4.4 各省市国家级产业园区排名分析 180

         4.4.1 各省市入围百强榜产业园区个数与总体得分 …………………… 180
         4.4.2 各省市产业园区持续发展竞争力平均得分排名 ………………… 181
   4.5 区域排名各年度对比分析 ………………………………………………… 182
         4.5.1 东部产业园区排名状况对比分析 ……………………………… 182
         4.5.2 东部产业园区单项指标变动分析 ……………………………… 183
         4.5.3 中部产业园区排名状况对比分析 ……………………………… 185
         4.5.4 中部产业园区单项指标变动分析 ……………………………… 186
         4.5.5 西部产业园区排名状况对比分析 ……………………………… 188
         4.5.6 西部产业园区单项指标变动分析 ……………………………… 189
         4.5.7 各省市排名对比分析 …………………………………………… 191

第5章 中国产业园区持续发展类别排名分析　　195

   5.1 高新技术产业开发区持续发展排名分析 ………………………………… 197
         5.1.1 高新技术产业开发区总体状况分析 …………………………… 197
         5.1.2 高新技术产业开发区前10强排名分析 ………………………… 198
         5.1.3 高新技术产业开发区单项指标排名分析 ……………………… 200
   5.2 经济技术开发区持续发展排名分析 ……………………………………… 205
         5.2.1 经济技术开发区总体状况分析 ………………………………… 205
         5.2.2 经济技术开发区前10强排名分析 ……………………………… 207
         5.2.3 经济技术开发区单项指标排名分析 …………………………… 208
   5.3 高新技术产业开发区与经济技术开发区对比分析 ……………………… 212
         5.3.1 高新技术产业开发区与经济技术开发区总体状况对比 ……… 212
         5.3.2 高新技术产业开发区与经济技术开发区前10强对比 ………… 213
   5.4 类别排名各年度对比分析 ………………………………………………… 215
         5.4.1 高新技术产业开发区排名状况对比分析 ……………………… 215
         5.4.2 高新技术产业开发区单项指标变动分析 ……………………… 216
         5.4.3 经济技术开发区排名状况对比分析 …………………………… 218
         5.4.4 经济技术开发区单项指标变动分析 …………………………… 219

附录　　223

   Ⅰ 中国产业园区持续发展评价指标体系构建 …………………………………… 225
   Ⅱ 中国国家级产业园区名录 ……………………………………………………… 228

第 1 章

2018 年中国产业园区持续发展主报告

2017—2018年，中国产业园区发展整体呈基本稳定态势，园区发展综合指标较上年度有所回升，但其所处发展环境面临的压力趋增，园区发展从高速增长转向高质量发展。在园区追求高质量发展过程中，表现出营商环境优化、园区合作深化、国际化发展路径拓宽、园区新旧动能转换以及生态优化发展等值得关注的热点问题。值此改革开放40年之际，本报告在年度数据态势与热点分析的基础上，系统回顾了中国产业园区改革开放40年的发展历程与主要贡献。

1.1 2017年中国产业园区持续发展态势

2017年，中国产业园区持续发展稳步回升。从区域来看的东部产业园区和从类别来看的高新技术产业开发区发展速度加快；总体来看，2017年中国产业园区发展表现出以下态势。

1.1.1 总体分布保持稳定，得分继续反弹回升

百强榜产业园区区域和类别分布总体保持稳定。76家产业园区连续5年进入百强榜（表1-1），6家产业园区连续5年进入前10强，14家产业园区连续5年进入前20强。

从区域分布看，东部、中部、西部百强榜产业园区分别为49，16，11家，东部地区在拥有百强园区数量方面依然占据绝对优势；从类别分布看，高新技术产业开发区（以下简称：高新区）38家，经济技术开发区（以下简称：经开区）38家，类别分布较为均衡。连续进入前10强的6家产业园区中（表1-1中加"*"的产业园

表 1-1　2013—2017 年持续进入百强榜产业园区名单

省市	产业园区名称	区域	省市	产业园区名称	区域
江苏(13)	*苏州工业园区	东部	河北(3)	保定高新技术产业开发区	东部
	#昆山经济技术开发区			廊坊经济技术开发区	
	南京国家高新技术产业开发区			秦皇岛经济技术开发区	
	苏州国家高新技术产业开发区		四川(3)	#成都高新技术产业开发区	西部
	南京经济技术开发区			成都经济技术开发区	
	无锡国家高新技术产业开发区			绵阳高新技术产业开发区	
	南通经济技术开发区		辽宁(3)	#大连经济技术开发区	东部
	常州国家高新技术产业开发区			沈阳经济技术开发区	
	扬州经济技术开发区			沈阳高新技术产业开发区	
	徐州经济技术开发区		湖南(3)	长沙高新技术产业开发区	中部
	连云港经济技术开发区			长沙经济技术开发区	
	江阴高新技术产业开发区			湘潭高新技术产业开发区	
	江宁经济技术开发区		北京(2)	*中关村国家自主创新示范区	东部
山东(8)	#青岛经济技术开发区	东部		#北京经济技术开发区	
	烟台经济技术开发区		上海(2)	*上海张江国家自主创新示范区	东部
	青岛高新技术产业开发区			#漕河泾新兴技术开发区	
	济南高新技术产业开发区		湖北(2)	*武汉东湖国家自主创新示范区	中部
	淄博高新技术产业开发区			武汉经济技术开发区	
	济宁高新技术产业开发区		天津(2)	*天津经济技术开发区	东部
	威海火炬高技术产业开发区			天津滨海高新技术产业开发区	
	潍坊高新技术产业开发区		陕西(2)	西安高新技术产业开发区	西部
广东(8)	*广州经济技术开发区	东部		西安经济技术开发区	
	惠州仲恺高新技术开发区		黑龙江(2)	哈尔滨经济技术开发区	中部
	广州南沙经济技术开发区			哈尔滨高新技术产业开发区	
	惠州大亚湾经济技术开发区		吉林(2)	长春高新技术产业开发区	中部
	佛山高新技术产业开发区			长春经济技术开发区	
	中山火炬高技术产业开发区		河南(2)	郑州经济技术开发区	中部
	#深圳高新技术产业开发区			郑州高新技术产业开发区	
	珠海高新技术产业开发区		江西(2)	南昌经济技术开发区	中部
	杭州高新技术产业开发区			南昌高新技术产业开发区	
浙江(6)	宁波经济技术开发区	东部	福建(2)	厦门火炬高技术产业开发区	东部
	宁波高新技术产业开发区			福州经济技术开发区	
	温州经济技术开发区		贵州(2)	贵阳高新技术产业开发区	西部
	嘉兴经济技术开发区			贵阳经济技术开发区	
	宁波大榭开发区		广西(1)	南宁高新技术产业开发区	西部
安徽(3)	#合肥高新技术产业开发区	中部	新疆(1)	乌鲁木齐经济技术开发区	西部
	合肥经济技术开发区		云南(1)	昆明高新技术产业开发区	西部
	芜湖经济技术开发区		甘肃(1)	兰州经济技术开发区	西部

区),除武汉东湖国家自主创新示范区为中部产业园区外,其余 5 家均为东部产业园区,其中高新区 3 家,经开区 3 家。连续进入 20 强的 14 家产业园区(除上述 6 家,其余以"♯"标识),东部、中部、西部分别为 11,2,1 家;高新区、经开区分别为 6,8 家。

百强榜产业园区综合得分呈现"U"形趋势,2017 年继续反弹回升。2013—2017 年,百强榜产业园区综合得分均值分别为 0.322,0.306,0.305,0.312,0.319;2014 年和 2015 年百强榜产业园区综合得分均值维持低位,但近两年有提升态势,表明百强榜产业园区发展已经突破"U"形底部,开始反弹回升。2017 年的得分拉升主要得益于经济发展和创新发展,两项指标得分同比分别增加了 8.4% 和 6.5%,产业园区"创新引擎"推动效应显著。2017 年百强榜前 10 强产业园区平均得分为 0.542,较 2016 年上升 5.1%;2017 年百强榜前 20 强产业园区平均得分为 0.452,较 2016 年上升 2.5%;2017 年百强榜前 100 强产业园区平均得分较 2016 年上升了 2.2%。

1.1.2 东部领先局面不变,江苏榜首力量增强

百强榜产业园区区域数量结构保持稳定,东部仍占据大部分席位。百强榜中,东部产业园区 5 年的数量分别为 61,64,64,64,64 家,中部产业园区分别为 22,22,21,21,21 家,西部产业园区分别为 17,14,15,15,15 家,东部产业园区数量持续占据绝对优势。近 5 年,前 10 强产业园区东、中、西部分布比例分别为 8∶2∶0,8∶2∶0,7∶2∶1,8∶1∶1,7∶2∶1,2017 年百强榜前 10 强中,西部产业园区仅成都高新技术产业开发区 1 家。个别产业园区排名有升有降,合肥高新技术产业开发区经济发展指标得分较 2016 年提升 60.6%,使得排名从 2016 年的第 12 名递升至 2017 年的第 8 名,再次进入全国 10 强;青岛经济技术开发区经济发展指标得分较 2016 年降低 29.7%,排名从 2016 年的第 10 名跌落至 2017 年的第 14 名,这也是青岛经济技术开发区 5 年来首次跌出全国 10 强。

百强榜内各区域产业园区平均得分逐年回升,中部增长缓慢,西部增速喜人。2017 年,百强榜东部产业园区平均得分为 0.327,较 2015 和 2016 年分别增

长5.0%和2.5%；中部产业园区平均得分为0.311，较前两年分别增长0.5%和0.46%；西部产业园区平均得分为0.297，较前两年分别增长8.4%和3.1%。

百强榜省域分布前3强持续保持不变。2013—2017年，百强榜产业园区主要分布在全国29个省市，数量居前3强的省份均为江苏、山东和广东，三省所含百强榜产业园区数量连续5年在7家以上，且总数稳定上升，分别为36，39，39，40，40家。

2017年，江苏以入榜20家园区遥遥领先，海南洋浦经济开发区首次进入百强榜。2013—2017年，江苏省发展势头最强，连续5年拥有百强榜产业园区的数量最多，分别为15，17，19，20，20家，各省市百强园区数量分布如表1-2所示。此外，2017年海南洋浦经济开发区得益于经济发展指标（同比增长192.1%）、创新发展指标（同比增长85.3%）和社会发展指标（同比增长17.2%）的拉升，五年来首次进入产业园区百强榜。海南洋浦经济技术开发区的发展离不开海南省整体发展的带动，2017年，海南省经济运行实现稳步增长，地区生产总值实现7%以上的全年预期目标。海南省不断加大经济发展改革力度，成立全国唯一省级规划委员会，省域"多规合一"改革试点取得重要进展。同时，对重点园区提供

表1-2 2013—2017年百强榜产业园区省域分布数量

省市 年份	江苏	山东	广东	浙江	辽宁	安徽	河北	上海	四川	吉林	湖北	湖南	河南	福建	陕西
2013年	15	13	8	7	4	5	3	4	4	3	3	3	2	3	3
2014年	17	12	10	7	5	4	4	3	3	3	3	3	3	2	2
2015年	19	11	9	6	5	4	4	3	3	3	3	3	3	3	3
2016年	20	11	9	7	4	3	4	3	3	3	2	3	3	3	2
2017年	20	11	9	7	4	3	4	3	3	2	2	3	3	3	2

省市 年份	黑龙江	北京	贵州	江西	天津	云南	重庆	广西	新疆	甘肃	山西	青海	内蒙古	海南	
2013年	3	2	2	2	2	2	1	0	1	2	2	1	1	0	
2014年	3	2	2	2	2	1	1	1	1	1	1	1	0	0	
2015年	2	2	2	2	2	2	2	1	1	1	1	0	0	0	
2016年	2	2	2	2	2	1	2	1	2	1	2	0	0	0	
2017年	3	2	2	2	1	2	1	2	2	1	2	0	0	1	1

"极简审批"服务,加大对外开放,推动跨境电子商务发展,洋浦保税港区建成跨境电商综合示范区,园区发展势头较好。

1.1.3　高新经开差距增大,高新全面优于经开

百强榜高新区与经开区在数量上平分秋色。2013—2017年间,百强榜高新区与经开区各自数量基本稳定维持在50家左右,但2017年百强榜园区前10强中,高新区与经开区的比例由2016年的5∶5转变成了6∶4,高新区在数量上略胜一筹。

百强榜高新区得分领先经开区。2017年,高新区和经开区平均得分持续上升,其中,高新区综合得分均值为0.323 8,经开区综合得分均值为0.314 6,高新区在平均得分上高于经开区。此外,在2017年百强榜前10强中,高新区的综合得分均值为0.580 1,而经开区的综合得分均值为0.484 9。

百强榜高新区增速领先经开区。2017年高新区综合得分均值较2016年提高了2.8%,2016年同期增速为1.2%;2017年经开区综合得分均值较2016年提高了1.6%,2016年同期增速为3.4%,2017年高新区在平均得分增速上领先于经开区。

1.1.4　全能园区数量稳增,均值呈回落式稳定

2013—2017年,全能园区[①]数量分别为5,7,7,8,10家。2017年百强榜上的10家全能园区中,东部占7家,中部2家,西部1家,成都高新技术产业开发区成为西部唯一一家全能园区。4家园区连续5年入选全能园区(表1-3中以"＊"标注),较2016年新增2家(表1-3中以"♯"标注),其中,合肥高新技术产业开发区五年来首次入选全能园区,中关村国家自主创新示范区和苏州工业园区则成为2017年的五项全能型园区。

百强榜全能园区平均得分以"L"形回落并保持稳定。2013—2017年百强榜全能园区平均得分分别为0.571 1,0.570 9,0.541 4,0.542 0,0.542 0。2015年,全能园区平均得分出现较大回落,此后连续三年基本稳定。

---

① 全能园区是指在5个单项指标得分排名中,有至少4个指标进入单项排名前20强的园区。

表 1-3 2013—2017 年百强榜全能园区汇总

年份	全能园区名单
2013 年（5 家）	中关村国家自主创新示范区、上海张江国家自主创新示范区、苏州工业园区、广州经济技术开发区、天津经济技术开发区
2014 年（7 家）	中关村国家自主创新示范区、上海张江国家自主创新示范区、苏州工业园区、广州经济技术开发区、天津经济技术开发区、上海漕河泾新兴技术开发区、武汉东湖国家自主创新示范区
2015 年（7 家）	中关村国家自主创新示范区、上海张江国家自主创新示范区、苏州工业园区、广州经济技术开发区、天津经济技术开发区、长春高新技术产业开发区、南京经济技术开发区
2016 年（8 家）	中关村国家自主创新示范区、上海张江国家自主创新示范区、苏州工业园区、广州经济技术开发区、武汉东湖国家自主创新示范区、北京经济技术开发区、深圳高新技术产业开发区、成都高新技术产业开发区
2017 年（10 家）	*中关村国家自主创新示范区(5 项全能型)、*苏州工业园区(5 项全能型)、上海张江国家自主创新示范园区、*广州经济技术开发区、#天津经济技术开发区、成都高新技术产业开发区、武汉东湖国家自主创新示范区、深圳高新技术产业开发区、北京经济技术开发区、#合肥高新技术产业开发区

1.1.5 西部经济反超中部，高新增速由负转正

百强榜产业园区经济发展指标平均得分持续上涨。近 5 年百强产业园区经济发展指标平均得分分别为 0.048 5，0.041 6，0.037 1，0.040 4，0.043 8。2014—2017 年同比增长率分别为 -14.23％，-10.82％，8.89％，8.35％，近两年稳定增长，主要得益于百强榜园区总收入和税收均保持高速增长，其中出口总额实现逆势上扬。2012—2017 年，百强榜产业园区出口总额分别为 5 664.63，6 206.07，6 777.37，6 856.03，6 304.30，6 980.15 亿美元；税收收入分别为 13 048.5，15 351.25，17 468.07，18 058.46，19 724.67，21 834.48 亿元人民币；总收入分别为 161 920.00，193 065.51，220 100.45，229 422.86，250 023.40，272 775.07 亿元人民币。如图 1-1 所示，2017 年百强榜产业园区的出口额增长率、税收增长率、总收入增长率分别为 10.72％，10.70％，9.10％。出口总额增长率逆转前三年下降趋势，以 10.72％的增长率居五年之首。

从区域分布来看，东部经济发展优势明显，西部强势追进，反超中部。如图 1-2 所示，近五年百强榜东部产业园区经济发展指标平均得分分别是 0.051 6，0.044 6，0.037 9，0.044 0，0.048 6，2014—2017 年同比增长率分别为 -13.65％，-15.01％，16.05％，10.45％；近五年百强中部园区经济发展指标

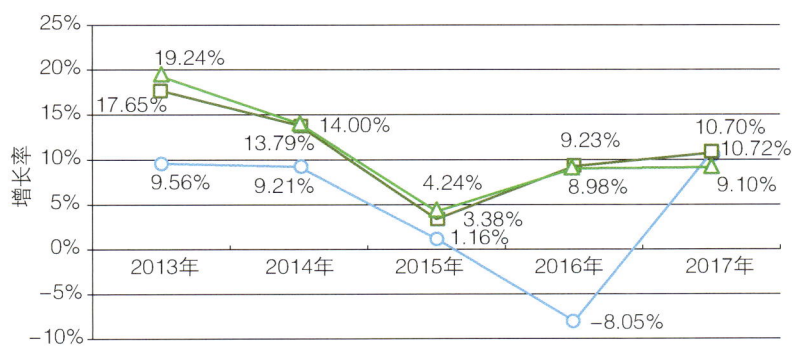

图 1-1 2013—2017 年出口总额、税收收入及总收入同比增长率

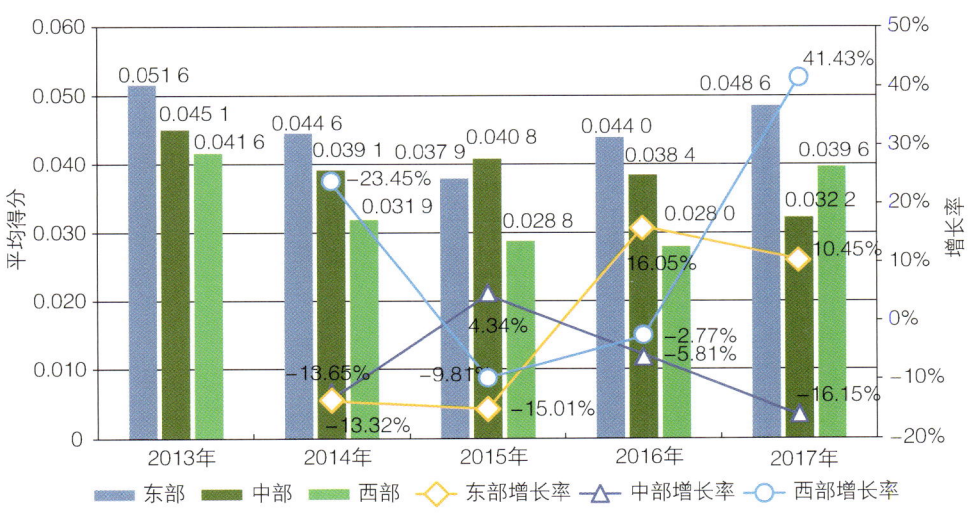

图 1-2 2013—2017 年各区域园区经济发展指标平均得分比较

平均得分分别是 0.045 1，0.039 1，0.040 8，0.038 4，0.032 2，2014—2017 年同比增长率分别为 −13.32%，4.34%，−5.81%，−16.15%；近五年百强榜西部产业园区经济发展平均得分为 0.041 6，0.031 9，0.028 8，0.028 0，0.039 6，2014—2017 年同比增长率分别为 −23.45%，−9.81%，−2.77%，41.43%。2017 年，西部产业园区受益于国家"一带一路"等政策，税收收入和出口总额的大幅增加，百强榜西部产业园区同比增长分别为 24.5% 和 19.8%，使得西部产业园区平均得分超过中部产业园区，且增长率由负转正，增速喜人。

从产业园区类别来看，经开区经济指标得分与 2016 年大体持平，高新区则大幅上涨,增速力压经开区。如图 1-3 所示,近五年来,百强榜经开区经济发展指标平均得分为 0.053 5,0.041 1,0.037 0,0.045 2,0.045 5,2014—2017 年同比增长率分别为 −23.18%,−9.98%,22.16%,0.66%;近五年百强榜高新区经济发展指标平均得分分别为 0.043 5,0.042 1,0.037 3,0.035 8,0.042 1,2014—2017 年同比增长率分别为 −3.22%,−11.4%,−4.02%,17.6%。

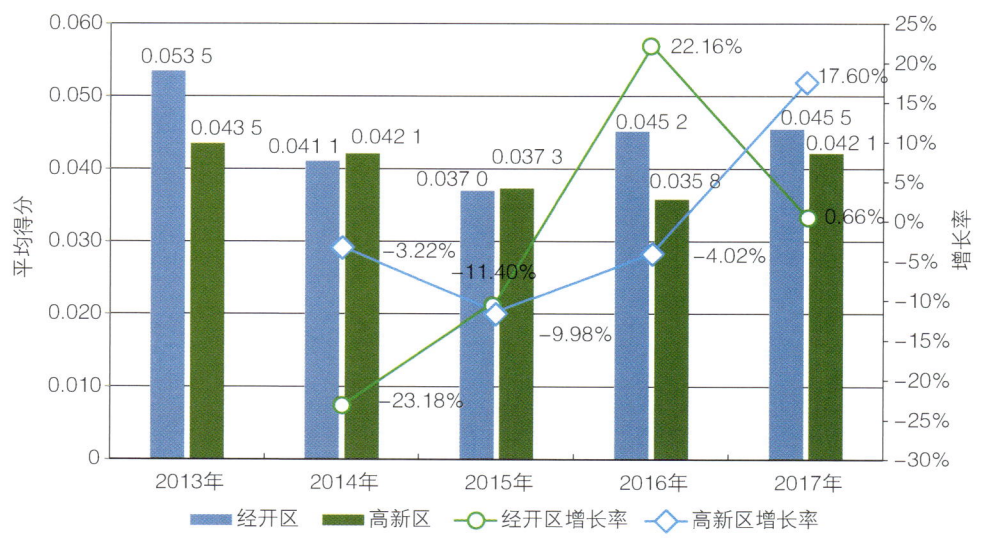

图 1-3　2013—2017 年不同类别园区经济发展指标平均得分比较

11 家产业园区连续五年入围经济发展指标前 20 强。这 11 家产业园区分别是中关村国家自主创新示范区、天津经济技术开发区、上海张江国家自主创新示范区、苏州工业园区、广州经济技术开发区、昆山经济技术开发区、广州南沙经济技术开发区、青岛经济技术开发区、西安高新技术产业开发区、武汉东湖国家自主创新示范区和烟台经济技术开发区。其中,高新区 4 家,经开区 7 家;东部 9 家,中部和西部各 1 家。

1.1.6　创新发展持续增长,增速高于其他指标

百强榜产业园区创新发展指标平均得分呈持续上升趋势,增速虽有回落,但仍保持稳步增长。2013—2017 年,百强榜园区创新发展指标平均得分分别为 0.017 7,0.020 2,0.021 4,0.024 5,0.026 1,2014—2017 年同比增速分别为

14.12%、5.94%、14.49%、6.49%。值得一提的是,2017年,产业合作、公共服务、社会发展三项指标得分增速均回落到3.5%以下,但创新发展指标仍然保持6.5%左右的稳步增长,表明园区创新发展动力依然强劲,对百强榜园区的整体发展具有持续、稳定的推动效应。

2017年,国家相关政策的出台对园区创新发展的推动效果显著。2017年2月,国务院办公厅下发的《国务院办公厅关于促进开发区改革和创新发展的若干意见》中明确提出,开发区要贯彻落实创新驱动发展战略,促进科技创新、制度创新,吸引集聚创新资源,提高创新服务水平,推动由要素驱动向创新驱动转变。支持开发区内企业技术中心建设,在有条件的开发区优先布局工程(技术)研究中心、工程实验室、国家(部门)重点实验室、国家地方联合创新平台、制造业创新中心。支持有条件的国家高新技术产业开发区创建国家自主创新示范区,为在全国范围内完善科技创新政策提供可复制经验。近几年,园区积极响应国家号召,在创新发展方面取得不俗成绩。如图1-4所示,2017年与2015年相比,百强榜产业园区内国内大专以上院校数量增加191家,国家级工程技术研究中心增加132家;2017年与2016年相比,百强榜园区拥有专利数量增加7 492件。

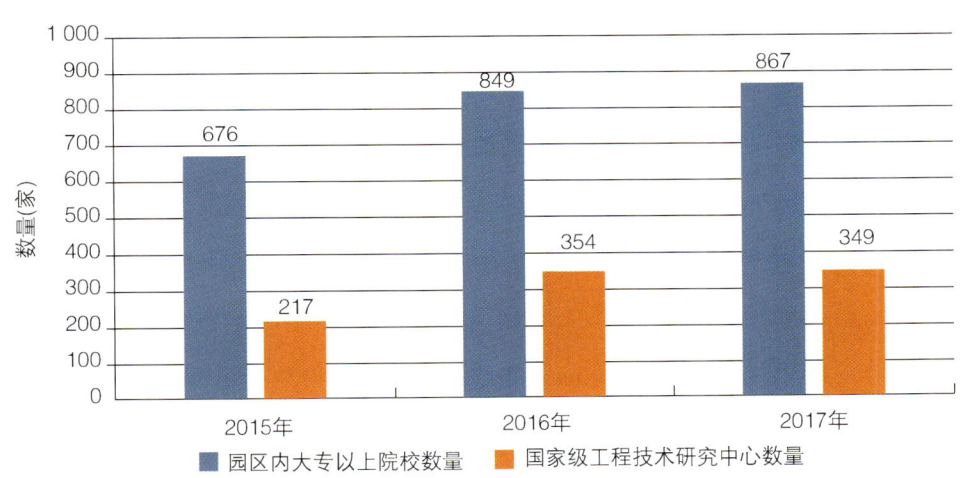

图1-4 2015—2017年产业园区内国内大专院校与国家级工程技术研究中心数量

10家园区连续五年入围创新发展指标前20强。如表1-4所示,10家园区中高新区5家,经开区5家;东部7家,中部2家,西部1家,东部园区的创新引领效应依然强劲。

表 1-4　10 家园区连续 5 年入围创新发展前 20 强

分布区域	园区名称
东部	中关村国家自主创新示范区、上海张江国家自主创新示范区、苏州工业园区、上海漕河泾新兴技术开发区、大连经济技术开发区、广州经济技术开发区、杭州高新技术产业开发区
中部	南昌经济技术开发区、武汉东湖国家自主创新示范区
西部	南宁高新技术产业开发区

1.1.7　产业合作稳步回升，产业集聚程度提高

百强榜产业园区产业合作得分稳定上升，增速有所回落。2013—2017 年百强榜产业园区产业合作指标平均得分分别为 0.097 6，0.070 4，0.070 9，0.077 4，0.080 1，同期产业合作指标平均得分同比增长率分别为 -27.87%，0.71%，9.17%，3.49%。

园区产业集聚度提高，上市公司及世界五百强企业增多。百强榜产业园区内上市公司数量有了一定增加，2017 年百强榜产业园区内上市公司数量达 1 440 家，较 2016 年增加了 247 家；百强榜园区世界五百强企业入驻数量达到 2 772 家，较 2016 年增加了 564 家。近年来，越来越多的园区产业合作意识增强，通过挖掘合作潜力，推动上下游产业延伸、关联配套加工、成链集聚发展。与此同时，园区对外开放政策力度进一步加大。2017 年 1 月，国务院发布的《关于扩大对外开放积极利用外资若干措施的通知》中指出，以开放发展理念为指导，推动新一轮高水平对外开放，并鼓励外商投资高端制造、智能制造、绿色制造，以及工业设计和创意、工程咨询、现代物流、检验检测认证等生产性服务业，改造提升传统产业；2017 年 6 月，商务部颁布了《外商投资产业指导目录（2017 年修订）》，继续鼓励外商投资符合我国产业结构调整优化方向的领域，支持外资广泛参与"中国制造 2025"战略和创新驱动战略，促进引资、引技、引智相结合，更好发挥外商投资企业对促进经济发展的重要作用。

5 家产业园区连续五年入围产业合作指标前 20 强。这 5 家产业园区分别是中关村国家自主创新示范区、上海张江国家自主创新示范区、广州经济技术开发

区、上海漕河泾新兴技术开发区和苏州工业园区。其中,高新区 2 家,经开区 3 家;区域上均属于东部产业园区,其中,连续四年位列产业合作前 20 强的郑州经济技术开发区 2017 年未能入选。

1.1.8 公共服务升至最高,中部均值增速领先

百强榜园区公共服务指标平均得分稳步回升并达到最高值。2013—2017 年百强榜产业园区公共服务指标平均得分分别为 0.057 1,0.070 2,0.069 6,0.077 1,0.078 5,2017 年公共服务指标同比增长率为 1.68%,2016 年同期为 10.78%,增速有一定下滑。2017 年,园区营商环境持续优化,政府服务质量不断提升,政策力度加大。2017 年 9 月,国务院办公厅发布的《关于进一步激发民间有效投资活力促进经济持续健康发展的指导意见》指出,深化推进"放管服"改革,不断优化营商环境,同时促进基础设施和公用事业建设等。2017 年 4 月,国家发改委颁布的《2017 年国家级新区体制机制创新工作要点》对上海市浦东新区提出全面推进自由贸易试验区建设、深化投资领域创新与商事制度改革、完善便利化最优的贸易监管制度创新、创新社会治理模式等明确目标,对张江科技园提出进一步优化科技创新综合环境、持续深化科技管理制度创新、完善科技综合服务体系等目标。近年来,通过一系列改革措施,我国产业园区公共服务质量显著提升。

中部产业园区公共服务均值增速大幅领先东、西部,且与东部差距进一步缩小。2016 年,百强榜产业园区中东、中、西部的平均得分分别为 0.078 6,0.074 1,0.075 1,差距较小;但到 2017 年,东部、中部、西部的平均得分分别为 0.080 1,0.078 8,0.071 1,增长率分别为 1.9%,6.3%,-5.3%。可以看出,公共服务发展方面,东部园区在得分上仍然保持优势,但中部园区在增长率上拔得头筹,且与东部地区的差距由 2016 年的 0.004 5 分缩小至 2017 年的 0.001 3 分,差距进一步缩小。因此,中部园区过去一年在公共服务方面取得的经验值得推广与借鉴。

6 家园区连续五年入围公共服务指标前 20 强。详细名单如表 1-5 所示,其中,高新区 4 家,经开区 2 家;东部 5 家,中部 1 家。

表 1-5　6 家园区连续 5 年入围公共服务前 20 强

分布区域	园区名称
东部	中关村国家自主创新示范区、深圳高新技术产业开发区、广州经济技术开发区、上海张江国家自主创新示范区、广州南沙经济技术开发区
中部	合肥高新技术产业开发区

1.1.9　社会发展下降尚稳,生态建设形势严峻

百强产业园区社会发展指标平均得分保持稳定。2013—2017 年百强榜产业园区社会发展指标平均得分分别为 0.100 8、0.103 7、0.106 5、0.093 0、0.090 9,2017 年得分较 2016 年同比下降 2.27%,连续两年负增长,但总体保持稳定。2017 年,百强榜产业园区通过 ISO14000 认证数量不增反降,由 2016 年的 33 家减少至 2017 年的 31 家,表明部分地区园区生态建设形势依然较为严峻。此外,2018 年 4 月,国务院发布的《关于 2017 年度环境状况和环境保护目标完成情况的报告》中指出,生态环境质量虽有所提升,但仍存在诸多问题,如河北、山西、天津、河南、山东五省优良天数比例仍不到 60%,汾渭平原优良天数比例逐年下降,仍需加大治理力度;长江经济带化工污染整治等腾退地块的环境风险管控压力较大,土壤污染防治任务艰巨;受工矿建设、资源开发、城镇扩张等影响,局部区域生态退化等问题还比较突出等。

4 家园区连续五年入围社会发展指标前 20 强。4 家园区是中关村国家自主创新示范区、苏州工业园区、南京经济技术开发区以及北京经济技术开发区。其中,高新区 1 家,经开区 3 家,均位于东部。

1.2　中国产业园区迈向高质量发展阶段

2018 年是产业园区"学习贯彻党的十九大精神、推动园区高质量发展"的元年。基于产业园区改革开放 40 年的创新探索、成功实践以及过去一年对园区的实地调研,我们选取了三重压力下园区发展的挑战和机遇、园区营商环境优化、

园区合作深化、国际化发展路径拓宽、园区新旧动能转换以及生态优化发展六方面内容作为园区迈向高质量发展的主要特征表现。其中,园区面临的三重压力是高质量发展的背景与动因,园区营商环境优化、园区合作深化与国际化发展路径拓宽是高质量发展的内涵与手段,园区新旧动能转换与生态优化发展是实现高质量发展的目标与成果。

1.2.1 三重压力下产业园区发展的挑战和机遇

2018年是改革开放40周年,也是贯彻党的十九大精神的开局之年,产业园区发展的外部环境呈现出三重压力:中美贸易摩擦不断升级、供给侧结构性改革深入推进、开发区体制机制改革持续深化。2018年中美贸易摩擦升级表现为美方对中国商品征收500亿美元关税,并进一步发布一系列加征关税的商品清单,中方采取对等措施对美国相关产品加征关税;供给侧结构深化改革表现在坚持质量第一、效率优先,以供给侧结构性改革(去产能、去库存、去杠杆、降成本、补短板)为主线,推动经济发展质量变革、效率变革、动力变革,提高全要素生产率;园区体制机制改革持续深入表现在坚持面向市场,不断改革和完善科技向现实生产力转化的体制机制,以形成有利于科技创新、产业发展和园区建设管理的科学合理的园区管理体制和运营机制。

1. 中美贸易摩擦倒逼产业园区要加快转型升级

美国通过对我国的医疗器械、生物医药、新材料、新能源汽车、航空产品、高铁装备等高新技术产业加征关税,对我国高端制造产业的发展进行遏制,同时在美国国内实行更大范围的减税、免税政策,对我国利用外资工作造成了较大冲击。可以看出,贸易摩擦对产业园区在出口贸易、外资利用等方面将带来较长时间的不利影响。但是贸易摩擦给产业园区发展带来压力的同时,也将倒逼产业园区进一步加快转型升级步伐。在园区体制机制改革与创新方面,深化园区在市场化、运营模式、土地利用等方面的改革,进一步改善营商投资环境,强化园区对知识产权保护的力度,以减少贸易摩擦体制因素,提高应对贸易摩擦的能力。在对外发展的整体布局层面,应进一步抓住"一带一路"建设机遇,开发"一带一路"沿线具有投资潜力的地区和新兴市场,鼓励更多园区走出去,进行国际产业合作或园区共建,以维持对外贸易多元化,创造有利于园区稳定发展的外部环境。在扩大园区开放合作方面,赋予自贸区更大的改革自主权,进一步深化投资贸易便利化制度改革,加快服务业对外开放步伐。同时,加快跨境电子商务综合试验区发展,探索自由贸易港建设,以全面实行准入前国民待遇加负面清单管理制度,大幅度放宽市场准入,发展更高层次和更高水平的开放型经济。

2. 供给侧深入改革助力产业园区高质量发展

产业园区作为改革开放的排头兵和发展要素高度集聚的重要平台,是我国供给侧结构性改革的主战场。一方面供给侧改革深入推进给园区带来的压力主要体现在产业结构调整、园区招商引资与土地利用等方面。在产业结构调整方面,部分园区仍表现出较高比例的低附加值产业及高消耗、高污染、高排放的"三高"产业,在淘汰落后产能、升级传统产业的过程中,园区既面临着经济指标暂时降低的阵痛,还要在去产能的同时,补短板、挖掘园区新的增长点;在招商引资方面,需严格践行从初期以"大呼隆、大放送、大团圆"为表现的粗放式招商向以"精打细算、精挑细选、精耕细作"为特征的精准式招商转变,同时,园区还要思考如何加强对新入驻企业与早入驻企业的系统培育,深化园区安商育商机制;在土地利用方面,面对有限的土地资源,园区要考虑如何进一步优化土地供给,平衡工业用地、产业研发用地及城市功能用地配比,同时,也要考虑如何进一步推动单位土地面积上的产业结构升级和附加价值提升,降低土地利用成本,以提高亩产效益。

另一方面,供给侧改革的持续深入也将成为助推园区迈向高质量发展的重要动力。在园区发展驱动力方面,要从原来依靠优惠政策、硬基础建设转变为通过内在制度创新及软环境建设,不断培育园区发展内生动力;在产品和产业结构方面,进一步加快自身科技体制改革,聚焦有效供给,持之以恒抓产品结构调整,支持区内企业进行技术改造升级、建设研发中心、加强国际合作。同时,优化升级传统产业,培育壮大新兴产业,加快发展现代服务业,促进制造与服务协同发展,推进智能制造,促进信息化与工业化融合发展,以打造富有生命力的产业生态圈,促进园区全产业链整体跃升,助推园区新旧动能的转换;在资源优化配置方面,充分发挥市场在资源配置中的决定作用,实现资源的优化再配置,激发创新创业的积极性,同时,利用市场机制,强化环境监管,加快劳动力、土地、资金、技术、信息等要素市场化改革。

武汉东湖高新区在提高供给体系质量方面,突出抓重点、补短板、强弱项,深入实施"光谷制造2025",实施技改工程和质量品牌提升行动。进一步降低能耗水平,提高绿色能源使用比例,实行更严格的污染物排放标准。推动大工业电价适用范围扩大至全区研发类机构、孵化器、互联网企业,扩大互联网干线直联点容量,推动通信网络提速降费,降低企业生产成本。优化土地供给,推动工业用地中增加产业研发用地类型,探索园区土地混合利用。优化财政资源配置,继续实施积极财政政策,用好引导基金,落实减税降费措施。

北京市经济技术开发区深化供给侧结构性改革,通过国有平台公司,采用收储、回购等方式引入新产业项目,推动低效用地循环利用。鼓励国有公司建设新能源汽车、生物医药等主导产业标准厂房,加快项目落地速度。积极引进银行、券商、保险、信托、担保、基金、小额贷款、融资租赁等市场机构,构建多元化金融服务体系。

3. 产业园区体制机制改革进入攻坚期

产业园区体制改革,是一个持续不断的过程,党的十九大报告提出要深化机构和行政体制改革、形成科学合理的管理体制及改善生态环境监管体制,具体到园区体制发展,即要处理好三层关系。"深化机构和行政体制改革"就是要处理好园区与地方政府的关系;"形成科学合理的管理体制"就是要处理好园区与企业和社区的关系;"改善生态环境监管体制"就是要处理好园区与自然环境的关系。要推动开发区高质量发展,必须建立与高质量发展相适应的、能够引领高质量发展的体制机制。伴随改革开放40年历程的不断深入和推进,园区体制机制改革已进入攻坚阶段,其所面临的以精干高效管理体制向传统体制复归、开发区行政主体法律地位和功能定位不明确、行政职能与管理权限界定模糊、社会管理事务日趋繁重、内部激励约束机制效用日益递减等为主的体制机制改革压力空前巨大。同时,各园区如何科学高效地贯彻实施国务院及各省市《关于促进开发区改革和创新发展的若干意见》以全面深化开发区体制改革仍任重道远。

体制机制改革的攻坚压力也反过来促使园区进一步思考如何为后续的改革之路夯实基础。第一,加快推进园区法律体系建设进程。尽快制定出开发区条例等法规规章,从国家层面赋予园区以行政主体地位、法律地位以及园区在行使经济管理方面的权利,明确园区管理机构的组织管理体系和管理职能;第二,推进开发区组织机构管理创新。制定规范开发区管理体制的办法,对开发区管理模式以及管委会的主要职责、机构编制管理进行规范,同时,可尝试设立临时性机构,建立弹性化管理制度,助力园区精简高效,并建立新的改革激励机制及容错免责机制。第三,积极培育发展社会中介组织。社会中介组织作为管委会、企业、市场之间联系的纽带和桥梁,园区可将部分社会管理和服务职能逐步有序地交给社会中介组织,让企业参与社会事务管理。

复杂多变的外部环境给园区发展带来压力的同时,也为园区进一步加快转型升级、实现高质量发展提供了机遇。未来,产业园区发展应继续深化改革,以供给侧结构性改革为主线,以高质量发展形态应对日趋复杂的发展环境。

1.2.2 产业园区营商环境优化成为持续发展的重要手段

在世界银行发布的《全球营商环境报告 2018》中,我国营商环境在 2017 年的 190 个经济体中排名第 78 位,与 2016 年持平,是纳入营商环境评估以来所取得的最好成绩。国家发改委表示,今后将持续推进营商环境优化工作,并以营商环境评价推动各项改革落地见效。2018 年上半年,国家发改委会同有关部门和地区,在借鉴国际经验的基础上,已初步构建了具有中国特色、国际可比的指标体系,并已在东部、中部、西部地区选取 22 个城市进行了营商环境试评价,辽宁、上海、广东、福建、深圳、南京等多个省市也已陆续出台了有关营商环境提升优化的行动方案。产业园区作为地区发展的风向标,其营商环境发展情况与我国整体营商环境的提升息息相关,加上园区目前所面临的多重压力及企业对高效发展环境的强烈需求,园区营商环境的优化已成为园区实现持续发展的重要手段。

营商环境是指伴随企业活动整个过程(包括从开办、营运到结束的各环节)的各种周围境况和条件的总和,包括影响企业活动的法律要素、政治要素、经济要素和社会要素等。世界银行营商环境指标体系由开办企业、办理施工许可、获得电力供应、产权登记、获得信贷、保护少数投资者、纳税、跨境贸易、合同执行、破产办理 10 个一级指标构成。我国营商环境评价体系则在保留和丰富国际通行评价指标的基础上,融入了中国改革的时代要求和地方特色,从衡量企业全生命周期、反映城市投资吸引力、体现城市高质量发展水平三个维度构建了营商环境立体评价指标体系。其中,完整吸收、整体借鉴世界银行 12 个指标,剔除了与国情明显不符的内容,叠加了符合中国国情的评价指标,总共 23 个评价指标。具体到园区营商环境,则表现为园区在招商引资、为区内企业提供各类服务以及园区管理过程中,所营造的亲商、安商、富商的良好环境。

1. 园区条例加速从"一园一策"向"一区一策"发展,法制化营商环境获得制度保障

回顾改革开放 40 年发展历程,我国产业园区法制发展大致可以划分为 5 个阶段:初始空白阶段(1979—1983 年)、法制试点阶段(1984—1990 年)、全面出台阶段(1991—2001 年)、密集修订阶段(2002—2008 年)、创新升级阶段(2009 年至今),具体特征及各阶段出台的法律规范性文件如表 1-6 所示。

表 1-6 我国产业园区法制的发展历程

阶段	特征	出台的法律规范性文件
初始空白阶段 (1979—1983 年)	暂无园区法律出台	
法制试点阶段 (1984—1990 年)	部分先行地区试点制定地方性法规,对产业园区的管理体制和政策做了基本规定	《上海市经济技术开发区条例》(1989) 《上海市漕河泾新兴技术开发区暂行条例》(1990) 《宁波经济技术开发区条例》(1988,1993 修订,2001 修订) 《广州经济技术开发区条例》(1987,2003 修订) 《江苏省经济技术开发区管理条例》(1986,1994 修订,1997 修订,2004 修订)
全面出台阶段 (1991—2001 年)	各地根据国家法律、法规,加快制定产业园区条例,对园区建设和运营予以指导	《国家高新技术产业开发区若干政策的暂行规定》(1991) 《北京市中关村科技园区条例》(2000) 《北京经济技术开发区条例》(1995) 《苏州国家高新技术产业开发区条例》(1994,2011 修订)

续表

阶段	特征	出台的法律规范性文件
		《苏州市经济开发区管理条例》(1996) 《天津新技术产业园区管理条例》(1995) 《大连高新技术产业园区条例》(1995,2010 修订) 《深圳市经济特区高新技术产业园区条例》(2001,2006 修订) 《武汉经济技术开发区条例》(1994,2017 修订中) 《长春高新技术产业开发区条例》(1994,2003 修订) 《哈尔滨高新技术产业开发区条例》(1994,2003 修订) 《温州经济技术开发区条例》(1992) 《河南省开发区条例》(1995) 《四川省开发区管理条例》(1996) 《石家庄高新技术产业开发区管理条例》(1997) 《上海外高桥保税区条例》(1997) 《珠海市珠海保税区条例》(1998) 《广西壮族自治区高新技术产业开发区条例》(2001) 《乌鲁木齐经济技术开发区管理条例》(2001) 《重庆市经济技术开发区管理条例》(1994,2000 修订)
密集修订阶段 (2002—2008 年)	各地密集修订开发区条例,积极改革管理体制,增加一系列扶持政策,突出结构调整和优化升级,突出高新技术产业化	《中共中央、国务院关于加强技术创新,发展高科技,实现产业化的决定》(1999) 《关于国家高新技术产业开发区管理体制改革与创新的若干意见》(2002) 《河北省高新技术产业开发区条例》(2002) 《辽宁省经济技术开发区管理规定》(2002,2004 修订) 《陕西省经济技术开发区条例》(1994,2002 修订) 《南宁高新技术产业开发区管理规定》(1995,2003 修订) 《杭州高新技术产业开发区条例》(1994,2004 修订) 《湖北省经济技术开发区条例》(1996,2014 修订) 《厦门经济特区高新技术产业园区条例》(2002,2014 修订) 《宁波高新技术产业园区条例》(2005,2016 修订为《宁波国家高新技术产业开发区条例》) 《南昌高新技术产业开发区条例》(2002) 《天津经济技术开发区条例》(2003) 《济南高新技术产业开发区条例》(2003) 《西安市开发区条例》(2003) 《南昌市经济技术开发区条例》(2004) 《安徽省开发区条例》(2004) 《库尔勒经济技术开发区管理条例》(2004) 《石河子经济技术开发区管理条例》(2005) 《兰州高新技术产业开发区条例》(2005) 《呼和浩特经济技术开发区条例》(2006) 《昆明高新技术产业开发区条例》(2006,2014 修订)
创新升级阶段 (2009 年至今)	各地条例进一步强化改革创新,明确产业园区的准入标准、功能定位和转型要求,省区层面条例的制定力度达到最大	《国务院办公厅关于促进国家级经济技术开发区转型升级创新发展的若干意见》(2014) 《国务院办公厅关于促进开发区改革和创新发展的若干意见》(2017) 《中关村国家自主创新示范区条例》(2010) 《贵州省开发区条例》(2012) 《湖北省经济技术开发区条例》(2014) 《中国(上海)自由贸易试验区条例》(2014)

续表

阶段	特征	出台的法律规范性文件
		《东湖国家自主创新示范区条例》(2015) 《中国(天津)自由贸易试验区条例》(2015) 《中国(广东)自由贸易试验区条例》(2016) 《山东省经济开发区条例》(2016) 《中国—马来西亚钦州产业园区条例》(2017) 《苏南国家自主创新示范区条例》(2017) 《深圳经济特区国家自主创新示范区条例》(2018) 《江苏省开发区条例》(2018 已正式施行) 《辽宁省开发区条例(草案)》(2018 公开征求意见) 《山西省开发区条例》(2018 正在制定中) 《浙江省开发区条例》(2018 浙江省人大重点立法项目)

从表 1-6 可以看出,在园区法制发展的前四个阶段,出台的法律规范性文件大部分是以某一具体园区为主体,而到创新升级阶段,不仅出现了国际合作园区条例,省区层面园区条例的制定力度也达到最大。广西颁布了第一个国际合作园区条例——《中国—马来西亚钦州产业园区条例》,中马钦州产业园区成为广西第一个法定治理机构的园区。2018 年 5 月 1 日,《江苏省开发区条例》正式施行,该条例包括总则、规划与建设、整合优化、管理体制、服务保障、附则六方面,今后江苏全省开发区的开发、建设、运营、管理、转型都将有法可依。目前,辽宁省、山西省、浙江省等省份也在不断加快省区层面的园区立法工作,以解决开发区的功能定位、法律地位和职责范围问题,为探索建立法治化的营商环境提供制度保障,推动园区建设发展步入法治化、规范化的轨道。

2. 园区知识产权保护力度进一步加大,营造更具活力的创新创业环境

在新一轮科技革命的大背景下,在园区转型升级过程中,保护知识产权是实现园区创新发展的必然要求。广州开发区是全国唯一的知识产权运用和保护综合改革试验区域,2017 年,开发区颁布了关于知识产权保护"美玉 10 条"新政策。2018 年,广州市黄埔区、广州开发区建成了集司法、调解、仲裁、行政执法、快速维权于一体的立体式知识产权保护体系和多元化知识产权纠纷解决机制,成为全国知识产权保护元素最集中的区域。同时,广州开发区先后引进广州知识产权法院、国家知识产权局专利局审查协作广东中心、中国(广东)知识产权保护中心等国家、省、市知识产权重点项目。5 月,北京大学粤港澳大湾区知识产权发展研

究院在广州开发区落户,将与开发区共建知识产权学院。目前,区内的75家知识产权服务机构中,有14家是国家知识产权服务品牌或品牌培育机构。武汉东湖高新区成立了知识产权办管理机构,并出台了《武汉东湖新技术开发区知识产权综合管理改革试点工作方案》《武汉东湖新技术开发区关于建立专利、商标、版权"三合一"知识产权综合执法协调机制的意见(试行)》等条例,并从完善知识产权行政保护体系、大力推动知识产权行政管理改革、构建多元知识产权纠纷解决机制、搭建一站式知识产权服务业平台、完善知识产权金融服务、鼓励和支持知识产权融资创新等多方面采取措施,助力东湖高新区实施知识产权保护和服务等工作。东湖高新区还将深入开展知识产权综合管理改革试点,加快推进国家技术转移中部中心、国家专利审查协作湖北中心建设,建设光谷知识产权法庭。北京经开区高度重视知识产权工作,获得了国家知识产权试点园区、国家知识产权示范园区、国家知识产权质押融资试点单位等资质。截至目前,开发区拥有北京市专利示范企业32家,北京市专利试点企业334家,知识产权优势中小企业100家,国家知识产权示范企业3家,国家知识产权优势企业7家,通过知识产权贯标认证企业4家,产业技术创新联盟28家。

3. "证照分离"改革与"不见面审批服务"改革,助力园区打造高效透明的便利化营商环境

行政效能是衡量开发区营商环境的重要指标,近些年我国各地大力推进"放管服""证照分离"等改革。2018年,云南省政府办公厅印发了《关于推进"证照分离"改革试点工作的实施意见》,提出将在云南省18个国家级开发区开展"证照分离"改革试点,进一步破解"办照容易办证难""准入不准营"等突出问题,加快营造稳定、公平、透明、可预期的营商环境。内蒙古自治区发布了《开展"证照分离"改革试点工作方案》,明确在内蒙古自治区的6个国家级开发区开展"证照分离"改革试点。9月,国务院常务会议决定在全国对第一批上百项涉企行政审批事项推进"照后减证"工作,在全国有序推开"证照分离"改革,持续解决"准入不准营"问题,深化"放管服"改革,真正降低微观主体获得经营资格的制度性成本,使之早日进入市场,充分释放微观主体的活力。盐城经开区打造"互联网+政务

服务"体系,深化落实以"网上办、集中批、联合审、区域评、代办制、不见面"为主要内容的"不见面审批服务"改革,巩固提升"2330"①改革成果。2018年6月,盐城开发区试点"三测合一"公共信息服务平台上线,平台涵盖全区公共资源库(部分专题库和基础库)、公共信息服务平台、基于数据的综合应用功能模块、数据有机更新机制四方面内容,通过整合规划、国土、不动产、管网、城管、教育、公安、工商、税务等数据资源,提供全方位、精准化的大数据库和监测分析,进一步提升审批服务效能。

4. 完善园区科技金融服务体系,打造成本适宜的发展环境

如何促进金融与科技的有机融合,为科技型中小企业的成长发展提供支持,是园区实施创新驱动发展战略需要解决的重点和难点问题。武汉东湖高新区为打造科技金融创新中心,首先,建立了政府引导、多方参与、市场化运作的科技企业信贷风险分担机制,鼓励银行、融资租赁、科技担保等金融机构创新金融产品,引导互联网金融等新业态健康发展。其次,通过完善股权投资体系,鼓励股权投资机构针对种子期、初创期企业开展直接投资,打造"天使光谷"。最后,建立了科技型企业上市梯级培育机制,支持企业利用多层次资本市场融资,打造资本市场创新先行区。苏州工业园区通过不断完善科技金融体系,以大数据为基础,以建设区域内科技金融环境能力为工作重心,通过实施基础平台、信用体系、资源集聚、产品创新、服务链条等多个方面创新工程,打造现代化的区域科技金融治理体系。一是建设覆盖企业全生命周期的科技金融服务体系,形成包括企业初创期、成长期和成熟期完整的金融服务产业链。二是建设完善的科技金融政策体系,围绕直接融资、间接融资、生态环境建设等出台了一系列科技金融政策,通过科技金融政策的落实,推动融资担保、保险等机构加大对科技创新创业企业的支持力度。三是打造政策性科技金融产品体系,从股权投资和债权投资两方面入手,重点打造综合性政策投融资平台。四是打造金融大数据服务平台,打造集股权、债权、信用等为一体的园区大金融综合服务

---

① "2330"标准:即企业2个工作日注册开业、3个工作日内获得不动产权证、30个工作日取得一般工业生产建设项目施工许可证,半年内形成经验在盐城全市开发园区推广。

平台。

优化营商环境是园区追求持续发展过程中一以贯之的主题。2017年,园区聚焦在法制保障、知识产权保护、政务改革、科技金融服务等方面进行了全面系统的建设,未来,应从国家、省区、园区三个层面打造系统性方案,以不断提升园区营商环境。国家层面,建立全国统一的园区营商环境评价指标体系,完善园区营商环境评估机制,让园区对自身营商环境现状有全面系统的审视;省区层面,进一步加快园区条例("园区法")立法进程,为园区营造法制化营商环境夯实基础,助力国家层面园区法的诞生;园区层面,在完善自身营商环境体系的同时,积极向优秀营商环境园区对标,进行经验的学习与复制,补齐短板。

1.2.3 产业园区合作成为区域协调深化发展的重要抓手

党的十八大以来,党中央高度重视区域协调发展,做出了一系列决策部署,着力推进区域协调发展,形成了"三+四"的区域发展总体格局,以"一带一路"建设、京津冀协同发展战略、长江经济带发展战略为引领,统筹推进西部大开发、东北振兴、中部崛起和东部率先四大板块发展。党的十九大及《2018年国务院政府工作报告》再次强调,要建立更有效的区域协调发展新机制,积极推进京津冀协同发展、长江经济带发展及粤港澳大湾区发展,出台一系列促进西部开发、东北振兴、中部崛起、东部率先发展的改革创新举措。区域合作是区域协调发展的必由之路,各地区在推动企业、产业、区域等主体之间联动合作的过程中,陆续出台了一系列行动计划与指导意见,以加快推进区域协调一体化的发展进程。产业园区作为企业集聚、产业集群的主要载体,是实现区域协调发展的重要平台与主阵地,园区之间在产业转移、产业合作、园区共建等方面的合作则为区域协调深化发展提供了重要抓手。

区域协调发展需要突破行政区划界限,健全市场机制和合作机制,鼓励支持各地区开展多种形式的区域经济协调,形成东中西相互促进、优势互补、共同发展的新格局。园区合作是指园区间通过产业转移、产业合作、园区共建等方式,促进园区自身资源优化配置、园区间优势互补以及合作双方共同利益的实现。

2017—2018 年,园区合作在深化京津冀、长江经济带、粤港澳等区域协调发展过程中取得了显著成效。

1. 园区间产业转移助力区域协同发展

产业转移一般是指欠发达国家或地区承接发达国家或地区的过剩产业,发达国家或地区则通过直接投资等方式将产业全部或部分转移至欠发达国家或地区。这种转移既有利于满足发达地区产业结构调整和产业升级的需要,也有利于东、西部地区资源的优化配置。在国家发改委、工信部等部委推动下,已通过建设国家级承接产业转移示范区、产业转移合作示范园区等助力园区内产业的跨越式发展。随着产业转移发展模式的不断成熟,产业集群转移的趋势不断凸显,即与主导产业和前、后向配套产业的分工相关联,一旦主导产业出现空间区位变动,与之协作配套的产业或生产环节也会追随而至。京津冀协同发展以疏解北京非首都功能为核心工作,着力推动北京非首都功能产业向河北省和天津市合理有序地进行转移,优化京津冀资源配置。近年来,又发布了《关于加强京津冀产业转移承接重点平台建设的意见》《推进京津冀协同发展 2018—2020 年行动计划及 2018 年工作要点》等文件,建立了以园区为主要载体的 46 个专业化产业转移平台,进一步强调加强京津冀对接协作,促进区域产业整体转型升级。未来,京津将充分发挥中关村、滨海两个国家自主创新示范区优势,对接河北要素成本比较优势和承接产业转型升级需求,支持河北创建国家科技成果转移转化试验区。同时,将加快打造滨海中关村科技园、未来科技城京津合作示范区、武清京津产业新城、宝坻京津中关村科技城、京津冀大数据综合试验区等一批高水平承接平台。表 1-7 所示为京津冀协同发展政策内容。

2. 长江经济带各产业园区已成为产业集群转移的主要载体和优先承接方向

依托长江这一黄金水道,长江经济带正在重点打造电子信息、高端装备、汽车、家电、纺织服装五大世界级制造业集群,进而承建覆盖长江经济带全域的产业链,而长江经济带的 100 余个产业园区则是五大产业集群落地的主要承载地。《长江经济带产业转移指南》对五大产业集群的发展进行了详细部署,引导相关产业转移集聚,形成与资源环境承载力相适应的空间布局。电子信息产业方面,

表 1-7　京津冀协同发展政策(2017 年 9 月—2018 年 9 月)

序号	政策文件	发布日期	发布部门	产业转移有关内容
1	《关于加强京津冀产业转移承接重点平台建设的意见》	2017 年 12 月	京津冀	明确了京津冀"2+4+46"个平台： "新两翼"增强高端产业吸引力：北京城市副中心、雄安新区； 四大战略合作功能区：曹妃甸协同发展示范区、北京新机场临空经济区、天津滨海新区、张承生态功能区； 以园区为主要载体的 46 个专业化产业转移平台：现代制造业平台 20 个、协同创新平台 15 个、现代农业合作平台 3 个、服务业平台 8 个
2	《推进京津冀协同发展 2018—2020 年行动计划及 2018 年工作要点》	2018 年 8 月	北京市	加强京津冀对接协作，促进区域产业整体转型升级。坚持产业转移与转型升级相统一，更加注重强化区域产业链上下游协同、全区域优化产业布局，推动形成产业链有机衔接、优势互补、分工协作、协调发展的产业格局

在上海、江苏、湖北、重庆、四川等地安排 52 个开发区和产业园区作为该产业集聚的主要载体。高端装备产业遍布于长江上中下游多达 82 个开发区与产业园区，汽车产业涉及 20 个园区，纺织服装集群涉及 35 个园区，并以长三角地区为重点，推动形成纺织服装设计、研发和贸易中心，在湖南、湖北等地建设现代纺织生产基地。后续，将进一步深层次推进长江经济带产业转移与合作，构建园区对接机制，支持开发园区突破行政区划界限，通过独资、参股、共建、托管、顾问、"飞地"等多种形式，与合作地开发园区开展交流与合作，实现资源整合、联动发展。

长沙高新区下功夫抓好产业承接。要抓住产业转移机遇，实现产业升级、打造外向型经济。要发挥产业承接优势，吸引一批以湘籍创业者、企业家为主的创新创业人才，加快引进一批与园区产业规划相符合的项目和企业，增强园区实体经济发展后劲。要推动产业合作，助力园区企业转型升级、创新发展。

3. 产业合作助力粤港澳大湾区建设

2017 年 7 月，国家发改委和粤、港、澳三地政府共同签署了《深化粤港澳合作推进大湾区建设框架协议》，旨在把粤港澳大湾区建设成为更具活力的经济区、宜居宜业宜游的优质生活圈和内地与港澳深度合作的示范区，打造国际一流湾区和世界级城市群。互联互通是粤港澳合作进入世界级湾区经济共建时代的关键，作为中国改革开放的重要"窗口"和"试验田"，产业园区将在粤港澳大湾区建设过程中承担重要角色。粤港澳大湾区包含了自贸试验区、自由贸易港区、高新区、经开区以及自主创新示范区，为各园区间产业合作打开了广阔空间。以各产业为基础，充分发挥其产业优势，推进产业协同合作，完善产业发展格局，加快向全球价值链高端迈进，构建粤港澳三地园区间协同发展现代产业体系；培育战略性新兴产业集群，建设产业合作发展平台，构建高端引领、协同发展、特色突出、绿色低碳的开放型、创新型产业体系；围绕主导产业，进一步完善与优化上下游生产链和横向服务链，打造产业生态系统，实现粤港澳大湾区联动高质量发展；加强大湾区与自贸试验区的产业协调合作，把握好广东自贸区——"粤港澳大湾区合作示范区"这一定位，建设粤港澳"自贸通"，推动粤港澳三地产业合作及各园区之间融合发展，促进自贸试验区"区内区外"产业互动，把广东自贸区真正打造为开放型经济新体制先行区和高水平对外开放门户枢纽。

江门五大万亩园区建设　助力粤港澳大湾区产业合作

江门市将坚持"工业立市"，打造五大万亩园区，助力粤港澳大湾区产业合作，推动产业向规模化、中高端迈进，打造珠三角新的增长极。

产业引导。打造五大万亩园区，全方位融入粤港澳大湾区，承接新一轮的产业转移，必须要打造更大空间、更高水平的产业平台作支撑。为此，2018年，江门提出要打造粤澳（江门）产业合作示范区、珠西新材料集聚区、深圳—江门产业园、台山工业新城拓展区、开平翠山湖科技产业园拓展区5个万亩园区，提供"一站式"优质配套服务，为粤港澳大湾区的产业转移提供载体，吸引电子信息、新能源新材料等技术含量高、发展前景好的产业项目落户。

产业蓝图。位于滨海新城最核心区域的粤澳（江门）产业合作示范区，采用"一区三园、一区多点"的模式规划建设。其中，"一区"即粤澳（江门）产业合作示范区;"三园"即环保产业园、澳葡青年创业园、滨海旅游及中医养生产业园;"多点"即在具体园区中建设崖门环保电镀基地、钟表珠宝项目、电子和汽车零部件项目、金融示范项目(江澳合资银行)和粤澳"一程多站"旅游项目等。

产业互补。深江联手打造湾区合作样本,产业园区成为深江产业合作的主要平台。例如,鹤山工业城2016年以来先后吸引了得润电子、中富电路、世运电路、世安电子、东江环保、欧达可精机等10多家深圳企业落户,项目产值超过40亿元。其中,世运电路、中富电路、东江环保等一批企业已建成投产,其余企业也在不断建设中。另一方面,2018年,江门市已有四个区(市)到深圳招商引资。高新区、新会区、鹤山市、开平市相继组团赶赴深圳举办招商推介活动,各区(市)签约和意向合作项目总数量达到168个,项目投资均超过200亿元。

4. 园区共建已成为深化区域协调发展的重要方式

园区共建是发达地区成熟园区及企业与欠发达地区及新兴园区的一种共赢发展方式,在充分发挥合作各方比较优势的基础上,基于产业分工与专业化机制、聚集与扩散机制,共建双方促进要素在区域间高效流动,促进欠发达区域形成新的增长极,最终形成区域协调发展的带动机制。合作共建产业园区是京津冀产业协同发展的突破口和抓手,通过集中选取一些有特色、有条件的承载地,使其率先产生成果,发挥示范和集聚作用。天津与京冀合作共建各类园区55个,160余家中关村高新技术企业落户中关村海淀园秦皇岛分园,同时,涌现了北京(曹妃甸)现代产业试验区、北京·沧州渤海新区生物医药产业基地、北京张北云计算产业基地等一批创新产业园区或开发区,切实发挥了各自的资源禀赋优势,推动产业协同发展步入快车道。京津将加快推进国家大学创新园区、中科院天津创新产业园、清华大学高端装备研究院等一批创新平台建设,实现创新载体共建、创新成果共享,同时,京津冀三地还将加大自贸试验区制度创新力度,积极推动京津冀自由贸易港建设。

天津开发区围绕电子信息、现代石化、汽车、装备制造、医疗健康等产业及现代服务业,与京冀进行产业合作,已促成京津合作项目420余个,津冀合作项目100余个,协议投资总额超过600亿元。同时,着力搭建专业化产业园,与中国电子信息研究院、中科院深化合作,积极推进"京津冀产业协同发展中心"和泰达智能制造产业园区建设。

在深化区域协调发展过程中,园区合作发挥了重要平台和抓手的作用。2017年至2018年上半年,以产业转移、产业合作、园区共建为主的园区合作方式在京津冀协同发展、长江经济带发展、粤港澳大湾区建设过程中取得了实质性进展,但在园区合作过程中,需注意从以下几方面进一步完善合作机制:一是建立科学有效的利益分享机制,系统研究合作各方的权利义务与成本收益,建立科学的利益评价机制、协调机制、分成机制及补偿机制;二是充分发挥市场的作用,利用市场机制在调节区域分工、产业空间布局等方面的调节机能,建设统一开放、竞争有序的市场体系,同时,推动政府和社会资本的多种合作模式,创新投融资机制;三是搭建高效透明的合作平台,一方面,建立园区合作的信息交流共享平台,提供国家及地区政府经济政策、行业发展趋势、合作意向等重要信息,另一方面,成立园区合作办公室,形成会商、协商、共商机制,以便合作各方随时进行中长期需求互动。

1.2.4 产业园区国际化的双向路径不断拓宽

在园区国际化过程中,主要形成了两种发展路径——"引进来"和"走出去"。"引进来"是指国内园区为满足内部市场需求,而引进国外的技术、资金、项目和人才经验等,同时,也包括与他国合作在我国境内设立国际合作产业园区;"走出去"是指我国在海外设立产业园区,通过中国的企业或者园区在资本、人才、管理等方面的平台式海外转移,实现资源的高效利用和空间的合理拓展。产业园区作为开放合作的引领区,其国际化发展路径应坚持"引进来"与"走出去"协同发展,在提高"引进来"质量的同时,加快推进"走出去"步伐,高效利用国内国际两个市场、两种资源,推动产业快速发展和转型升级,助推产业园区实现高质量发展。

1. "引进来"外资利用环境更加开放

2018年6月,国务院印发了《关于积极有效利用外资推动经济高质量发展若干措施的通知》,这是继2017年国发5号文和39号文之后,国务院两年内专门针对外资利用的第三个文件,从投资自由化、投资便利化、投资促进、投资保护、优化区域开放布局、推动国家级开发区创新提升六方面提出了措施。在推动国家级开发区创新提升过程中,从促进开发区优化综合服务、发挥开发区示范带动提高外资水平的作用、加大开发区引资金融支持力度、健全开发区双向协作引资机制四方面,强化园区利用外资的重要平台作用。

2. 境内国际合作园区成为"引进来"重要平台

境内国际合作园区以国际先进园区建设标准和国际生态园区环境控制指标体系为园区建设标准,建设符合国际标准、具有国际示范功能的产业园区或产业新城,随着新一轮国际产业转移的发展和国际产业合作的深入,国际合作园区作为新时期国际经贸合作、国际化新城开发的空间载体扩大发展,逐步形成具有一定规模、特色鲜明的新型产业空间。截至2017年底,我国境内国际合作园区共计70余个,其中,较为规范的国省级合作园区为52个,涵盖18个合作国家和地区,按合作园区数量排名依次为德国、韩国、芬兰、新加坡、法国、瑞士、意大利、美国、日本、俄罗斯、捷克斯洛伐克、马来西亚、澳大利亚、奥地利、荷兰、以色列及丹麦,园区分布于浙江、江苏、北京、广东、辽宁、四川、河北、山东、广西、陕西、天津、重庆12个省市。2017年12月,国务院正式印发了《关于同意设立中韩产业园的批复》,同意在江苏省盐城市设立中韩(盐城)产业园,在山东省烟台市设立中韩(烟台)产业园,在广东省惠州市设立中韩(惠州)产业园,三个产业园依托现有经济技术开发区、高新技术产业开发区建设,以深化改革、扩大开放为动力,充分发挥对韩合作综合优势,打造中韩地方经济合作和高端产业合作的新高地。

浙江省立足开发区产业发展基础,瞄准合作国家优势产业和优质企业实施精准招商、精准合作,促进开发区产业快速切入国际产业链、价值链高端,转向高质量发展快车道。开发区海外产业创新服务综合体,围绕开发区主导产业和优势产业,有目的地"走出去"到海外创新资源富集区域布区设点,跟踪挖掘、集聚引进海内外优质项目和创新资源,促进开发区产业转型升级。目前,浙江省已经创建19家国际产业合作园,启动创建六个开发区海外产业创新服务综合体,成为浙江开发区参与和服务"一带一路"建设、加强创新能力开放合作、构筑国际化产业新高地的重要举措。2013—2017年,全省开发区累计引进世界500强企业投资项目和投资1亿美元以上项目389个,成为全省引资强度最大、水平最高的区域。

3. "一带一路"倡议不断深化园区"走出去"国际合作进程

2018年是习近平总书记提出"一带一路"倡议的第五年,园区"走出去"也伴随着"一带一路"建设的推进,不断取得新进展,推动国际合作产能进一步提升。在建设成果方面,2017年,我国在"一带一路"沿线国家建设的境外经贸合作区新增19个,涉及国家新增4个,入园企业增加2 330家,比2016年年底增加两倍多,上缴东道国税费达11.4亿美元,比2016年翻了一番;至2018年上半年,"一带一路"沿线国家在建境外经贸合作区共82家,新增投资25.9亿美元,占我国境外经贸合作区新增总投资的87%,上缴东道国税费3亿美元,占比71.4%。在合作内容方面,"一带一路"沿线海外园区的建设不断朝多元化方向发展,出现了商贸物流园区、科技合作园等诸多形式,商贸物流海外园区有波兰(罗兹)中欧国际物流产业合作园、白俄罗斯明斯克商贸物流园和哈萨克斯坦(阿拉木图)中国商贸物流园等,科技合作园区有莫斯科(杜布纳)高新技术产业合作园区和圣彼得堡信息技术园区等。

中国—马来西亚"两国双园""三年打基础"已经取得显著成效

2017年,"两国双园"这对姊妹园区联袂发展,呈现齐头并进、快速发展的良好势头。目前,中马钦州产业园区启动区7.87平方千米"七通一平一绿"基本建成,跨时序的片区开发工作已经启动,园区产业和城市项目建设齐头并进,国际产业新城雏形初现,园区招商引资共引进和在谈的产城项目为91项,总投资883亿元人民币,达产后预计年总产值1 351亿元人民币,实现税收77.8亿元人民币。与此同时,马中关丹产业园一期外部基础设施已经完工并投入使用,二期配套基础设施已经开工,园区全年累计完成基础设施投资7亿元人民币,一批代表中国优势产能的项目入园,入园项目累计投资额达233.4亿元人民币,包括山东浦林成山年产1 200万套汽车和工程车轮胎生产项目、新加坡米高集团年产20万吨氮磷钾复合肥项目等。

2018年,"两国双园"将建立更紧密的工作联系,并以推动国际产能合作为重点,在推动中国优势产业进入马来西亚的同时,突出抓好燕窝、清真食品、橡胶、棕榈油等马来西亚及东盟特色产业的引进工作,探索依托"两国双园"搭建中马数据公共服务平台,并利用中马国际科技园和中国——东盟国际医药创新园等科技创新载体,打造"研发+孵化+应用"为一体的创新工作平台。同时,"两国双园"将利用中马双方优质教育资源,引进高等教育和职业教育,建设国际合作大学及国际技术学院,并将以推动国际产能合作和国际贸易发展为目的,推进"两国双园"金融服务开放,探索建立"点对点"的金融开放实验区。

目前,中马钦州产业园区已有36个重大项目实现开竣工。

4. 跨境电子商务区助力"走出去"外向型经济加速发展

跨境电子商务综合试验区是一种新型的产业园区,旨在在跨境电子商务交易、支付、物流、通关、退税、结汇等环节的技术标准、业务流程、监管模式和信息化建设等方面先行先试,打造跨境电子商务完整的产业链和生态链,推动园区自主品牌及跨境电商规则国际化。2018年7月,国务院批准在北京、呼和浩特、沈阳、长春、哈尔滨、南京、南昌、武汉、长沙、南宁、海口、贵阳、昆明、西安、兰州、厦门、唐山、无锡、威海、珠海、东莞、义乌22个城市设立跨境电子商务综合试验区,加上 2015 年和 2016 年批复的两批综合试验区,目前,我国共设立跨境电子商务试验区 35 个。以 2016 年设立的中国(合肥)跨境电子商务综合试验区为例,其以蜀山经开区为主要依托,通过完成线上"单一窗口"平台与线下"综合园区"的建设,在综合试验区中率先实现了新建平台与海关总署进口统一版的对接,并实现跨境直购进口、保税进口和零售出口试单工作,跨境电商运营和发展的产业链、生态圈基本形成。

5. 自贸试验区和自由贸易港建设助力优化园区国际化发展环境

2018 年 4 月,党中央决定支持海南全岛建设自由贸易试验区,支持海南逐步探索、稳步推进中国特色自由贸易港建设。目前,我国共批复了包括上海、广东、天津、福建、辽宁、浙江、河南、湖北、重庆、四川、陕西和海南在内的 12 家自贸区。5 月,国务院印发了《进一步深化中国(广东)自由贸易试验区改革开放方案》《进一步深化中国(天津)自由贸易试验区改革开放方案》《进一步深化中国(福建)自由贸易试验区改革开放方案》等自贸区改革方案,以进一步深化广东、天津、福建自由贸易试验区改革开放,并发布了《关于做好自由贸易试验区第四批改革试点经验复制推广工作的通知》,将形成的自贸试验区第四批改革试点经验在全国范围内复制推广。产业园区作为自贸区经验复制的主要载体,既有利于最大程度分享自贸区开放、创新、改革的红利,也将助力产业园区国际化发展环境进一步优化,加快园区实现自身转型升级步伐。在赋予自贸区更大改革自主权的同时,自由贸易港建设步入探索阶段。目前,对应有三个保税港区,上海港定位为"国际航运中心",天津港定位为"北方国际航运中心",大连港定位为"东北亚国际航运中心"。自贸港建设将进行更高开放水平特殊经济功能区的开放探索,以全面实行准入前国民待遇加负面清单管理制度,大幅度放宽市场准入,扩大服务业对外开放,发展更高层次和更高水平的开放型经济。无疑,自贸港的建设将为完善园区国际化发展环境增添新动力。

武汉东湖国家自主创新示范区构建高水平开放体系,拓展高质量发展空间。在深化自贸区改革创新方面,扎实推进改革试点任务,扩大先行先试,建设中国(湖北)自由贸易试验区武汉片区 2.0 版,积极谋划内陆自由贸易港。深化投资贸易便利化制度改革,加快服务业对外开放步伐。加快发展跨境电商等贸易新业态,扩大服务贸易规模,创建跨境电商综合试验区。在鼓励企业"走出去"方面,支持企业在"一带一路"沿线国家和地区布局,建设对外投资服务中心,完善对外投资合作相关政策促进、服务保障、风险防控体系。支持企业建立海外营销网络、研发中心、孵化平台和生产基地,开展海外技术并购,建设境外科技园区。支持企业国际参展和海外游学,高水平举办光博会、生博会、华创会、中国游戏节、直播节等,打造国际交流合作平台。

园区国际化发展双向路径的不断拓宽是园区迈向高质量发展的重要体现。2017年至2018年上半年,园区国际化发展呈现出"走出去数量增加,引进来质量提高"的特征,同时,园区国际化发展环境不断提升。未来,在园区"引进来"和"走出去"过程中,可从以下几方面着手进一步完善园区国际化发展体系。一是构建制度环境。中国政府需要在立法层面推动园区"走出去",东道国政府也需要通过制定相关法律法规鼓励中国产业园区"引进来",同时,通过制度约束降低国际合作过程中的风险。二是形成多元化园区治理方式,既建立由合作两国政府部门、园区管理部门组成的正式机构,也建立由政府与非政府机构之间的沟通交流机制,政府与民间的信息交换渠道,优化多种组织间的合作工作流程。三是完善园区合作机制,明确合作双方产业基础及发展目标,建立高效对接的信息交流与资源整合平台,由合作双方共同参与合作园区的规划、运营、管理。

1.2.5 新旧动能转换成为产业园区跨越发展的重要方向

2015年10月,李克强总理在政府会议上提出"新旧动能转换"的概念。2017年1月,国务院办公厅印发了我国新旧动能转换的第一份文件《关于创新管理优化服务 培育壮大经济发展新动能 加快新旧功能接续转换的意见》。2017年中末期,特别是进入2018年以来,"新旧动能"更是频繁出现在政府相关文件中,内涵也逐渐丰富和完善。从内容的演变趋势可以看出,中央政府已经对我国现阶段的经济发展有了较为深刻的判断:"我国经济正处在新旧动能转换的艰难进程中",即经济社会进入了"新常态",同时已着手逐步推进经济"新旧动能转换"工作。

"新旧动能"作为政府官方用语,并没有严格的概念界定,但是从一系列政府文件和领导讲话中可以理解概括为,新旧动能转换本质是指培育新动能、改造旧动能。新动能,是指新一轮科技革命和产业变革中形成的经济社会发展新动力、新技术、新产业、新业态、新模式,等等。旧动能,是指传统动能,它不仅涉及高耗能、高污染的制造业,更宽泛地覆盖利用传统经营模式经营的第一、二、三产业。进一步讲,新旧动能转换是指通过新的科技革命和产业变革中形成经济社会发展新动力、新技术、新产业、新业态、新模式等来转换掉传统的以资源和政府为导向的经济发展模式。虽然新旧动能转换表面上表现为新技术、新产业、新业态、新模式,但这一切都依赖于人的转变,所以新旧动能转换是转换主体与转换内容的统一。无论是新思维、新业态还是创新驱动和消费主导,其主体都是人。如果人没有从旧体制、旧思维和旧结构框架中脱离出来,就无法进行新动能的培育。所以,新旧动能转换的实质是要提高人的主观能动性,造就新一代"能动的人"。全面展开新旧动能转换重大工程,是中央政府做出的重大决策部署,吹响了向高质量发展的进军号,为全国各地方产业园区实现新一轮转型发展、跨越发展提供了重大历史机遇。

在新旧动能转换促进产业园区跨越发展中,山东省打响了第一枪(表1-8)。2018年1月3日,国务院批复《山东新旧动能转换综合试验区建设总体方案》,同意设立山东新旧动能转换综合试验区,标志着山东新旧动能转换综合试验区建设正式上升为国家战略,山东将在全国新旧动能转换中先行先试、提供示范。山东新旧动能转换综合试验区是党的十九大后获批的首个区域性国家发展战略,也是中国第一个以新旧动能转换为主题的区域发展战略。山东新旧动能转换综合试验区位于山东省全境,包括济南、青岛、烟台三大核心城市,14个设于区市的国家和省级经济技术开发区、高新技术产业开发区以及海关特殊监管区域,形成"三核引领、多点突破、融合互动"的新旧动能转换总体布局。同时,济南又抢当国家新旧动能转换综合试验区的先行者、先试者和排头兵,建立了济南新旧动能转换先行区,简称济南先行区,总规划面积约1 030平方千米。济南新旧动能转换先行区建设围绕五个先行：①思想观念先行，建设理念先进的引领之区；②深化改革先行，建设体制灵活的活力之区；③创新发展先行，建设人才向往的智慧之区；④产业发展先行，建设产业高端的前卫之区；⑤交通支撑先行，建设四通八达的开放之区。

表1-8 山东新旧动能转换综合试验区申报历程

时间节点	申报事项
2017年3月6日	李克强总理在两会期间参加山东代表团审议时指出,山东发展得益于动能转换,望山东在国家发展中继续挑大梁,在新旧动能转换中继续打头阵
2017年4月19日至21日	李克强总理在山东考察时希望山东贯彻落实新发展理念,加快推动新旧动能转换,积极探索解决重点民生问题的改革经验,为巩固全国经济稳中向好势头提供重要支撑
2017年4月28日	山东省召开了新旧动能转换重大工程启动工作会议。会上提出"要把加快新旧动能转换作为统领全省经济发展的重大工程,组织开展调查研究,进行可行性评估,坚持科学务实编制规划,把统领我省经济发展的重大工程做好。"
2017年6月13日	中国共产党山东省第十一次代表大会工作报告中提出："把加快新旧动能转换作为统领经济发展的重大工程,坚持世界眼光、国际标准、山东优势,积极创建国家新旧动能转换综合试验区。"
2017年6月24日	山东省政府在济南组织召开国家新旧动能转换综合试验区建设总体方案专家论证会
2017年8月15日	山东省新旧动能转换重大工程推介会在中国香港会议展览中心举行
2017年8月28日	山东省发展改革委党组书记、主任张新文同志接受山东省政府网访谈时表示,国家新旧动能转换综合试验区总体方案,李克强总理已签阅,转交国家发改委研究办理
2018年1月10日	国务院原则同意《山东新旧动能转换综合试验区建设总体方案》(国函〔2018〕1号),请山东省人民政府、国家发展改革委认真组织实施
2018年2月22日	中共山东省委、山东省人民政府在济南召开山东省全面展开新旧动能转换重大工程动员大会

从山东省新旧动能转换的实际来看，加强新旧动能转换，大力提高经济发展质量和效益，主要的发力点包括以下几个方面。

1. 强化新旧动能转换的顶层设计

新旧动能转换实质上是一场涉及思想观念、生产方式、体制机制、工作模式等诸多方面的变革，是一项系统工程。园区推动和实现新旧动能转换迫切需要以新发展理念为引领，加强园区顶层设计，通过园区的顶层设计把新发展理念的要求落到实现新旧动能转换的各项园区工作上来，找准发展方向，明确总体要求、推进路径与措施。在经济换挡阵痛期,产业新旧动能是否能够接续好至关重要,它往往决定着新旧动能转换的成败。站在产业新旧动能转换的角度看,园区在新旧动能转换的新浪潮下需要坚持新发展理念,坚持质量第一、效益优先,以供给侧结构性改革为主线;需要以"四新"促"四化",通过发展新技术、新产业、新业态、新模式,实现产业智慧化、智慧产业化,跨界融合化、品牌高端化,集中培育"5+5"10强产业,实现由高速发展转为高质量发展;需要转换经济发展方式,优化产业结构,加快传统产业改造和去产能步伐、大力培育和发展新兴产业、着力推动绿色产业发展、创新发展金融服务业、强力发展文化产业;需要建设践行新发展理念的高地、推进供给侧结构性改革的高地、对接国家发展战略的高地、承接区域转型发展的高地。

2. 营造新旧动能转换的环境保障体系

新旧动能转换的"生命线"是环境,"催化剂"是推进机制。只有持续优化提升创业环境、生态环境和生活环境,不断完善激励干事创业的长效机制,才能更好地培育壮大新动能,加快新旧动能转换。在现有的园区规模基础上进一步重组整合,明确园区主导产业,加快平台体制机制创新。要推动建设一批园区新型科技平台,谋划建设一批"双创双服"示范基地、小型微型企业创业创新示范基地、中小企业公共服务示范平台,培育一批创业孵化示范基地和农村创业创新示范基地,创建工业互联网创新中心和军民融合创新示范区,探索"自主研发+项目合作+共建平台"新模式,鼓励园区内产学研用合作集成创新。园区需探索创新方式方法,建立更多适合产业发展的融资平台,破解资金难题。未来可考虑设立一批大型科技和产业融资平台,吸引国内外资金,为新旧动能转换提供有力的金融支持。

3. 激发释放新旧动能转换的动力、活力和潜力

以重大项目为支撑,加快形成新旧动能转换的"项目库"。园区要加大投入,把力量和智慧凝聚到招商引资和项目建设上来;要突出重点,围绕新旧动能转换抓项目,围绕壮大园区规模抓项目,围绕"三强"企业培植、重大财源建设抓项目,进一步凸显重大项目对地区发展的拉动力。不仅滋养"老树发新芽",也要浇灌

"新树长强枝"。结合园区新旧动能转换的重点领域、重点区域、重点产业,有针对性地开展面向世界500强及全球行业领军企业、百强央企的招商,积极引进和新上一批有利于新旧动能转换的大项目、好项目。适应全球新一轮科技革命和产业变革趋势,大力发展战略性新兴产业、现代服务业和现代都市型农业,积极培育新的发展动能,推动园区内产业体系向高端化、链条化、生态化转变。加快组织突破一批核心关键技术,壮大发展"大智移云"、医养健康、先进制造、文化创意、新能源等新兴产业,全面构建多元发展、多极支撑的现代产业新体系。要大力抓好重点项目,加强招商引资工作,培育壮大创新主体,加强园区项目管理服务,加快形成新的经济增长点。

4. 牢记园区新旧动能转换是一个长期过程

新旧动能转换不可能一蹴而就,不能搞"一刀切"和"拔苗助长",要逐步培育新动能稳定成长,促进旧动能平稳退出市场。新动能没有完全形成之前,不能完全否定旧动能;在新动能充分发展起来之后,要促使旧动能平稳退出,实现新旧动能无缝对接。中国特色社会主义进入新时代,新旧动能转换也已拉开序幕。这既为我国经济社会进一步发展提供了动力方向,也为将我国各个园区建设成为富强民主文明和谐美丽的强园谋划了新蓝图。

1.2.6 生态优化发展逐步成为产业园区发展的共识

近年来,随着工业的发展,转变高能耗、高污染的传统经济增长模式,推进节能减排和新能源的使用,做到低消耗、低排放,实现经济的低碳化与可持续发展,已经成为世界各国的共同选择。2017年,在党的十九大报告中,更是将生态文明建设上升到中华民族永续发展的千年大计的高度。这为园区发展低碳经济,实现生态改善,确保节能减排提供了客观保障,是我国科学发展观得以落实、"两型"社会得以建立的政策基石。

我国作为一个高能耗的国家,要想实现园区发展的低碳化,就需要从节能减排、低碳发展的内在规律出发,以低碳产业项目作为生态园区内企业发展的核心技术支撑,从根本上解决能源浪费和环境污染问题。此外,需调整思维、改变观念,从生态工业园区发展的全局角度出发,正确认识并加快园区低碳经济的发展。工业园区的优势在于可以通过工业与贸易企业的集中分布,从而共享基础建设、服务与设备,以降低相应的平均成本;同时,工业园区也可以促进园内企业的相互合作,创造新的机会。在"环保"与"经济"的重要性并驾齐驱的今日,工业园区将何去何从？工业园区如何减少对能源与水资源的消耗,从而降低生态足迹？这已经成为各界共同面对和思考的问题。

1. 优化国土空间布局

党的十九大报告明确提出"加快生态文明体制改革""推进绿色发展""推进资源全面节约和循环利用"。面对新时代、新形势、新要求,各级国土资源主管部门应认真贯彻落实十九大精神,坚定不移地贯彻新发展理念,坚持节约集约用地和土地市场建设两条业务主线,在园区土地利用管理上突破创新,构建开发区用地管理新机制,努力把开发区建设成为开放型经济的高地、现代制造业的集聚区,节约集约用地和绿色发展、生态文明的示范区。

依据《国家级开发区土地集约利用评价情况通报(2017年度)》,2017年国家级开发区土地开发建设程度良好,用地效益持续提升,土地利用集约程度和土地管理绩效有所提高。具体体现在:①土地开发建设程度持续保持良好态势,已建成超70%;②产业用地比例略有下降,用地结构综合化趋势初显;③土地利用强度稳步提高,土地投入产出效益及税收明显增加,集约程度稳步提高;④土地管理绩效进一步提高,闲置土地数量大幅减少(表1-9、表1-10)。

表1-9 工业主导型开发区土地集约利用更新评价结果综合排序前50名

开发区名称	排序位次	开发区名称	排序位次
广东沙头角保税区	1	上海漕河泾出口加工区	14
无锡高新区综合保税区	2	大连保税区	15
郑州高新技术产业开发区	3	广东广州出口加工区	16
厦门象屿保税区	4	上海外高桥保税区	17
广州经济技术开发区	5	新乡经济技术开发区	18
平顶山高新技术产业开发区	6	宁波石化经济技术开发区	19

续表

开发区名称	排序位次	开发区名称	排序位次
广东福田保税区	7	南京经济技术开发区	20
西安高新技术产业开发区	8	安徽合肥出口加工区	21
武汉经济技术开发区	9	无锡高新技术产业开发区	22
昆山综合保税区	10	广州保税物流园区	23
东莞松山湖高新技术产业开发区	11	广东广州保税区	24
天津北辰经济技术开发区	12	江苏泰州出口加工区	25
河南郑州出口加工区	13	苏州高新技术产业开发区综合保税区	26
常熟经济技术开发区	27	成都高新综合保税区	39
蚌埠高新技术产业开发区	28	张家港经济技术开发区	40
锡山经济技术开发区	29	陕西西安出口加工区	41
深圳市高新技术产业园区	30	张家港保税港区	42
太仓港综合保税区	31	乐山高新技术产业开发区	43
珠海经济技术开发区	32	漕河泾新兴技术开发区	44
太原经济技术开发区	33	长春高新技术产业开发区	45
天津经济技术开发区	34	温州高新技术产业开发区	46
福州台商投资区	35	邹平经济技术开发区	47
芜湖高新技术产业开发区	36	上海高新技术产业开发区	48
厦门象屿保税物流园区	37	惠州仲恺高新技术产业开发区	49
江苏吴江出口加工区	38	洛阳高新技术产业开发区	50

表1-10 产城融合型开发区土地集约利用更新评价结果综合排序前30名

开发区名称	排序位次	开发区名称	排序位次
虹桥经济技术开发区	1	贵阳经济技术开发区	16
唐山高新技术产业开发区	2	西宁经济技术开发区	17
上海陆家嘴金融贸易区	3	德阳经济技术开发区	18
重庆经济技术开发区	4	绍兴高新技术产业开发区	19
重庆高新技术产业开发区	5	合肥高新技术产业开发区	20
苏州高新技术产业开发区	6	遵义经济技术开发区	21
兰州高新技术产业开发区	7	陕西航天经济技术开发区	22
昆明高新技术产业开发区	8	广西东盟经济技术开发区	23
燕郊高新技术产业开发区	9	孝感高新技术产业开发区	24

续表

开发区名称	排序位次	开发区名称	排序位次
西安经济技术开发区	10	济南高新技术产业开发区	25
南京海峡两岸科技工业园	11	新乡高新技术产业开发区	26
乌鲁木齐高新技术产业开发区	12	山西长治高新技术产业开发区	27
武汉东湖新技术产业开发区	13	南宁经济技术开发区	28
中关村科技园区	14	武进高新技术产业开发区	29
南通经济技术开发区	15	长沙经济技术开发区	30

资料来源：《国家级开发区土地集约利用评价情况通报（2017年度）》。

2. 产城融合与产城分离

工业园区和城市的发展势必不能够分开，很多城市虽然并不能消耗工业园区内部所有的生产产品，但是城市的发展给工业园区提供了良好的交通环境和对外贸易条件。2017年园区六大高耗能行业的综合能源消费量总计为74.88万吨标准煤，同比下降2.47%。工业企业节能低碳化建设效果显著，实现工信部示范建设四大项目（绿色园区、绿色工厂、绿色产品、绿色供应链）全覆盖。苏州工业园2017年淘汰落后产能企业30家，全区企业技改投资98亿元，36家VOC排放企业实现清洁原料替代。园区管委会要严格审查企业的碳排放量，坚决拒绝排放指标不合格的企业入园。入园企业在选取建筑材料和产业链生产所需的物资时，一律选取绿色、节能型材料，同时在企业内全面推行低碳环保，在生产过程中尽量使用新型生态能源，减少对不可再生能源的使用。此外，通过制定财政补贴政策鼓励企业及各部门自觉进行低碳生产、节能减排。现在的城市发展需要更加注重绿色节能，对一些消耗资源过高的产业要按照相关的规定进行管制，防止其对城区的环境造成过多不利的影响。为促成工业园区的全面发展，必须要求将一些环保产业和城市地方发展相结合，树立良好的城市形象，从多方面协助城市的发展。

3. 转变能源消费结构，培育静脉产业

随着社会经济的持续快速发展，我国能源结构不合理，能源利用效率低，能源与资源、环境和社会发展的矛盾日益突出，能源问题已成为制约低碳经济发展的瓶颈。为此，园区必须转变能源消费结构，逐步以清洁、低碳型能源代替高耗能能源,提高能源的利用效率,转变企业发展方式,从而建立高效、清洁、低碳型能源工业体系。静脉产业是指垃圾回收和再资源化利用的产业,又称"静脉经济"、第四产业。垃圾是放错地方的资源,而静脉产业的出现充分证明了此论断的正确性,通过将工业园区生产和消费中产生的废物转化为新的资源和产品,实现了变废为宝,解决了环境废品利用和资源短缺两大难题。培育静脉产业,建立完备的工业化体系是实现我国生态工业园区经济低碳化的题中之义。

让工业企业"抱团环保"

Bizzpark Oberbruch 工业生态园,占地 100 多公顷,拥有 20 家工业与贸易企业,以及 1 000 名左右的员工。该工业园的传统经营活动是化工和农业食品加工,近期加入了燃料电池制造。威立雅通过 48 人的团队,负责为整个场地提供电、气以及水务服务。威立雅在此拥有一个蒸汽生产工厂,一个水处理单元以及一个污水污泥处理厂。通过为园区提供第三方服务,威立雅已经建立起了一个以服务为纽带的商业中心。威立雅德国工业园区总监 Stefan Langer 解释道:"你可以把工业生态园区想象成一个小宇宙:里面的每一家公司都有自己独立的经营活动,并且同时享受我们提供的一揽子服务。我们的目标是能够 100% 待命,以预防客户生产周期中的任一环节出现中断的风险。这要求我们的团队持续输出技术与操作专业人员。"

Niederau 工业生态园占地十多公顷,拥有四家化工企业以及将近 300 名员工。园区的业主是荷兰企业 AkzoNobel——它是世界领先的粉末涂料商。通过与其签订合作伙伴协议,威立雅以 7 人的团队为 Niederau 工业园提供几乎与 Bizzpark Oberbruch 工业生态园相同的服务。除此之外,威立雅在 Niederau 工业生态园还拥有一个燃气发电站,配有热电联产设备和空气压缩系统。

经验总结:工业生态园背后的运营挑战

首先,环境运营商需要拥有多方面的专业能力。由于生产场地与生产活动本身的特点各不相同,服务运营商所需的知识技能会千变万化,而目的却是一致的:"节省资源与成本,让客户获利,建设双赢的合作伙伴关系。这是园区经济模型的基础。"

其次,工作人员的安全与环境保护也是重中之重。威立雅和实业家们共同对生产规范与标准进行监督,并及时做出更新。威立雅不仅是一个能源供应商,而且是许多其他服务的供应商,这种角色定位使得他们能够关注并理解那些园区内企业也同样面临的问题。

最后,如何进一步输出工业生态园先进的管理模式,也是一项不可或缺的挑战。威立雅通过总共55人的团队,成功地管理了Bizzpark Oberbruch工业生态园和Niederau工业生态园。这份经验已经被成功地运用在芬兰的Harjavalta工业园(300公顷)。如今,该工业园的环境服务也由威立雅进行管理。

高质量发展是产业园区实现持续发展的重要使命、重大课题。在推动园区高质量发展过程中,还需要做好相应的评估和保障措施。一是建立高质量发展评价指标体系。深入研究高质量发展考核共性指标和个性指标的统计口径与评价标准,建立与高质量发展相适应的、能够引领园区高质量发展的指标体系。二是加强组织领导。由各区域主要负责人担任高质量发展领导小组成员,负责协调开发区重大项目和重大工程,督促检查工作进展。三是形成激励和约束机制。根据开发区高质量发展评估结果,对评价结果居前和靠后的,由各牵头管理部门研究出台相应的激励促进政策和惩罚整改措施。

1.3 中国产业园区改革开放40年发展历程与主要贡献

改革开放40年来,以蛇口工业园的设立为起点,中国产业园区历经了从无到有、从弱到强的发展进程。截至2017年末,我国共拥有552家国家级产业园区。其中,国家级经开区219家,国家级高新区156家,国家级保税区108家,国家级出口加工区27家,国家级边境经济开发区19家,其他国家级开发区23家(旅游度假、台商投资、新区、保税港区等)。2016年,全国共计365家国家经开区和高新区,两类国家级园区的GDP合计为170 946亿元,超过全国GDP的1/5(22.97%);两类国家级园区合计上缴税收为29 327亿元,超过全国上缴税收的1/4(25.31%);两类国家级园区合计出口创汇为8 572亿美元,大约占全国出口创汇的1/3。产业园区已成为我国产业发展的主要平台和重要基地。在这一部分,我们将对中国产业园区改革开放40年的发展历程与主要贡献进行梳理、归纳,为后续的进一步研究奠定基础。

1.3.1 中国产业园区改革开放40年的发展历程

本部分根据中国产业园区改革开放40年中决定园区发展进程的重大历史事件与重要政策文件对其发展历程进行划分,具体分为五个阶段:孕育期(1979—1983年)、初始培育期(1984—1991年)、高速发展期(1992—2002年)、稳定调整期(2003—2008年)和创新发展期(2009年至今)。下文将从总体情况、主要特征、主要成就三方面回顾每一阶段的发展状态。

1. 孕育期(1979—1983年)

党的十一届三中全会为产业园区的建立奠定了思想基础。这次会议提出把全党工作的重心和全国人民的注意力转移到社会主义现代化建设上来,确立了改革开放的基本国策,实现了中国历史上的伟大转折。

正是在上述诸多条件综合作用下,我国开发区才从无到有,由弱到强,不断发展。当然,我国开发区也经历了"投石问路"、由"点"到"面"的艰难曲折,是在深圳、珠海、汕头、厦门等经济特区试点基础上渐次展开的。经济特区还不是真正意义上的经济技术开发区,也不能完全解决资金短缺、技术落后、劳动力过剩等一系列问题。因此,扩大优惠政策的范围,实现由"点"到"面"的过渡,才能真正发展我国经济,这样经济技术开发区就应运而生了。

就具体进程来看,1978年10月9日,交通部外事负责人袁庚提出了《关于充分利用香港招商局问题的请示》,10月12日,该请示得到党中央国务院主要领导批准;1979年1月31日,国务院批准设立蛇口工业区,该工业区是中国第一个外向型经济开发区。1979年7月,中共中央、国务院同意在广东省的深圳、珠海、汕头三市和福建省的厦门市试办出口特区。在蛇口工业区与四大经济特区快速发展的背景下,国家看到了对外开放的力量,于是在中央政府的领导和地方政府的努力下,全国基本形成了从沿海到沿江,再由沿江到内陆城市的全面开放格局,为产业园区在全国的蓬勃发展奠定了坚实的基础。

2. 初始培育期(1984—1991年)

1984年5月4日,中共中央、国务院以中发〔1984〕13号文批转了《沿海部分城市座谈会纪要》,进一步开放沿海14个港口城市,明确"这些城市,有些可以划定一个有明确地域界限的区域,兴办经济技术开发区"。由此,中国产业园区的发展进入了快车道。

1984年7月,国务院设立特区办公室,作为主管机构,负责对经济技术开发区设立的审批、政策协调和工作指导。1984年9月25日,国务院首先批准设立大连经济技术开发区,这是我国正式批准设立的第一个经济技术开发区。1988年5月,国务院批准建立了北京新技术产业开发试验区,这是我国第一个国家级的高新技术产业开发区,如今已发展成北京的中关村。1984—1991年,新增国家级经开区15家,新增国家级高新区27家,新增国家级保税区3家,新增其他国家级开发区3家。

产业园区建立之初,各园区恪守中央"把开发区办成技术的窗口、管理的窗口、知识的窗口和对外政策的窗口"的"四窗口"模式。但是,由于长期与外界隔绝,对资本主义生产方式具有防范心理,以及外界资本对中国开放政策持观察试探的态度,再加上产业园区间按照统一模式共同争取外资,致使在短期内除天津开发区外大部分产业园区的发展都不尽如人意。1989年,国家在上海召开全国经济技术开发区工作会议,提出了"发展工业为主,利用外资为主,出口创汇为主"的"三为主"发展方针,并修订了对沿海经济技术开发区期望过高的定位,明确以出口加工区模式谋求发展。

我国产业园区发展的第一阶段主要是园区建设和管理的摸索阶段,发展相对缓慢,过程中也遇到了许多困难和阻碍,主要表现为:产业园区的发展条件很差,发展基础薄弱,而且受制于传统观念,开发区多选址于远离母城的地方,难以向已有的产业基础借力;同时,在国内百废待兴、资金需求压力极大和开发区自身尚无积累能力的双重约束下,开发区建设资金缺口很大;另外,外资进入中国也有一个由小到大、由低到高的试探和观望过程,等等。

在诸多不利因素的制约下,国家级开发区的总体发展成绩不尽如人意。从经济总量上说,14个经济技术开发区和28家高新技术产业园区在1991年实现工业产值146亿元,出口12亿美元,税收7.90亿元,截至当年年底累计利用外资总额17.77亿美元。国家级开发区规模小、形式单一,区内企业技术含量低,主导产业以食品、饮料等中低端轻工业居多。

3. 高速发展期(1992—2002年)

1992年,邓小平同志南方谈话,掀起了对外开放和引进外资的新一轮高潮,我国产业园区建设也随之进入快速发展阶段。

1992—2002年,新增国家级经开区39家,新增国家级高新区25家,新增国家级保税区20家,新增国家级边境经济合作区14家,新增其他国家级开发区17家。至此,由经开区、高新区、特区、边境自由贸易区、沿江沿边开放地带、保税区等构成的多层次、全方位开放格局基本形成。

总的来说,这一阶段是我国产业园区的快速膨胀期,产业园区在数量和类型上都有较大提升,也使得我国产业园区的格局不断完善。截至2002年末,我国的产业园区已由国家层面迅速扩展到各省、市、县及部分乡镇地区层面,在地域范围上,产业园区由沿海向沿边、沿江乃至内陆省会城市不断推进;在产业领域上,产业园区也从生产领域逐渐扩展到服务领域和高新技术领域;在产业园区发展格局上,目前已形成了以经济技术开发区、高新技术产业开发区为主,保税区、出口加工区、边境经济合作区、沿海经济开放带、沿边经济开发区为辅的全方位、多层次开放格局,产业园区的功能得到了进一步的发展,形成遍及全国的产业园区建设热潮。

值得注意的是,这一阶段全国产业园区的发展还存着盲目扩张的情况。此时,省市级产业园区的普遍程度令人瞠目结舌,市镇乃至乡一级都建立起大大小小的产业园区,产业园区的分布也由沿海推进到沿边、沿江乃至内陆省会城市。同时负面作用显现,一方面是政府利用产业园区盲目招商引资扩大政绩,另一方面是企业盲目扩张,乱要优惠政策,产业园区的发展陷入"不选而入、不用而占、不择而批"的恶性循环。

2002年,我国建立的54个国家经开区的GDP、工业总产值、工业增加值、税收、实际利用外资、出口创汇分别为3 110亿元、7 867亿元、2 210亿元、500亿元、77.4亿美元、275亿元,与1992年比较,工业总产值、税收、实际利用外资、出口分别增加29、36、20、13倍。2002年,53个国家高新区的营业收入、工业总产值、工业增加值、净利润、税收、出口分别为15 326亿元、12 937亿元、3 286亿元、801亿元、766亿元、329亿美元,与1992年比较,营业总收入、工业总产值、净利润、税收、出口分别增加65、68、32、77、142倍。

4. 稳定调整期(2003—2008年)

2003年,国务院开始对全国各类产业园区进行清理整顿,国务院连续下发了《关于暂停审批各类开发区的紧急通知》《关于清理整顿各类开发区加强建设用地管理的通知》《清理整顿现有各类开发区的具体标准和政策界限》等文件,对治理整顿土地市场秩序做出了一系列部署并取得了重要成果,各地停止审批设立新的产业园区并禁止已建开发区的扩张。2004年,国家对各类违规设立的开发区加大清理整改力度,核减开发区规划用地面积2.49万平方千米,占原有规划面积的65%。

这一时期,除宁波高新区晋升为国家级园区外,两类国家产业园区数量都没有增加,产业园区进入稳定整顿阶段。此外,国家2005年批准设立上海洋山保税港区,截至2008年我国已经批准建立了11个保税港区。

这一时期,为继续办好产业园区,提高产业园区的发展质量,国家对产业园区科学发展阶段的指导思想做出了调整,提出了"以提高吸收外资质量为主,以发展现代制造业为主,以优化结构为主,致力于发展高新技术产业,致力于发展高附加值服务业,促进园区向多功能综合性产业区转变"的"三为主,一致力"的发展方针,以期在推进经济发展方式转型中发挥更大作用。

这一阶段,产业园区的发展逐步走向成熟。从管理体制上来看,园区基本上建立了符合国际规范的国际化管理体制,设立了综合性的经济行政管理部门,拥有了一批高素质的行政管理队伍,基本理顺了政企关系,形成了众多为企业服务的中介机构;从产业发展来看,园区由单纯为招商而招商的出口加工模式,发展成为依托核心企业和主导产业、具有鲜明特色的产业功能区。

2008年,我国54个国家经开区的GDP、工业总产值、工业增加值、税收、实际利用外资、出口分别为15 313亿元、45 935亿元、10 972亿元、2 481亿元、195亿美元、2 051亿美元,与2003年相比分别增加了230%,255%,204%,228%,89%和319%。2008年,53个国家高新区的营业收入、工业总产值、工业增加值、税收、净利润、出口分别为65 986亿元、52 685亿元、12 507亿元、3 199亿元、3 304亿元、2 015亿美元,与2003年相比分别增加了215%,205%,188%,223%,193%和295%。

5. 创新发展期(2009年至今)

2009年3月,北京中关村国家自主创新示范区成为第一个国家自主创新示范区。2014年,国务院办公厅专门发布了《关于促进国家级经济技术开发区转型升级创新发展的若干意见》(国办发〔2014〕54号),2016年又颁发《关于完善国家级经济技术开发区考核制度促进创新驱动发展的指导意见》(国办发〔2016〕14号)。尽管这两个意见主要针对的是国家级经开区,但对全国各级、各类开发区具有普遍指导意义,因而也标志着我国国家级开发区正式进入转型升级和创新发展的新的历史时期。2017年,《国务院办公厅关于促进开发区改革和创新发展的若干意见》(国办发〔2017〕7号)进一步指出,当前全球经济和产业格局正在发生深刻变化,我国经济发展进入新常态,面对新形势,必须进一步发挥开发区作为改革开放排头兵的作用,形成新的集聚效应和增长动力,引领经济结构优化调整和发展方式转变。《意见》从优化开发区形态和布局、加快开发区转型升级、全面深化开发区体制改革、完善开发区土地利用机制、完善开发区管理制度五个方面对开发区的建设和发展提出了具体的意见。

2009—2017年,新增国家级经开区165家,新增国家级高新区102家,新增国家级保税区76家,新增国家级经济合作区4家,新增其他国家级产业开发区3家。这一时期国家级产业园区围绕未来发展目标,着力在发展理念、兴办模式、管理方式等方面加快转型,通过落实五大发展理念和深化供给侧结构性改革,努力实现由追求速度规模向追求质量效益转变,由要素驱动为主向创新驱动为主转变,由工业制造业为主向制造业和服务业融合发展转变,由政府主导投资管理向政府与社会资本合作方式转变,由同质化竞争向差异化发展转变,由硬环境见长向软硬综合营商环境取胜转变,由招商引资为主向招商引技、引智为主转变。促进国家级产业园区经济保持中高速增长,产业技术迈向中高端水平,在更高层次参与国际经济合作和竞争。

2016年,全国共计365家国家经开区和高新区,两类国家级园区的GDP合计为170 946亿元,超过全国GDP的1/5(22.97%);两类国家级园区合计上缴税收为29 327亿元,超过全国上缴税收的1/4(25.31%);两类国家级园区合计出口创汇为8 572亿美元,大约占全国出口创汇的1/3(33.33%)。

1.3.2 中国产业园区改革开放40年的主要贡献

作为改革开放以来我国发展经济的主要手段之一,产业园区对经济社会发展的贡献是全方位的,并主要体现在经济增长极、创新集聚地、管理示范者、开放先导区四个方面,其实现载体是以发展新型工业为目标的经济技术开发区和以高新技术产业化为目标的高新技术产业开发区。

1. 重要的经济增长极

作为所在地区的经济发动机,产业园区的发展直接促成了我国东部地区的经济腾飞、中西部地区的深度开发,并推动全国各地经济相互协调、形成有序体系。

从工业总产值和上缴税收来看,40年来国家经开区和国家高新区在全国的比重稳步提升(图1-5、图1-6)。2015年,219家国家经开区工业总产值达到

231 561亿元;2016年,146家国家高新区工业总产值达到196 838.7亿元。从上缴税收来看,2016年,219家国家经开区上缴税收14 018亿元,占全国税收的

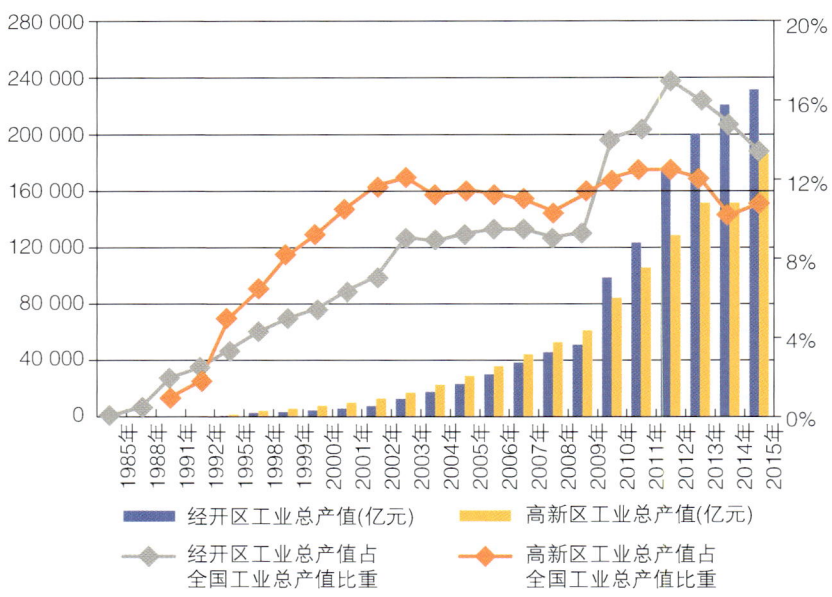

图1-5 两类园区工业总产值及占全国工业总产值比重

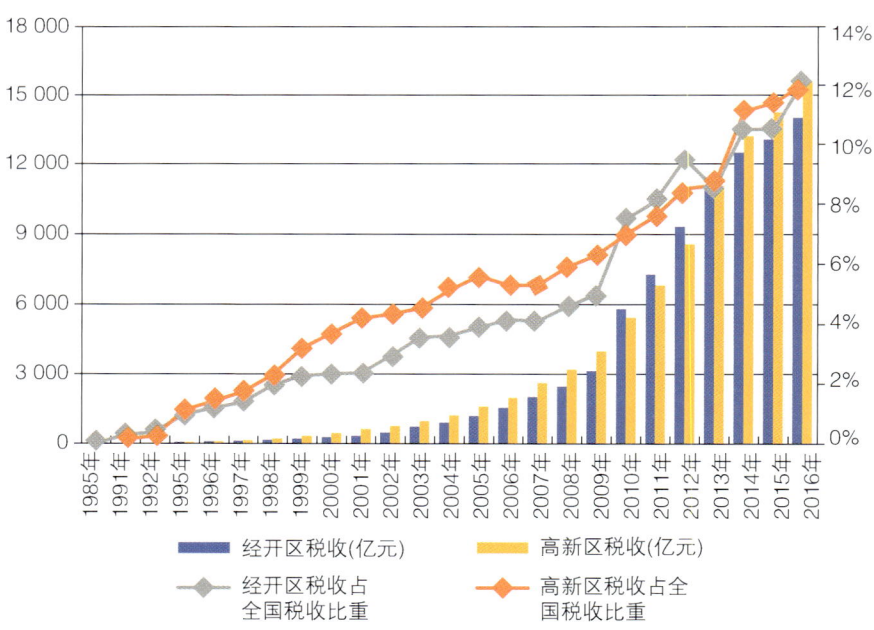

图1-6 两类园区税收及占全国税收比重

12.10%;146家国家高新区上缴税收15 609.3亿元,占全国税收的12.00%;两类园区合计上缴税收为27 301.5亿元,占全国上缴税收比例接近1/4(24.1%)。2015年,国家经开区和高新区这两大类园区的GDP合计达到158 269亿元,占全国GDP的近1/4(23.39%)。

可以看出,40年以来在中国经济高速发展的过程中,国家经开区和国家高新区是中国发展经济的两大重要抓手。目前,两类园区合计上缴税收超过全国税收的25%。20世纪90年代末开始到2010年前后,国家高新区的经济贡献超过国家经开区。这说明国家高新区的发展已经超出了最初"示范、引领、辐射和带动"作用的政策目标设定,除了创新外同样具有规模经济发展特点。而2010年后国家高新区的经济贡献小于国家经开区,其主要原因是国家经开区大规模扩展,从2009年的86个增加到2016年的219个。

从增长的速度来看,国家产业园区自成立以来展现出强劲的发展势头和充满活力的经济发展前景,特别是20世纪90年代末开始,这一特征尤为明显(图1-7—图1-10)。2016年,219家国家经开区的GDP、上缴税收增长率分别为7%和7.2%,146家国家高新区的营业收入、工业总产值、上缴税收、净利润的增长率分别为9%,5.8%,9.6%和15.2%。从增长的特征来看,国家级经开区各项指标在2010年的增长率远高于其国家级经开区的平均增长率,出现了波峰现

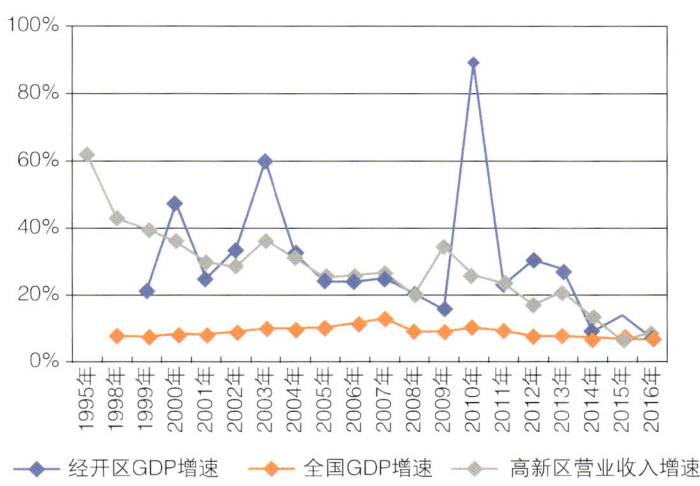

图1-7 国家经开区GDP增速、高新区营业收入增速和全国GDP增速比较

象，主要原因是这一年较多的园区晋升为国家级经开区，规模的较大增长导致了增长率的迅速上升。

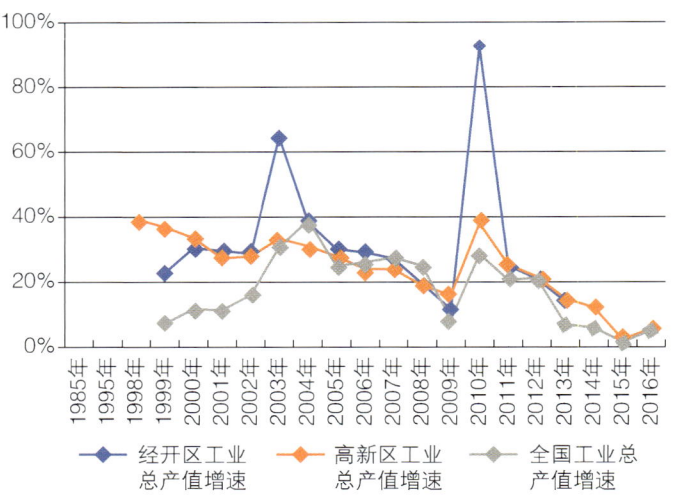

图 1-8　两类园区工业总产值增速与全国工业总产值增速比较

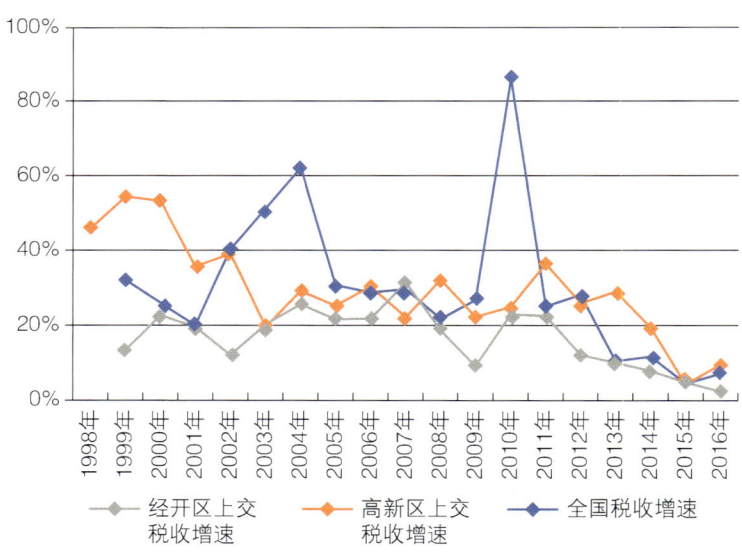

图 1-9　两类园区税收增速与全国税收增速比较

2. 重要的创新集聚地

产业园区是我国科技资源、研发活动、创新成果最为密集的地区，经过 40 年发展，产业园区培育了一批具有较高影响力的高新技术成果和企业，并已经成为

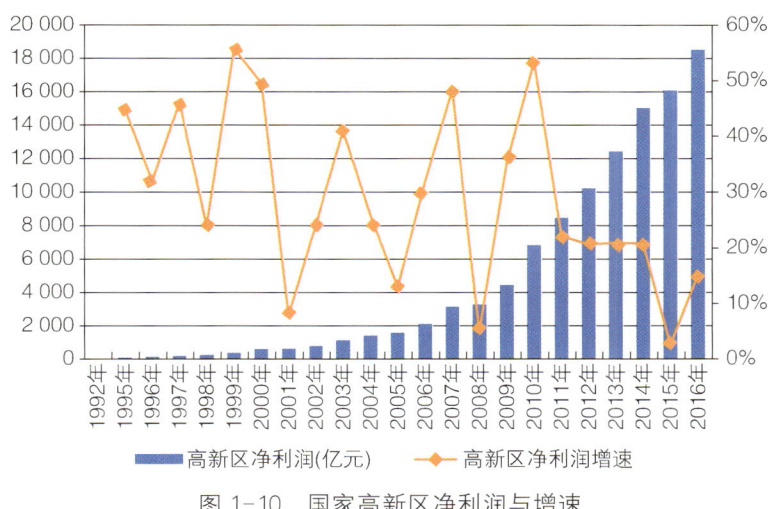

图 1-10　国家高新区净利润与增速

代表我国参与全球创新竞争、抢占国际科技制高点的优先区域。

两类国家产业园区是我国发展高新技术产业的重要基地，40 年来它们在集聚科技创新资源、推动技术创新环境建设与高新技术产业化方面都取得了丰硕成果，成为我国科技创新的主体示范区。国家高新区吸引和聚集了国内外大量优秀的创新人才、创新载体和创新企业，内部研发投入强度高，研发活动活跃，产生了丰硕的创新成果。国家经开区也在逐步调整产业结构，积极引进高新技术产业，内部企业的技术创新能力不断提升。目前，两类园区已经成为全国创新资源、创新活动、创新成果最密集的地区。

自 1998 年以来，国家高新区企业科技活动人员整体呈现不断增长趋势，至 2016 年其企业科技活动人员是 1998 年的 17 倍（图 1-11）。从从业人员分布来看，国家高新区硕士学位从业数量占全部从业人数的比例持续上升，从 2001 年的 2.3% 提高到 2016 年的 6.8%；博士学位从业者数量占全部从业人数的比例始终保持在 0.5% 左右（图 1-12）。截至 2016 年底，国家高新区企业从业人员中有留学归国人员 11.8 万人、外籍常驻人员 5.8 万人、引进外籍专家 1.6 万人，有 4 061 人入选国家千人计划，其中 1 726 人由园区推荐并入选，146 家国家高新区中有 25 家高新区为国家"海外高层次人才创新基地"，共有留学生创办企业 32 937 家。

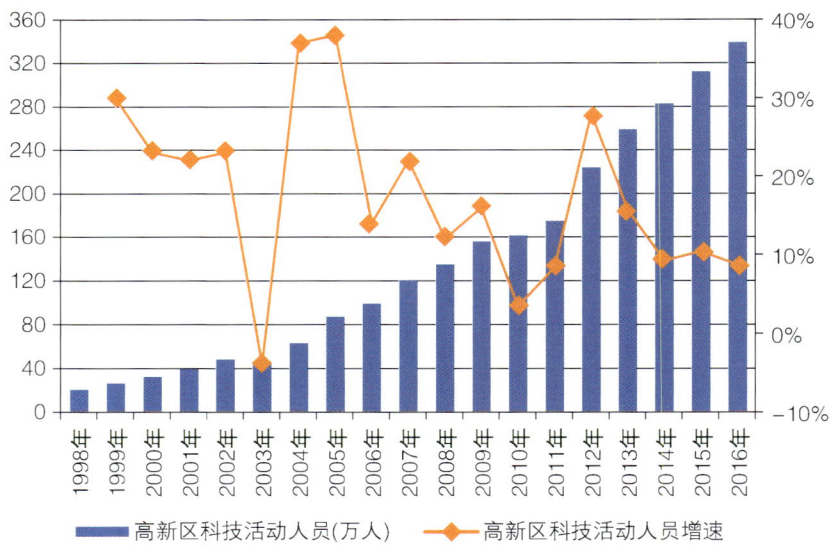

图1-11 国家高新区科技活动人员数量及增速

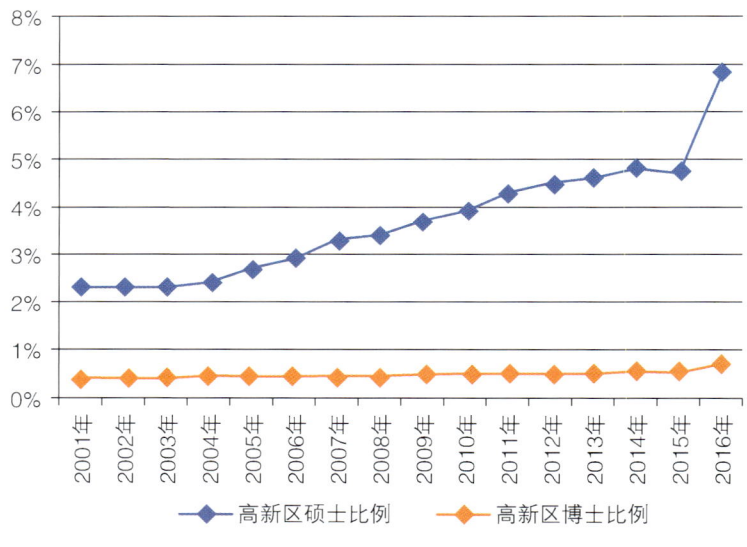

图1-12 国家高新区硕士、博士人员比例

从创新资源投入来看,国家高新区企业内部活动经费逐年增长,2016年达到8 524.9亿元,是2001年的38倍(图1-13)。

从创新成果来看,拥有最密集创新资源的高新区也是全国企业创新成果最丰硕的地区。21世纪以来,国家高新区的新产品销售收入更是迅速增长,从2000年的2 188亿元增长到2016年的64 640亿元,年平均增长率达23%左右

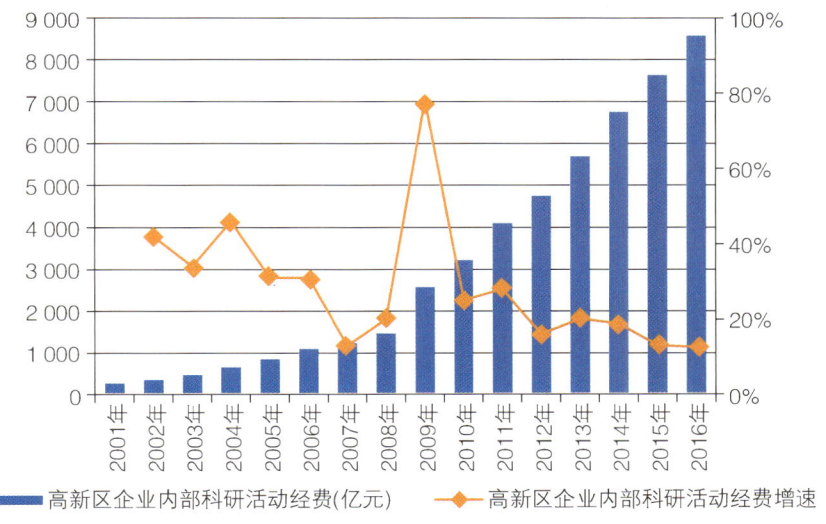

图 1-13　国家高新区企业内部科研活动经费及增速

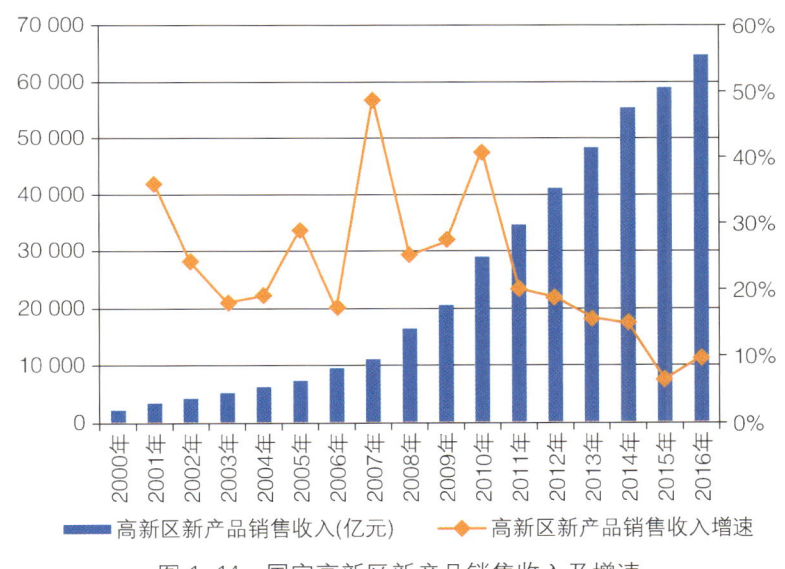

图 1-14　国家高新区新产品销售收入及增速

(图 1-14)。

2016 年,国家经开区高新技术企业工业总产值为 88 863 亿元,是 2006 年的 6.2 倍,年平均增长 22%。2015 年,国家级经开区高新技术企业工业总产值为 78 615 亿元,占当年国家经开区高新技术企业工业总产值的 20%(图 1-15)。2016 年,国家经开区高新技术产品出口额为 2 527 亿美元,占当年国家经开区出口总额总值的 65%，是 2005 年的 3.3 倍，年平均增长 14%（图 1-16）。可以看出，国家经开区同样呈现出高密度的创新。

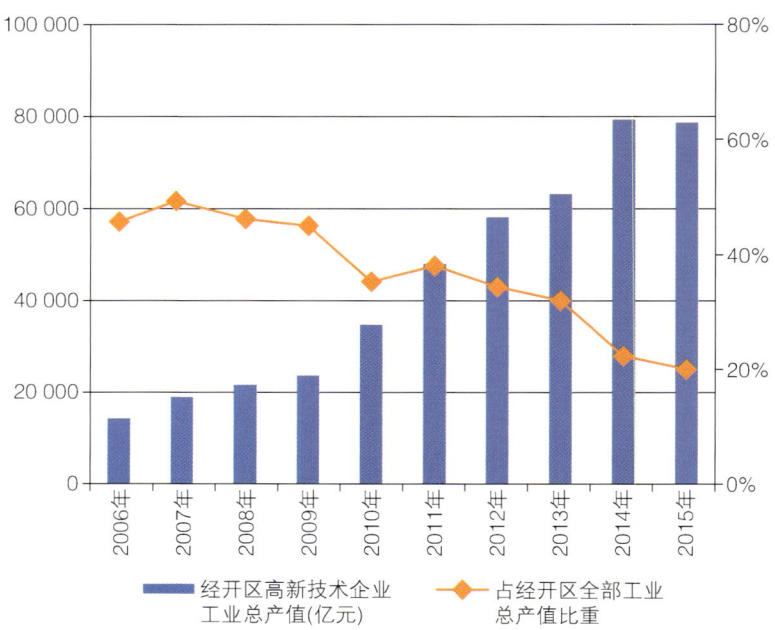

图 1-15　国家经开区高新技术企业工业总产值及占经开区全部工业总产值比重

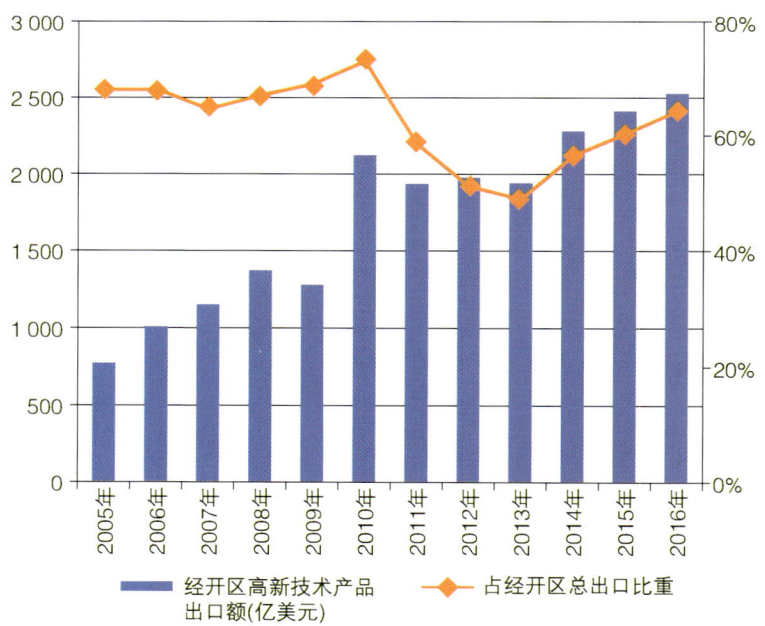

图 1-16　国家经开区高新技术产品出口额及占经开区总出口额比重

两类产业园区的发展促进了一批重大科技成果的诞生,包括超大规模集成电路装备、高性能计算机、高速宽带网、光伏能源装备、重大新药、高速列车、电动汽车等,部分成果已经从单个产品发展成为国家的支柱产业。北京中关村、上海张江、苏州工业园、深圳高新区、武汉东湖等园区崛起,成为具有全球影响力的集成电路、生物医药、电子信息、半导体照明等产业基地,并由此培育了联想、华为、百度等行业巨头以及一批细分领域中的核心企业。

3. 重要的管理示范区

我国产业园区的发展,吸收和整合了我国台湾省新竹科学工业园、新加坡工业园等国际知名园区的经验。通过优化管理机制、加强土地规划、推进产城融合,实现了园区资源的高效集约化利用,发展质量大大优于全国平均水平。经过40年的发展,两类国家级园区不断提高生产力和推动产业结构升级,逐步实现人力、土地等资源的高效集约利用。在保持高速增长的同时,两类园区的发展质量和效率大大领先于全国平均水平,走上了一条又好又快的发展道路。

从人均效率来看,40年来特别是从1998年以来,两类国家级园区的人均产出效益持续稳步增长。国家高新区的人均工业总产值从1998年的26.3万元/人增加到2016年的109万元/人,增加了4.1倍;国家经开区的人均工业总产值从1998年的16万元/人增加到2013年的99万元/人,增加了5.1倍;两类产业园区的人均工业总产值都高于全国规模以上工业人均工业总产值(图1-17)。从人均净利润来看,40年来国家高新区人均净利润远高于全国规模以上工业企业的净利润,其中2016年国家高新技术产业开发区人均净利润为10.3万元/人,是1995年的10.3倍(图1-18)。

从人力资源管理效率看,两类园区的人均产出效率取得大幅增长。2016年,高新区和经开区的人均生产总值分别为48.4万元和41.5万元,折合美元为7.57万元和6.50万元,位居世界前列。

从开发管理模式看,各地产业园区并非统一规划,而是根据当地实际,采取了多种类型的开发模式,有些开发模式的做法截然相反,却各具优势。①逐片滚动开发与一次性整体开发并存,如苏州工业园区师承"新加坡"模式,区域

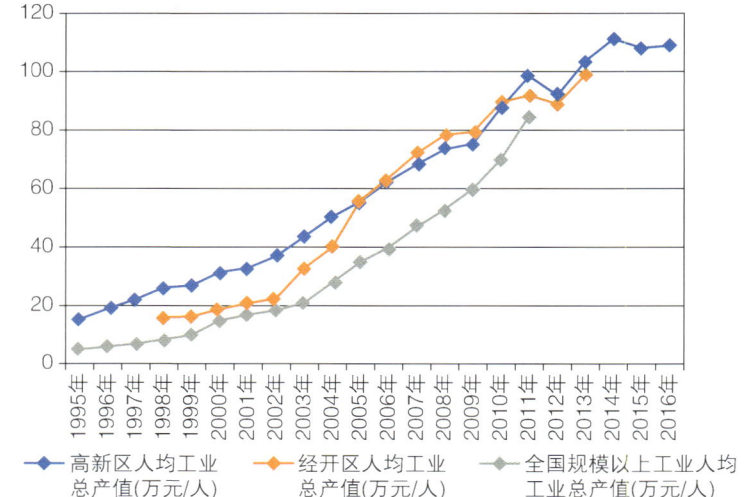

图 1-17　两类园区人均工业总产值与全国规模以上工业人均工业总产值比较

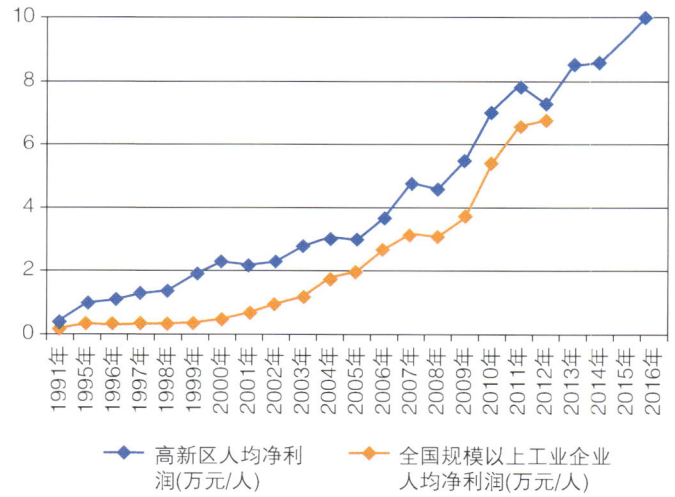

图 1-18　国家高新区人均净利润与全国规模以上企业人均净利润比较

成片开发、功能明确;②管委会、开发公司的融合与分离并存,如中关村设有中关村管委会和中关村发展集团公司;③普惠性政策与排他特殊性政策并存,如高新区以高新技术企业认定等普惠性政策为主,而经开区往往包括大量特殊类政策、择优类政策;④一级政府式管理体制与服务式管理体制并存,例如武汉东湖管委会形成了包括公安局、法院、检察院等机构在内的一级基层政府完整序列等。

4. 重要的开放先导区

产业园区最初的定位是出口加工贸易区、对外开放的窗口。随着出口贸易的不断深化,产业园区逐步具备了对资金、技术、人才等多种要素的统筹整合能力,呈现出更加主动的外向型战略意向,在国家政策和改革试点机会的支持下,日趋成为继经济特区之后的第二开放带。

从出口创汇来看,40 年来两类国家级园区出口创汇占全国总出口的比例持续上升,已成为对外开发的重要窗口(图 1-19)。其中,2016 年,219 家国家级经开区出口创汇达到 4 439.796 亿美元,占全国出口总额的 17.8%;146 家国家高新区出口创汇达到 4 133 亿美元,占全国出口总额的 11.0%,两类国家级开发区的出口创汇占全国出口总额的 1/3。若按照 2015 年 146 家高新区计算,两类园区的出口创汇增速为 3.2%,高出全国出口创汇增速(-1.8%)5 个百分点。但若按照原 115 家高新区计算,两类园区的出口创汇较 2014 年下降 1.1%,高于全国出口创汇增速(-1.8%)0.7 个百分点。其中,经开区的增速为 -2.7%,低于全国出口创汇增速(-1.8%)近 0.9 个百分点;高新区增速为 5.1%,高于全国出口创汇增速(-1.8%)6.9 个百分点。

此外,经开区实际使用外资数量在 2010 年前持续增长,在 2014 年受 54 号文

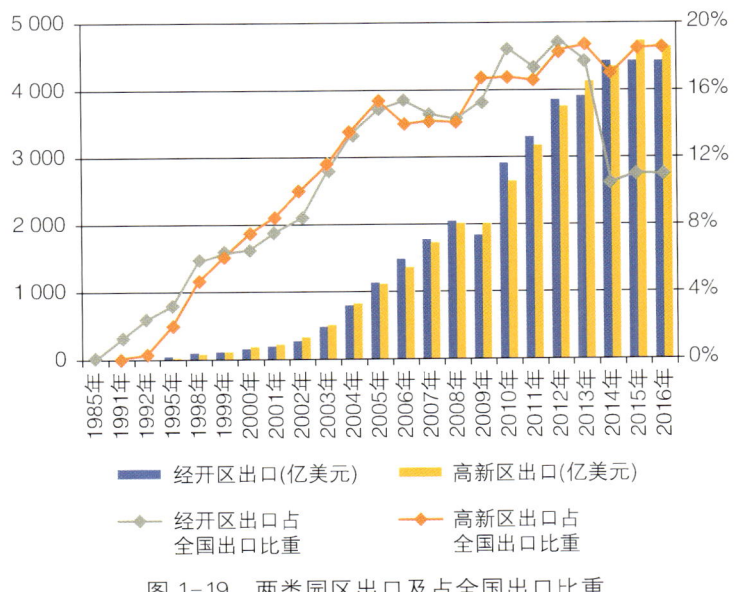

图 1-19 两类园区出口及占全国出口比重

影响,使用外资数量有所回落(图1-20)。2016年,219家国家级经开区实际利用外资526亿美元,占全国实际利用外资的40.6%。可见国家级高新区和经开区作为经济特区之后的第二开放带,开发区外向型特征明显,在我国对外开放进程中发挥了积极的窗口作用。但是从我国实际利用外资情况看,外商资本主要在国家经开区内开展投资,主要从事生产性投资,缺乏技术研发投资。

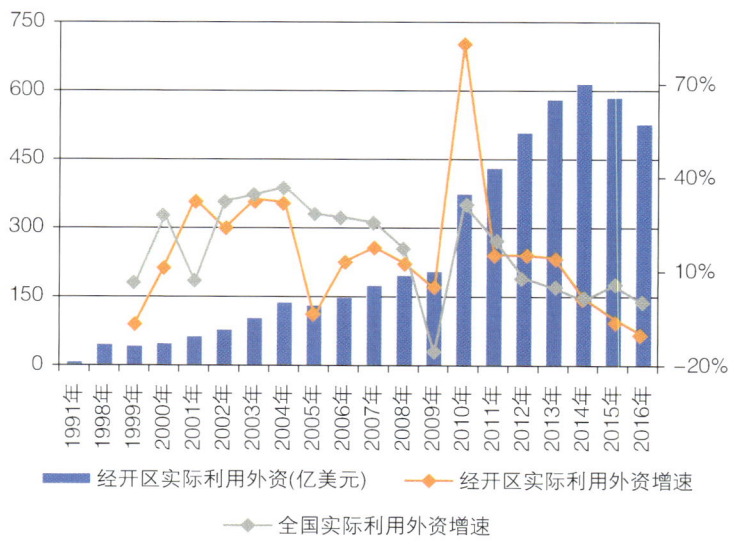

图 1-20 经开区实际使用外资及增速

第2章

中国产业园区改革开放 40年进程专题报告

中国产业园区在改革开放40年来取得了举世瞩目的成就,通过主报告的分析可以发现,产业园区的发展进程进入了2.0阶段,即从依托市场的发展转向依托创新的发展转变。在这一承前启后的关键历史时刻,对园区过往的发展经验进行总结,对未来的发展方向进行展望,是我们义不容辞的历史责任。本报告的研究逻辑是,首先,探索产业园区形态演进的规律和特征,总结和提炼产业园区发展背后起着决定性作用的发展模式,即对园区发展历史进行回顾。其中,根据产业园区发展的孕育期、初始培育期、高速发展期、稳定整顿期和创新发展期这一时间脉络梳理了园区产业形态、空间形态和关系形态的三维形态演进过程。其次,发现并提炼了包括产业园区管理体制、开发方式和发展动力的三维发展模式,并归纳提出"二元非均衡"的园区发展模式基本特征。最后,对园区未来的发展前景进行展望,基于产业园区持续发展的理念,提出其发展愿景是构建园区创新生态系统,并从构成要素与要素间的运行关系对园区创新生态系统进行分析。在此基础上,我们依托园区实际运营情况,提出园区持续发展的中心路径是建立园区管理体系,并进一步基于流程视角,将园区管理分为由规划管理(planning)、运营管理(operation)和控制管理(control)构成的闭环系统,形成POC架构。

2.1 中国产业园区改革开放40年发展形态

中国产业园区40年的发展成就,很大程度上表现在其发展形态的巨大变化上。本节根据产业园区发展的时间脉络梳理了园区产业形态、空间形态和关系形态的三维形态演进过程,发现产业园区40年发展形态演进呈现出由产业发展推动的单一形态向多元形态演进的"一体两翼"的模式,并对各形态的未来发展方向进行展望。

2.1.1 产业园区发展形态的基本内涵

中国产业园区 40 年发展形态演进呈现出由产业发展推动的单一形态向多元形态演进的"一体两翼"的模式,其中"一体"指产业形态,"两翼"指空间形态与关系形态。政策的调整与市场环境的变化将直接影响园区产业形态的发展;园区产业形态的变化势必带来园区空间形态的调整以适应产业发展的空间需求;园区产业形态与空间形态的变化相应地带来园区内企业间合作关系形态的演变。因而,在园区发展形态演进中,产业形态的演变是基础;空间形态的演变是外延;关系形态的演变是内涵。

2.1.2 从产业单核向多核并举发展的产业形态

中国产业园区的产业形态是一个不断发展和演进的过程,不同的发展阶段有不同的内涵与形态特征。通过对园区产业形态演进的划分,以时间轴梳理与总结各阶段的特征,有利于从总体上探寻中国产业园区产业形态的演进规律。

1. 孕育期:点式散布(1979—1983 年)

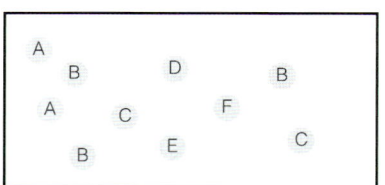

图 2-1 孕育期区域产业形态

在孕育期,中国产业园区产业发展形态基本上是自然发展的点式聚散格局(图 2-1)。

在这一期间,企业一般是围绕资源而自发聚集。某个区域因有某种资源,如矿产、物产、市场或交通枢纽等,就会吸引各类企业的集聚。但是,此阶段的区域产业组织结构表现出自然松散型的产业群落特征,无论是资源型企业之间,还是生产加工型企业之间,往往既没有资本关系,也较少产业链关联关系,更多的是竞争关系,产业内部企业之间的实际链接度很低。例如:蛇口工业区建立之初,主要特点是为了吸引外来投资,满足原材料和产品进出的需要,致力于港口以及基础工程建设。1981 年"五通一平"(通水、通电、通车、通航、通电讯及平整土地)基础工程基本完成;1981—1983 年主要致力于外资引进和工厂建设,蛇口工业区开始向国内外招商引资,陆续有港、澳企业落户蛇口,出现了集装箱制造厂、钢丝绳厂、拆船厂、氧气厂、玻璃纤维厂等,初步形成了产业结构以工业为主、企业类型以外商投资为主、产品销售以国际市场为主的经济格局,但没有形成主导产业,企业之间也缺乏实际的链接。

2. 初始培育期:政策驱动聚集(1984—1991 年)

在 1984—1991 年的 7 年间,我国产业园区经过了艰难的创业和摸索发展,完成了园区事业的启动。1984 年 9 月—12 月,我国首先在大连、秦皇岛、烟台、青岛、宁波、广州、湛江、天津、连云港、南通 10 个地区设立经济技术开发区;1985 年,福州经开区获准建立;1986 年,上海闵行、虹桥 2 个经开区获准建立;1988 年,国务院批准设立上海漕河泾新兴技术开发区,并采取了由港资和上海市共同开发经营的新型经营方式。为适应国际竞争和技术革命要求,1988 年,国务院批准设立我国第一个国家级高新技术产业开发区——北京新技术产业开发试验区,并于 1991 年在 26 个智力相对密集的大中城市建立 26 个国家级高新区。

这一阶段,各产业园区集中力量完善基础设施建设,为产业的发展营造相对良好的硬性条件。同时,园区建立专门管理机构,颁布一系列产业优惠政策。企业为了享受税收、租金等红利与便利的基础设施,纷纷涌入园区,园区则通过一系列标准与政策对入园企业进行产业、规模筛选,从而形成中国特有的政府主导、政策驱动的产业聚集格局。以广州开发区为例,其初期的管理架构是"准政府"架构,市委市政府赋予开发区"代表市政府行使对开发区领导和管理"的权力。例如:开发区可以批准 3 500 万美元的项目,土地只需报市规划局备案;在机构人事方面,批准设立市副局级机构,可任命市副局级干部;在开发区专设工商局,企业登记、注册、年审全部在开发区办理;在财政方面,开发区收入全留。1985 年出台的《广州经济技术开发区暂行条例》规定,在税收上可享受以下更多优惠:一般可按税法规定的税率减征 70% 的地方所得税,技术特别先进的项目可免征地方所得税;客商在中国境内没有设立机构而有来源于开发区的股息、利息、租金、特许权使用费和其他所得,其中属于转让先进技术或提供资金、设备的条件优惠的,可以减征、免征预提所得税。广州开发区还制定了六个配套规章,包括技术引进、土地管理、工商税收、内联企(事)业、劳动工资管理、企业登记。

然而,我国在兴办产业园区之初,由于缺乏资金和建设经验,各产业园区大多存在基础设施建设不完善、法律法规不健全、行政管理体制较落后等问题,造成园区内部管理混乱,且大多数企业是为了寻求政策红利而入驻的劳动密集型与出口加工型企业,企业间产业关联度并不是很强,沟通与合作较少。园区内产业发展呈现"集而不聚"的特征(图2-2),具体情况可见表2-1。

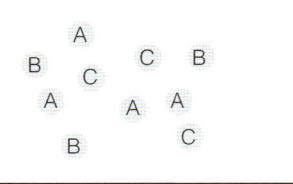

图2-2 初始培育期产业分布形态

表2-1 1984—1991年广州开发区招商及产业主要特征

要素	特 征
投资主体	港、澳、台和海外华商投资多,欧、美、日等投资少,其中港资企业占了90%以上
投资结构	依托母城引进的内资项目多,如美特容器、南穗纺织、中穗制衣、人工心脏瓣膜等;外商投资占项目投资总额的比例不高(如1990年全区外商投资仅占项目投资总额的45.7%),且外资以中外合资、中外合作和"三来一补"项目多,外商独资项目少
合资形式	中方主导多,外方主导少,项目能否合作落户的重要因素之一是中方投资者是否具有足够的实力、配套资金、土地或厂房资源等参与项目投资,代表性企业有宝洁、安利、箭牌
技术引进	引进成套设备多,关键零部件少;引进硬件多,软件少;引进加工型企业多、科技开发型企业少
项目质量	遵循"量力而行"的原则,主要引进了一批能够尽快为开发区积累资本、创汇的项目,着眼于长远发展的高技术企业较少

3. 高速发展期:产业聚核(1992—2002年)

这一时期,园区产业发展特征是园区内产业"聚核"发展,园区内逐渐形成核心企业与主导产业,企业间联系与合作加强,由"物理集聚"向"化学集聚"转变(图2-3)。

1992年,掀起了对外开放和引进外资的新一轮高潮,我国产业园区建设也随之进入高速发展阶段。这一时期,跨国公司争相进入中国投资,使得技术档次高、

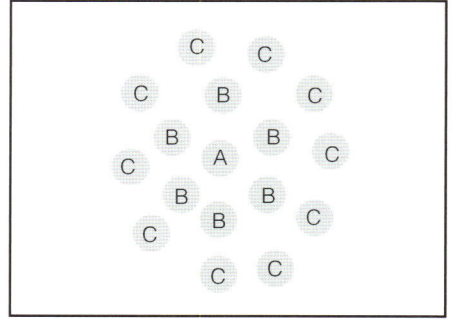

图2-3 高速发展期产业分布形态

管理技术现代化、配套带动性强的大项目显著增加,外商投资的热点由经济特区向产业园区转移。为此,国家调整了产业园区的建区方针,坚持产业布局"以工业项目为主,以吸引外资为主,以出口创汇为主和致力于发展高新技术"的指导思想。各类产业园区的工作重心开始由基础设施建设向招商引资转移,由传统式管理向现代化管理转移,由依靠政策驱动向依靠功能驱动转移。

产业园区数量的迅速扩张也带来了园区间日趋激烈的竞争。为了争夺资源与市场,园区纷纷对园内企业进行整顿与调整,以形成园区主导产业,并引入或者培育园区内核心企业,提高园区核心竞争力。由此,园区产业发展进入"聚核"发展阶段。广州开发区在 1998 年以前,是以东区与永和经济开发区为载体,通过"三让三得""五个依托、六个并举""跳出港澳台,走向欧美日"等招商政策组合拳,转向高、大、新项目,"大干快上"地引进和发展大型外资生产制造业项目,如美国德尔福、百事可乐、捷普、依利安达、澳大利亚 BHP,英国富斯乐、利高曼,新加坡立邦、益海粮油,日本本田、雅马哈、昭和、索尼、住友、益力多,中国台湾联众钢铁、联顺钢铁、大众电脑、康师傅、台一铜业、旺旺、娃哈哈、顶益方便面、顶津饮料等,这些企业大都属劳动和资金密集型产业项目。

园区确立其主导产业,坚持发展特色产业,避免产业结构雷同,从而形成比较优势,才能使园区产生持续性演化。同时由于在初创期,园区对外部环境和内部结构的控制能力较低,对发展空间和资源取向的把握程度不高,因此,该阶段要求园区管理者根据地域特点和产业优势,选择关联性较强、市场发展前途好、科技含量高的主导产业加以扶持,以提升发展效率。1998 年以后,广州开发区以科学城为载体、高科技制造业为基础、优化投资环境为目标,内外资并重引进高端项目,尤其突出引进高新技术产业项目。以科学城为例,园区分为六大区域,即中央研发孵化区、电子信息产业区、生物医药区、新材料产业区、环保和其他产业区、生态保护区。结合定位和规划,陆续建成了 100 万平方米的企业孵化器以及 100 万平方米的科技企业加速器、100 万平方米的公共技术服务平台和 100 万平方米的生活配套设施,打造了电子信息、生物、新材料、工业设计、音乐创意等 10 个国家级产业基地。依托广州科学城的发展,广州开发区还被评为首批国家级创新园区、国家海外高层次人才创新创业基地。

确定核心产业后,园区需要据此选择其核心培育企业。在产业园区发展早期,一家或若干家企业首先入驻,逐渐形成一定规模,并对周边经济发挥辐射和牵引作用。核心企业可以是企业自发入驻形成,也可以由政府以某种方式引进。核心企业在能力和网络嵌入性上与园区中的其他企业有着本质的区别,它们是促成产业集聚效应和园区整体演进的引擎。作为园区制造主体、出资主体、创新发动机或区域品牌代表,核心企业通过投资、创新、知识转移、品牌扩散等行为带动其他企业的发展。

最初,入驻企业之间尚未形成特定关联,与外部环境之间也没有真正产生物质循环、能量流动和信息传递。但是,随着园区内不断涌进同类型的中小型企业,在聚集规模的边际递增效应下,企业之间会共享信息、市场等资源,产生具有关联结构和特定功能的园区"核"结构。

4. 稳定调整期:聚链发展(2003—2008年)

这一阶段,产业园区的发展逐步走向成熟。从园区产业发展来看,注重产业结构的优化和升级,依托核心企业和主导产业形成具有鲜明特色的产业链协调发展的"聚链"模式。这一时期为继续办好产业园区,提高产业园区的发展质量,国家对产业园区科学发展阶段的指导思想做出了调整,提出了"以提高吸收外资质量为主,以发展现代制造业为主,以优化结构为主,致力于发展高新技术产业,致力于发展高附加值服务业,促进园区向多功能综合性产业区转变"的"三为主,两致力"的发展方针。为响应这一方针的号召,随着产业园区"核"的集聚与发展,一些实行业务归核化战略的"核"企业,会采用分工协同的方式吸纳上下游配套企业入驻园区;而另一些"核"企业为了适应环境的变化,采用高度本地化的发展策略,将研发中心、区域总部迁入园区,加强与本地企业和其他行为主体的联系。由此,形成园区纵向与横向的"聚链"式发展。

(1)纵向聚链。表现为产业链的上下游关系,包括供应商、制造商和需求商。有效供应产品、提供服务是产业园区竞争优势的集中体现,而产品顺利生产和销售则需要上下游企业之间围绕"核"企业进行分工协作与互动。以百强产业园区上海漕河泾新兴技术开发区为例,其支柱产业(电子信息产业)链上聚集的公司如图2-4所示。

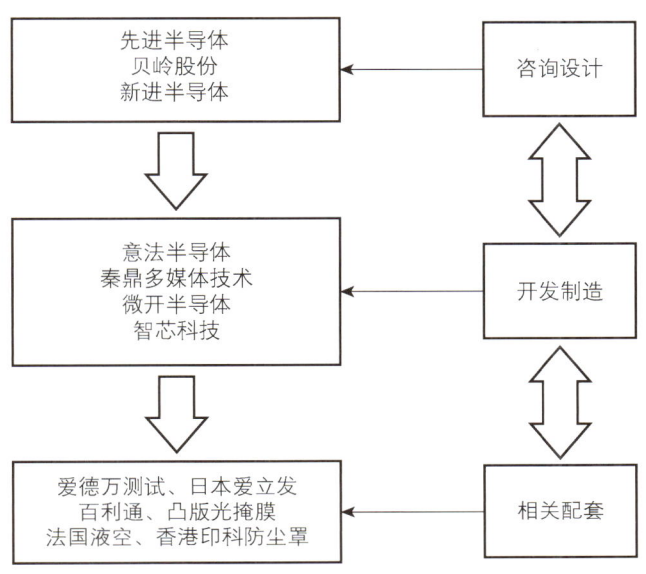

图2-4　上海漕河泾新兴技术开发区产业链

(2)横向聚链。表现为产业园区引进各种配套服务的企业,包含风险投资、金融机构、研究机构、管理机构、服务中介机构等,从而为"核"企业提供资金、技术、人才、管理、服务的外延支撑,以更有效率地输送高质量的产品和服务。以上海漕河泾新兴技术开发区为例,现代服务业主要集中在软件和信息服务业、科技及科技配套服务业、现代商贸业、金融服务业等(图2-5)。

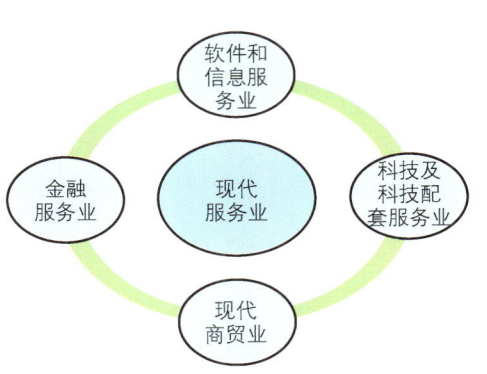

图2-5　上海漕河泾新兴技术开发区现代服务业构成

随着产业园区实力的不断壮大,园区内本地成长的、外地迁入的大企业和小企业通过交互促动与合作竞争逐步建立起信任机制,大量存在的正式和非正式关系构成了规模非线性放大效应,以更大的吸附力吸引更多的资源聚集,更多的创新思想在此生态系统中迸发。这一阶段园区内的产业形态呈"龙"形,即"龙头"企业带动、有"龙身"和"龙尾"中小企业配套、产业链完整的"龙形"产业布局形态(图2-6)。该阶段园区管理者的作用主要是积极创造有利于人才、资金、技术、管理、服务等资源集聚的软环境,为园区提供服务并加以规范。

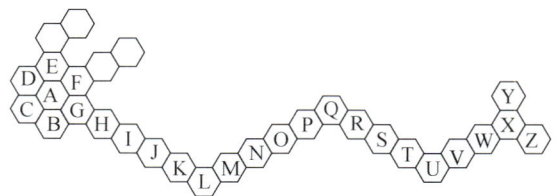

图2-6　稳定调整期产业分布形态

5. 创新发展期:聚网发展(2009年至今)

新时期,国家产业园区提出以科学发展为主题,实施创新驱动发展战略,培育和发展战略性新兴产业,壮大高新技术产业集群,探索经济发展新模式和辐射带动周边区域新机制,促进国家级开发区向以产业为主导的多功能综合性区域转变的发展要求。

这一要求的提出促使产业园区产业形态进一步演化,产生新产业功能的综合,即不仅可以提供类似"阳光、空气和土壤"的综合服务配套系统,包括创新平台的建设,各类中介服务机构的引进,如金融机构、会计师事务所、律师事务所、行业协会,而且还形成鼓励创新创业的社会文化环境、优良的政策环境、技术环境、市场环境。它们形成园区产业生态系统的"大气"环境,并反过来为产业园区的发展和壮大提供潜移默化的影响。同时,园区管委会需要在其中发挥沟通与协调的作用,促进园区内企业间的交流与合作。此时,中国产业园区内产业发展形态步入"聚网"发展阶段。这一阶段园区产业形态呈现出组织结构严谨有序的"蜂巢形"(图2-7)。

纵观张江示范区27年来主导产业发展的情况,主导产业发展以生物医药、电子信息、新材料为起始,逐步构建创新型产业体系,重点发展新一代信息技术、高端装备制造、生物医药、节能环保、新材料、新能源和新能源汽车等产业集群,形成了"一区二十二园"的发展格局,其产业发展情况如表2-2所示。

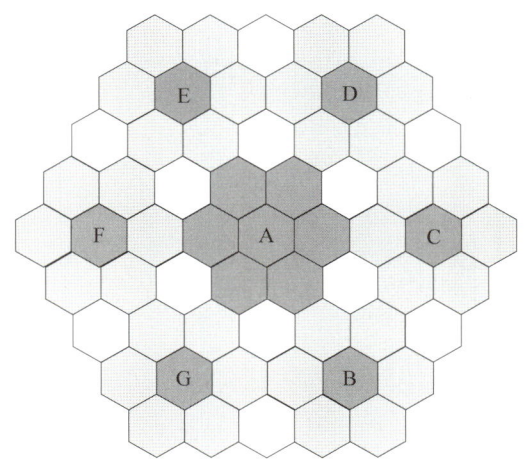

图 2-7　创新发展期产业分布形态

表 2-2　创新引领阶段张江示范区各分园主导产业

园区名称	产业结构
张江核心园	两大核心产业：信息技术产业、生物医药产业 三大新兴产业：低碳环保产业、民用航空研发产业、高端汽车配套及新能源汽车产业 打造两大产业集群："医产业"集群，涵盖医药、医疗、医械、医学的医疗健康产业；"E产业"集群，基于互联网和移动互联网的互联网产业
漕河泾园	支柱产业：电子信息产业 重点产业：新材料、生物医药、航天航空、汽车研发配套和环保新能源 支撑产业：现代服务业
金桥园	四大战略产业：汽车及零部件产业、信息通信产业、新能源产业和航空配套产业 四大生产性服务业：总部经济、服务外包、网络文化、研发设计产业 两大传统优势产业：现代家电产业和装备制造（半导体精密装备与智能化零部件）
闸北园	五大新兴产业：软件和信息服务业、检验检测服务业、金融衍生服务业、人力资源服务业和节能环保业
青浦园	三大主导产业：生物医药、新材料、先进装备制造
嘉定园	三大重点产业：新能源汽车产业、新一代信息技术产业、生物医疗产业
杨浦园	以设计研发、科技金融为主导的知识型现代服务业 以电子信息为主导的高新技术产业 设计研发业、科技金融服务业、专业服务业、电子信息业、软件与信息服务业、智能电网、物联网、云计算和节能环保等战略新兴产业
长宁园	东园重点产业：数字媒体和专业服务业、文化创意产业 中园重点产业：以商贸为核心的现代服务业 西园重点产业：信息服务业、现代物流业、高新技术产业、服装服饰时尚产业
徐汇园	生物医药产业、软件和信息服务业、新材料产业
虹口园	数字媒体、数字出版和数字电视产业、节能环保产业
闵行（莘庄）园	四大主导产业：重大装备制造业、电子信息制造业、新能源汽车及关键零部件业、新材料产业；大力发展生产性服务业

续表

园区名称	产业结构
松江园	新一代信息技术、新能源、高端装备产业
普陀园	生产性服务业、软件和信息服务业、高新技术产业、先进制造业
陆家嘴园	软件和信息服务业、文化创意产业、金融、航运、商贸与科技融合产业、总部经济
临港园	重点产业:高端装备产业、发电及输变电设备、大型船舶关键件、海洋工程装备、汽车整车及零部件、大型工程机械制造和航空装备制造产业 战略性新兴产业:节能环保装备、精密机床、新一代信息技术和再制造产业
奉贤园	重点产业:先进装备制造、生物医药 新兴产业:新能源、新材料、智能电网、电子信息技术、汽车零配件和现代服务业等
金山园	新材料、新能源、绿色创意印刷、生物医药、重大装备制造、食品加工、精细化工和汽车及关键零部件
崇明园	主导产业:船舶制造、海洋工程、港口机械和船舶修理等海洋装备产业、以数据产业为核心的软件和信息服务业
宝山园	高技术制造业、现代服务业和文化创意产业
世博园	创意产业:广告设计、工业设计、建筑设计和时尚设计等设计领域 电子商务、促进现代商贸流通业、会展业
黄浦园	三大重点产业:新一代信息技术产业、现代服务业、文化和科技融合产业
静安园	文化创意产业、生物医药产业、信息技术、高端数字传媒产业

为构建创新型产业体系,张江示范区主要从打造具备国际竞争力的新兴产业集群、大力发展现代服务业、改造提升传统产业、积极培育发展文化和科技融合的新型业态四个方面进行推进。[①]

(1) 园区产业利用环境扩张。这一时期,园区内产业随着生存力、发展力、竞争力的逐步提高,能够对外部环境产生较强的辐射力和影响力。园区内产业的盈余资金逐步得到积累,为园区进行系统排列和优化组合、挖掘资源深层潜力和提升竞争优势提供新的内部条件。此时,园区会形成产业结构性规模扩张和空间结构性规模扩张,前者注重各方面生存要素的积累性获得,后者注重高适合度空间的层次性整合。

(2) 环境对产业反作用。园区产业规模的扩大和空间规模的扩张,将引起对资源的争夺,造成资源对发展的"瓶颈制约"。同时,园区内部产业容易出现思想僵化封闭、知识技术趋同、互补性消失、地价人力等成本过高、效率降低,以及市

---

① 《上海张江国家自主创新示范区发展规划纲要(2013—2020年)》。

场和技术失去活力和竞争力等问题,原有的"核"逐渐失去聚集功能。在这个阶段,政府以及园区如果能够对新的内部要素加以正确引导和自我重组,产业园区就可以在吸收原有竞争优势的基础上,促进新"核"的适时更替,使园区内产业再次进入有序发展状态,直至达到新的循环平衡,园区内产业间横向和纵向协作关系不断完善。

园区发展至今已有40年,尽管有少部分园区如中关村科技园等已经成功进入"聚网"发展阶段,建立了园区内创新生态系统。然而大多数园区实际仍处于"聚核""聚链"演化阶段,甚至有部分中西部园区内企业仍以资源密集型与劳动密集型的加工企业为主,经济附加值低,环境污染严重,未形成具有区域特色的主导产业,迫切需要调整产业来"聚核"发展。

园区产业的形成与演化是园区内企业之间自我组织、互相协同、适应环境的结果,其中,产业园区内部企业间的相互作用是根本。同时,根据我国现阶段的国情和发展特点,外部环境、政府的积极调控、管理、服务和监督等也是系统有序演化的重要条件。因此,政府"规划引导"、园区产业"自然生长"能够促进园区更快更高效的发展。但是,政府的行为必须严格遵循产业园区自身的发展规律,其推动力应该转化为园区内产业的自觉协调行动,只有这样才能更好地适应外界环境的迅速变化,实现从不平衡到平衡、从无序到有序的发展,使园区内产业能够在不断波动和变化中持续发展。

2.1.3　从经济为主向经济社会与环境并举发展的空间形态

1. 孕育期与初始培育阶段

1979—1991年,是我国园区从无到有的创建期。这一阶段随着改革开放政策的推进,开始了中国的城市建设与工业发展进程。因此,国家在一些资源优势地区设置了少量的产业园区,然而这一阶段产业园区的选址一般位于离城区较远的郊区,形成了"孤岛"。在城市空间建设方面,产业园区内部基本没有或仅配备最基本的生活设施,且规模极小。例如,天津开发区创建之初,经国务院批准的规划面积为33平方千米;选址远离母城,距天津市主城区约40千米,紧邻天津港;选址范围位于当时的塘沽盐厂三分厂,原始地貌为晒制海盐的"卤水池"。开发区最初的空间规划以京津塘高速为界,北边是工业区,南边是生活商业配套区。起步发展阶段以出口加工各环节的项目导入为主,城市生活配套功能没有充分展开。建设初期的规划情况如图2-8所示。

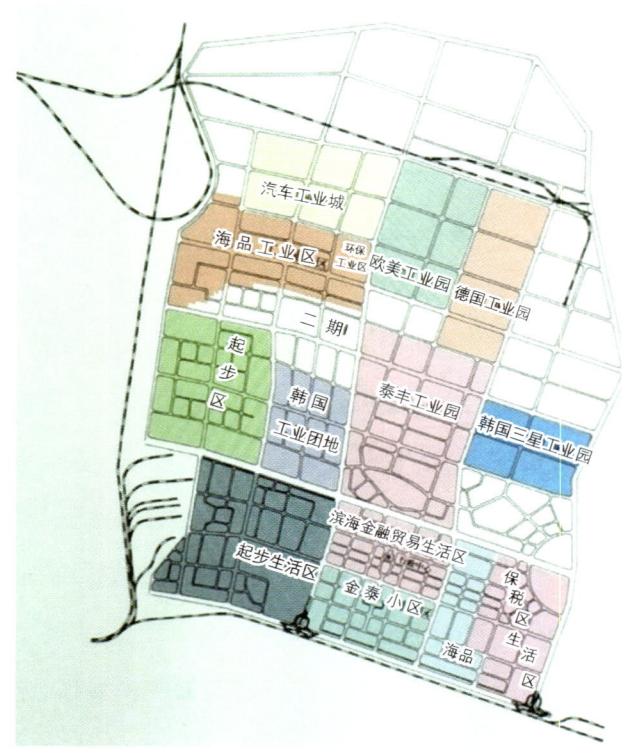

图2-8 天津开发区东区规划图

这一阶段的产城空间关系表现为只重视产业园区内产业空间的建设而忽视生活空间的建设,工业区内工业用地比例较大,达70%以上,生活配套居住用地和公共服务设施用地缺乏,基本生活需求都要到主城区解决,工业区内绿地少、环境品质差,一切功能都是为了产业发展服务。

2. 高速发展阶段

1992—2000年为产业园区的高速发展阶段,随着国家政策的引导,一大批经济技术开发区及高新技术开发区如雨后春笋般涌现,这些园区一般规模较大,并分布于城市的边缘。

这个时期产城空间关系表现为以产业空间建设为主,以生活空间建设为辅,园区内的生产功能依然重要,但开始注重为员工配置居住和日常的公共服务设施以吸引人才集聚,此时工业区功能已经开始向"多元化"的方向发展,但由于工业自身的污染严重,景观环境品质仍然不高。

3. 稳定调整阶段

2000—2008年为中国产业园区稳定调整阶段,经过上一阶段的快速发展,产业园区在全国范围内迅速扩张,随之也带来一系列问题。园区数量的迅速扩张使得一个区域出现一家甚至多家产业园区,且由于扩张速度过快,缺乏规划思维,园区之间主导产业相同、产业链重叠,同质化竞争现象严重。相似园区之间为争夺资源、市场展开激烈的竞争,最常用的手段即通过提高优惠政策、降低租金来招揽企业入驻,导致了园区在招商引资上的无序竞争。为了改善园区之间的分化现象,遏制园区土地浪费、盲目招商的现象,园区进入了规范调整阶段。苏州工业园在该阶段表现出以产城互动并进为特征的先进制造业加速集聚,现代化城市形态初步展现的态势。在这一阶段,苏州工业园区全面启动二、三区开发建设,迎来了大动迁、大招商、大发展时代,基本完成了80平方千米中新合作区基础设施及周边乡镇主要路网、配套基础设施的建设,科技园、物流园、出口加工区、高教区、环金鸡湖商圈等功能区加快发展,成功引进一大批优质项目,产业竞争力加快形成,经济指标实现巨大跨越。2001年,中新苏州工业园区开发有限公司(CSSD)实施股比调整,中方财团股比由35%调整为65%,园区开始从引进外资、发展制造业为主向开放型经济、创新型经济"双轮驱动"转型。

这个时期开始重视产业园区内部空间规划,通过产业规划与空间规划引导园区有序发展,合理利用园区空间。同时,逐步重视园区内生活空间建设与环境保护,加强园区内部环境管理。

4. 创新发展阶段

2008年以来,园区进入高速发展阶段,部分工业区经过一段时间的高速发展,产业规模扩大、产业结构趋于合理、人口集聚显著。这阶段产业园区的概念已经发生了本质上的改变,从产业类型单一、功能单一的工业区演变为产业类型多样、结构复杂、功能综合的产业集聚区。

这一时期的园区产城空间关系表现为同时注重生产空间和生活空间的建设,管理者充分认识到生活空间对生产空间的促进作用,开始大量配置为职工生活服务的住房、公共设施、基础设施,同时引进高新技术产业、环保产业等,开始重视产业集聚区环境品质的提高。例如,天津市北辰产城融合示范区坚持规划引领、以人为本、绿色低碳、改革创新的理念,将示范区空间布局分为"一核两心、五轴八组团",根据空间布局的分布,北辰区全力推进产城融合示范区各项建设工作(图2-9)。

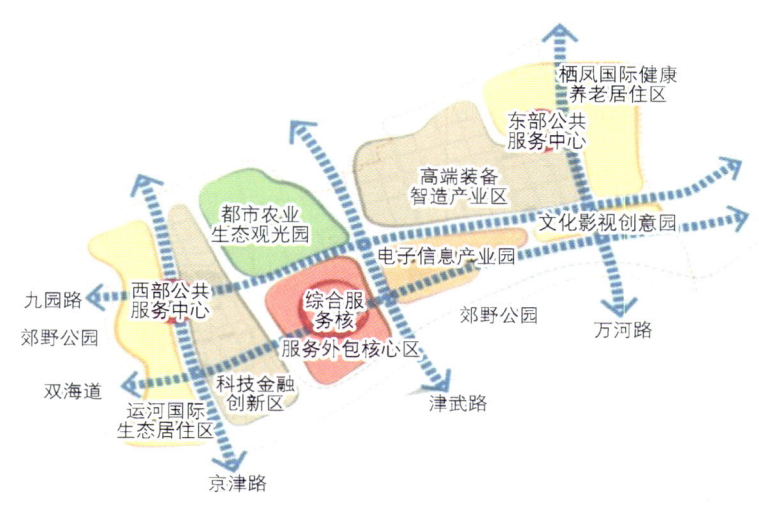

图2-9 北辰产城融合示范区空间结构图

2.1.4 从内部融合向内外融合并举发展的合作关系形态

产业园区内企业间的合作关系既可以长期稳定,也可以短期灵活;范围既可以宽泛,也可以狭窄。因此,借鉴已有的研究成果,并重点结合园区内企业的特点,根据合作企业间的关系紧密程度以及知识共享强弱程度,可将产业园区内的企业间关系划分为邻里型、会所型、团队型、集团型四种关系形态(图2-10)。

1. 第一阶段:邻里型合作关系

邻里型合作关系形态(图2-11)多存在于园区建立初始阶段,园区内企业相

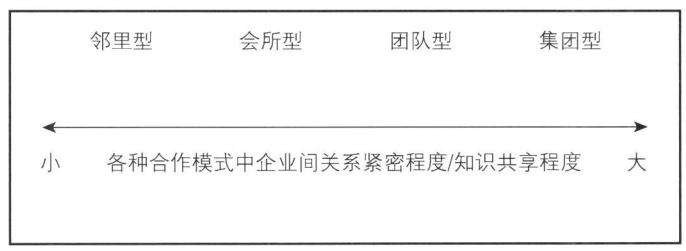

图 2-10　产业园区内企业间关系类型

互之间接触与了解较少,相邻却不相连。从园区内参与合作的企业数量来看,邻里型合作模式是一个较为开放式的关系形态,企业间的合作完全是企业自发式行为。某些产业关联度较高的企业之间可能基于同一园区内地理相邻这一优势,自发形成联系与合作,进行知识与技术的交换;产业关联度相对较低的企业间则直接缺乏相互沟通的机会。因而这一阶段企业间合作范围较狭窄,涉及合作企业数量较少。从合作内容来看,园区管委会仅起到信息收集与发布的作用,或者是举办一些流于形式的座谈会、交流会等,但未能从实质上促进园区内企业间的合作。从合作程度上来看,这一阶段园区内企业间整体合作关系比较松散,合作程度不深,极个别产业关联度高的企业,可能由于业务拓展的需要自发性合作,然而由于缺少公共交流的平台与园区管委会的推进,双方合作进展缓慢,合作经常中途终止。

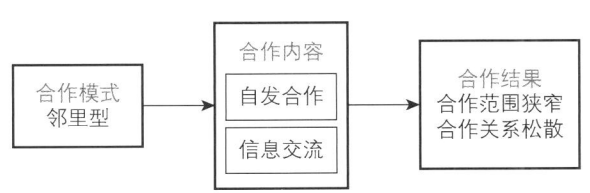

图 2-11　邻里型合作关系

我国多数初始成立园区以及东西部某些落后园区均处于这一阶段,园区管委会缺乏促进园区间企业联系与合作的意识,未充分发挥其园区内企业合作发起人与组织者角色的作用。如,在中部某园区内,企业选择入驻其园区的主要原因是与其园区内的龙头企业进行产业合作,形成产业联动发展,但由于园区管委会合作组织者角色的缺失,导致企业缺乏与龙头企业进行沟通与合作的机会,园区内的合作难以实现。

2. 第二阶段：会所型合作关系

相对于邻里型的合作模式而言，会所型合作模式中的诸企业具有更为紧密的关系，企业加入合作关系中一般是基于更为明确的合作目标。此时，园区管委会或者某一个企业可能充当会所建构的召集者或发起人，其形成可以脱胎于邻里型合作企业间的进一步交流与沟通，也可以是跃过邻里型合作模式的起点较高的合作平台。

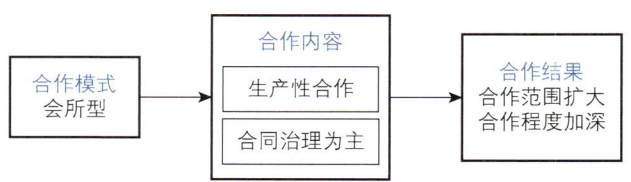

图 2-12　会所型合作关系

从园区内参与合作企业的数量来看，相较于邻里型合作关系，这一模式参与合作的企业数量有所增加。"会所"内部会形成一定的规则，或者在内部成员间达成一定的默契。这种规则或默契有形或无形地为企业设置了一些需要满足的准入条件，（例如：是否具有较高的产业关联度、是否具有接近的技术水平与文化理念，等等）。因此，有利于企业识别并选择合作伙伴，从而提高合作实现的可能性。从合作内容来看，会所型模式的发起人——园区管委会或者龙头企业，将逐渐发挥其组织与号召作用，然而由于仍处于合作的初级阶段，企业间合作内容不会特别深入，一般是园区内企业进行生产、市场信息的交换，以及内部进行互相采购，较少涉及核心知识的交换与合作。从合作程度上来看，由于企业通过园区内部采购等方式形成利益共同体，因而这一阶段园区内企业间整体合作程度较上一阶段更加深入。

大多数中国园区内企业间关系形态停留在这一阶段。在这一关系形态中，园区管委会逐渐发挥其促进园区内企业间合作和交流的作用。首先，管委会在企业招商过程中不再盲目，而是围绕产业链进行招商，引入产业关联度较高的企业，培育园区内完整产业链的发展。其次，管委会搭建园区合作交流平台，通过座谈会、经验交流会、研讨会等形式加强园区内企业的交流与合作。在这一阶段,企业之间进行沟通与合作的意愿明显增强,合作尝试较多,合作深度加强。如 2017 年,广州开发区在全国率先出台四个"黄金 10 条",两个"美玉 10 条"等产业政策,形成"金镶玉"特色政策体系,在全国引起强烈反响。其中,政策鼓励区内企业互相采购、促进企业联动发展,对区内企业购买区内产品和服务且当年达到 1 000 万元以上、营业收入同比正增长的,给予买方企业当年购买总额 2% 的补贴,每家企业全年补贴最高不超过 200 万元。购买区内企业生产的机器人整机或成套机器人生产设备,当年达到 200 万元以上且营业收入同比正增长的,给予买方企业当年购买总额 5% 的补贴,每家企业全年补贴最高不超过 200 万元。这一鼓励内部采购的政策的出台与实施极大地鼓励了园区内企业相互交流与合作的兴趣,使得广州经开区一时间成为促进园区内企业合作的典范园区。

3. 第三阶段:团队型合作关系

通过长期的观察、接触、选择与合作,或者基于信任、声誉、地位等,企业之间会进一步采取更为紧密的合作模式。此时,各企业往往具有更加明晰的共同目标或具体的合作任务,企业间的关系仍表现得比较灵活,但相比于会所型尤其是邻里型合作模式而言,该情况下的企业并不会轻易地进入或退出合作关系。一方面,对企业的进入要求会更高,企业必须对合作有充分的贡献;另一方面,无论何种原因,在没有完成合作任务或目标之前的退出都会对企业的声誉带来很大的负面影响。企业间的这种合作非常类似于一个团队的运作,因此,可以称之为团队型合作模式,该模式常见的表现形式为研发合作(图 2-13)等。

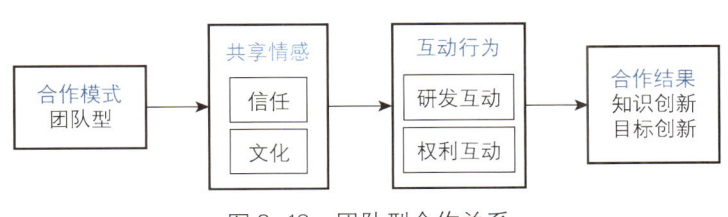

图 2-13　团队型合作关系

团队型合作模式使得企业间针对某一具体项目有着更为直接和深入的交流与沟通,更有利于隐性知识的学习与转化。而且,在该合作模式中,企业间的互动明显增多,企业间比较容易进行相互交流,因此,该模式下的企业更可能参加群体活动,更多地进行以知识共享为主的合作活动,从而也就越有可能共享情感。同样,企业间共享情感越多,他们越有可能互动与合作,情感与互动之间呈现出正相关关系。随着合作频率的提高以及合作深度的增加,企业间的信任程度也逐渐往高层次发展,各方在合作中更加坦诚,在应对机会主义和增强知识保护方面的成本相应降低,对合作的成功进行以至目标的达成抱有较强信心,并为了合作共赢而努力。与此同时,承诺、依赖等也随之在关系网络中不同程度地展现。该种模式下企业间的互动行为主要表现为研发互动和权利互动。研发互动是企业间合作中的显性行为,各企业围绕研发活动进行知识共享等合作,并基于此进行充分的交流与沟通。权利互动是企业间合作中的隐性行为,较多地依附研发互动行为而存在。在团队型合作模式中,企业间虽然呈现出为了完成合作目标而共同努力、进行知识创新的态势,但彼此间并非完全对称平等的关系,基于不同的关系结构和资源禀赋,合作团队的主导权力会在成员企业间漂移和流动,并包含着向某一企业主体集中的萌芽。团队型合作模式适用于较为紧急和困难的合作任务,企业间通过较紧密的相互合作,共同进行研发、设计,更有利于知识的沟通与交流,尤其是隐性知识的显性化。

这一阶段的企业间关系更加紧密,企业间合作多依托研发平台进行具体的项目合作,共同进行研发、设计。合作双方或多方之间进行深度知识交流并进行知识创新,合作效果较好。如苏州工业园区,为了促进其园区内企业合作与创新,实施创新产业引领、原创成果转化、标志品牌创建、创新生态建设四大工程,加快形成以创新为主要引领和支撑的经济体系和发展模式,累计建成各类科技载体600多万平方米、公共技术服务平台30多个、国家级创新基地20多个。积极开展招校引研,重点瞄准大院大所名校,引进中科院苏州纳米所、中科院电子所苏州研究院等重大科研院所18家,牛津大学苏州先进研究中心、哈佛大学韦茨创新中心等新型研发机构近500家,中国科技大学等中外高等院校29所。突出企业创新主体地位,大力培育壮大创新创业企业集群。目前,苏州工业园区集聚科技创新型企业4 000多家,国家高新技术企业875家,上市企业18家,新三板挂牌企业90家,高新技术产业产值占规上工业总产值比重达71%。万人有效发明专利拥有量达 130 件,近三年平均每天产生发明专利 14 件。

4. 第四阶段:集团型合作关系

团队型合作模式中的主导权力在企业间漂移与流动的过程,同时也是对所涉及各企业进行历练和达尔文式筛选的过程。当这一过程进入稳定与成熟阶段,即合作的主导权力集中于园区管委会或者某一核心企业时,该企业或者机构则担负起合作活动的领导责任。此时,企业间已经具有明显的层级结构,企业间关系表现出较高程度的紧密性和正规化趋势,从而使该模式比较接近于组织的内部一体化,可将其称之为集团型合作模式(图 2-14)。

在该合作模式中,居于领导者即核心与权威地位的机构或企业往往在关系结构中占据中心位置或结构洞位置,并倚重这一地位获取、整合知识资源,主导知识的生产、转移和利用过程。因此,处于核心地位的企业也经常扮演着知识共享中的专家角色。在集团型合作模式下,企业间的共享情感已经体现在基于权威或者领导角色的顺从以及基于能力或者专家角色的依赖。而此时的企业间互动活动也表现为主从式互动和层级式互动的特征。在此基础上,企业间合作可以在权威者的带领下更好地进行知识整合,提高合作的效率。

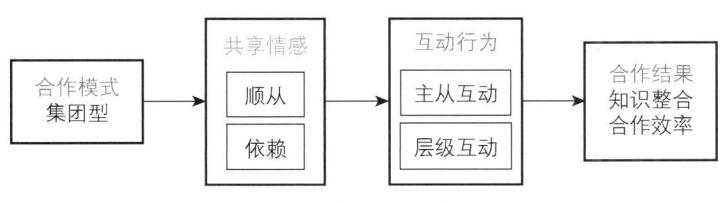

图 2-14 集团型合作关系

这一关系形态仅在少数园区中形成,其典型代表为张江示范区。2011 年 1 月,上海市委、市政府报经国务院批准,上海张江高新区正式成为国家自主创新示范区,"大张江"概念第一次正式提出。张江高新区围绕构建创新型产业体系,重点发展新一代信息技术、高端装备制造、生物医药、节能环保、新材料、新能源和新能源汽等产业集群,形成"一区二十二园"格局,由上海市张江高新技术产业开发区管理委员会承担上海张江国家自主创新示范区的规划、指导、协调和服务职责,并鼓励和支持张江示范区的创新要素分阶段逐步向周边尤其是向科技资源和创新要素比较密集、高新技术制造业和现代服务业比较集聚的区域扩散,探索形成功能梯度布局、产业错位发展的"一核三带多园点"总体格局。采用园区营业收入总值、企业数量、按照受教育程度加权测算的从业人员数量、经验常数K等指标,对张江示范区分园间经济联系强度进行测度,并绘制张江示范区22分园间空间联系网络图,以反映张江各园区间潜在的合作联系,可以看出张江核心园区与其他分园区之间合作联系紧密,经济联系度较强。

2.2 中国产业园区改革开放40年发展模式

中国产业园区40年的发展取得了举世瞩目的成就,积累了众多的经验,形成了具有中国特色同时具有示范价值的产业园区发展模式。本节首先从管理体制、开发方式和发展动力三方面入手明确产业园区发展模式的构成要素,并分析三者间的关系;其次通过对产业园区40年的发展历程的回顾,发现产业园区发展模式总体呈现出基础性因素与改善性因素相结合的"二元非均衡"的特点;接着以"二元非均衡"为纲,以构成、演进过程、作用与评价三维度为目,分别对产业园区的管理体制、开发方式、发展动力进行了系统化、结构化的梳理,总结和提炼了对产业园区发展起决定性作用的发展模式。

2.2.1 产业园区发展模式的基本内涵

产业园区发展模式是产业园区在各自特有的历史、经济、文化等背景下形成的具有各自特色,由管理体制、开发方式和发展动力构成的可复制的发展方式。

产业园区管理体制的形式是产业园区的机构设置与权力配置,目的是协调政府与市场两种手段,帮助产业园区实现资源的优化配置,为开发方式落地提供组织保障,在产业园区发展中发挥赋权的作用;产业园区开发方式的形式是以土地开发为核心,以对外开放为条件,最终实现产业开发,目的是促进产业园区完成产业资本、技术、劳动力三要素的积累,为发展动力持续提供要素来源,在产业园区发展中发挥赋能的作用;产业园区发展动力是在微观层面上实现园区发展的具体手段组合,目的是招商与育商,为管理体制改善提供价值诉求,在产业园区发展中发挥赋力的作用。

中国产业园区的发展模式(图2-15)是在改革开放的时代背景下,由以行政化与市场化相结合的管理体制、以土地开发与对外开放为中介的开发方式和由三大吸引力形成的发展动力构成的发展体系。政府通过产业园区的管理体制赋予产业园区协调行政与市场两种手段的能力,为产业园区的开发提供了组织保障;产业园区通过管理体制,以对外开放为中介,完成了产业园区发展所需的劳动力、资本与技术的原始积累,为产业开发奠定了基础;产业园区通过三大吸引力形成的发展动力为园区内企业的发展提供良好的营商环境,是产业园区实现滚动开发的前提,从而成为产业园区持续发展的关键。

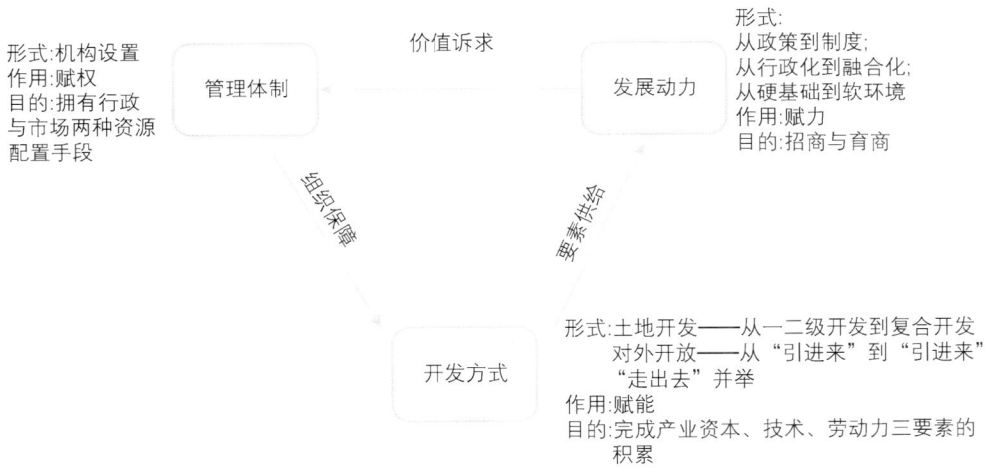

图2-15 中国产业园区发展模式示意图

通过对中国产业园区40年的发展历程进行梳理,我们发现,中国产业园区发展模式总体呈现出硬因素与软因素相结合的"二元非均衡"的特点。

硬因素是指在各层面中发挥基础性影响作用并在发展中起到直接促进作用的刚性因素;而软因素则是围绕硬因素产生影响并在发展中起到综合保障作用的柔性因素。"二元"体现了中国中庸文化的特点。中国产业园区发展模式的二元要素如表2-3所示。

表 2-3　中国产业园区发展模式二元要素列表

	硬因素	软因素
管理体制	市场基础地位	政府引导作用
开发方式	资本、对外开放	技术、内涵发展
发展动力	硬基础、政策、行政化	软环境、制度、融合化

"二元非均衡"中的"非均衡"一方面是指产业园区的发展模式是受硬与软"二元"因素共同作用,不同时段内二元因素重要程度"非均衡"状态的作用结果。"二元非均衡"作为影响产业园区发展模式的软、硬两方面因素在不同阶段相互演化的作用状态,体现了产业园区发展模式的本质特征。产业园区的管理体制、开发方式、发展动力均受到硬因素与软因素的共同作用,而且伴随着产业园区的发展,二元因素的重要程度将呈现由单元突出循序渐进发展到二元并重"非均衡"的特征(这一方面的具体表现会在后文展开,此处不再赘述)。另一方面是指在同一时期内,产业园区的发展模式在不同园区中由于发展阶段差异,硬软"二元"因素重要程度呈现出"非均衡"的态势,这一态势为不同产业园区间的合作提供了空间与条件,随着中国产业一体化的深入,各产业园区的非均衡态势将逐渐向均衡态势发展。产业园区"非均衡"发展模式体现了中国传统文化中循序渐进的特征。

2.2.2　行政与市场相结合的园区管理体制

中国产业园区设立的初衷之一是成为中国经济改革的试验田,需要在计划经济为主体的经济体制下探索市场经济的发展模式与规律。在这样的时代背景下,产业园区的管理体制一方面需要对接市场资源,表现出公司化的特征;另一方面产业园区与固有体制的兼容及原始积累的完成需要行政力量的支撑,表现出行政化的特征。正是在这两方面因素的推动下,中国产业园区形成了行政与市场相结合的管理体制。

迄今为止,产业园区管理体制最普遍的是管理委员会模式。管理委员会模式是依据国务院批准的条例,以当地市委、市政府派出机关的形式建立党工委、政府管理委员会,不设人民代表大会和政治协商会议而靠上级组织的授权行使政府职能,这说明产业园区只是一个经济区而非行政区。管理委员会的特点表现为:①产业园区管理机构是派出机关而非一级人民政府。②作为市级政府的派出机关,管理委员会获得充分授权,一般都拥有市一级的经济管理权,这是开发区能够有效推进开发建设和实行改革创新的体制保障,这种充分授权的体制设计,给予开发区先行先试的"尚方宝剑"。各开发区也因此敢于冲破条条框框,从传统的体制束缚中破茧而出,以开路先锋的姿态大胆地探索与创新。③以省市领导组成的领导小组负责产业园区的方向决策等全局性问题。④开发区创办初期,管理委员会就按照精简、统一、效能的原则设置内部机构。不与政府机构一一对应。管委会相关职能部门合署办公,率先实行了"大部门制"。一些开发区的规划局与国土局、经济发展局、科技发展改革局分别实行了合署办公,一个部门对应上级多个部门。这一改革,使管理委员会内设机构的行政资源得到高度整合、高效利用,克服了不必要的职能交叉、机构臃胀,大大提高了工作效率。⑤产业园区管委会为适应市场经济发展的要求,提高了对产业园区内企业的服务管理,为产业园区企业提供中介服务、风险投资服务、事业性服务等各种配套服务,以增强企业的竞争力。由于管理委员会模式具有以上优点,我国绝大多数产业园区采用的管理体制都是管理委员会模式。

为了进一步加强产业园区管理机构对市场资源的配置效率,同时结合园区开发面积较小的情况,上海的产业园区率先探索出了公司开发模式。

公司开发模式起源于蛇口工业园,兴起于上海的国家级产业园区,与管理委员会模式共同成为了园区前四个发展阶段的两种基本管理体制形态。公司开发模式是指开发区的管理者不是政府派出机关,而是设立一个诸如开发总公司的企业法人,承担开发区的投资经营和日常管理,享受收益,承担风险,不履行政府职能,直接向所在地市政府负责,在政府发展战略和规划指导下,实行承包经营,进行基础设施建设、资金筹集、土地开发、企业管理等工作。如上海的三个开发区——闵行、漕河泾、虹桥,都是这种管理体制。其中,1985年2月,由闵行虹桥开发公司出资65%,港澳中团出资25%,中国银行上海分行出资10%,注册资本人民币1亿元,组成沪港合资的上海闵行联合发展有限公司,负责闵行开发区建设,并以管理委员会与开发公司共同对园区进行管理,产业园区管理委员会与开发公司合署办公,一套人员,两块牌子,管理主体一方面要行使审批、规划等行政权限,另一方面还要以企业管理方式开展资金筹集、招商引资等工作。

随着产业园区发展到一定规模,居民越来越多,城市功能越来越强,管理委员会的管理体制就不能适应地区发展和管理的需要,需要加强产业园区管理机构对行政资源的整合能力,以完成产业园区向多功能综合性产城融合区的转变。于是,就有了产业园区管理委员会通过受委托管理、与行政区合署管理等方式,将产业园区管理职能和相关资源辐射到周边区域,客观上也拓展了产业园区的发展空间。采用这种管理模式的产业园区主要有大连、烟台、广州、苏州、青岛、福州、宁波、重庆、杭州、武汉、合肥、长沙等。

上述产业园区的管理体制都是以政府为主导的,但近年来园区管理出现了新趋势,产业园区开发和运营的主体越来越多元化,完全由政府主导的开发模式越来越少,这是园区创新发展期的一大特点。公私合营(PPP)正是在这种多元化趋势下的产物,近年来广泛受到地方的欢迎。目前国内PPP模式主要分为三类:外包类、特许经营类、私营类。产业园区开发的PPP模式可以有效平衡园区的公共属性和盈利效应,推动产业园区进入可估值、可定价、可持续、可退出的良性框架中。但目前的产业园区开发PPP模式也存在一些问题,突出表现在前期投资额巨大,投资周期长,政府财政支出很容易突破财政部规定的10%红线。同时,产业园区类PPP项目的成功实施还需要土地、金融、税收等配套政策的有力支持。

从中国产业园区40年来管理体制发展历程来看,二元非均衡的特征主要体现为,虽然市场化手段与行政化手段之间的关系都是通过行政化手段提升市场化手段的有效性,但根据每一阶段的时代背景及具体产业园区面临的实际情况,产业园区对两者的倚重程度会有所变化。在初期,产业园区的管理体制更多是通过行政手段来激活市场资源,随着产业园区的发展及全国市场经济环境的健全,市场手段的重要性越来越突出,产业园区开发与运营的主体多元化是这一趋势的重要体现。但是,不管园区未来的产业如何转型、组织形式如何变化,园区的行政职能和手段在其中仍将发挥不可替代的作用。

2.2.3 从单维发力到多维共振的园区开发方式

由于产业发展需要劳动力、资本与技术三要素投入的产业规律与中国产业园区发展初期缺乏资本与技术的社会实际,中国产业园区历史性地、现实性地采用了以土地开发与对外开放为中介的产业开发方式,通过土地抵押换取原始发展资金、依托土地资源与劳动力优势,借助对外开放的有力条件,吸引资本的进入,通过资本的溢出效应,达成技术引进的目的,这是中国产业园区产业开发方式的基本逻辑与历史脉络。该产业开发方式总体呈现出从单维发力到多维共振的二元非均衡特点,具体来说,土地开发历程可总结为从一二级开发到复合开发,对外开放历程可归纳为从以"引进来"为主到"引进来""走出去"并举。

在孕育期,党的十一届三中全会为产业园区的建立奠定了思想基础。提出把全党工作的重心和全国人民的注意力转移到社会主义现代化建设上来,确立了改革开放的基本国策,为引进外资与技术、进行产业结构调整乃至进行大规模的开发区建设奠定了坚实基础。这一时期设立了 4 个经济特区与 14 个港口城市。在四大经济特区快速发展的背景下,国家看到了对外开放的力量,于是中央和地方政府纷纷形成了从沿海到沿江,再由沿江到内陆城市的全面开发格局,提出了建立产业园区的设想。

到了初始培育期,1984 年 3 月 26 日—4 月 6 日,根据中共中央书记处和国务院的决定,在北京召开了沿海部分城市座谈会。正是这一次会议拉开了建立经济技术开发区的序幕,明确了经济技术开发区利用外资、引进先进技术的重要功能。

1980 年,北京召开了"全国城市规划工作会议",收取城镇土地使用费的设想被正式提出来。到 1988 年初,全国已经有 100 多个城市收取了城市土地使用费。开征城市土地使用费,是我国城市土地使用制度改革迈出的第一步。在 1987 年 4 月,国务院第一次提出了"土地使用权可以有偿转让"的政策,并要求当时的国家土地管理局、国务院特区办、国务院法制局共同研究方案。1987年9月,国家土地管理局召开"土地有偿使用制度改革试点座谈会"。会上,参会城市交流了在土地使用权改革探索上的做法和经验,一致认为,土地既然是生产资料,就应该是商品,虽然所有权不能自由买卖,但使用权可以有偿转让,就要有价格。会议决定在上海、深圳、广州开发区和天津开发区进行试点。1988年4月12日,第七届全国人大第一次会议根据中共中央的建议通过了《中华人民共和国宪法修正案》,为我国实行土地使用权有偿出让确立了宪法的依据。1988年3月9日,广州经济技术开发区出台《广州经济技术开发区土地使用权有偿出让和转让办法》,以广州市政府名义颁布实施,后又经省人大通过,成为一个法规性文件。该办法出台后不久,广州开发区首次公开招标出让10宗用地,面积共计约32万平方米。这是全国第一块工业用地使用权有偿出让的案例。

这样就搭建了产业园区巨大的融资平台,在没有国家多少原始资金投入的背景下,从根本上解决了产业园区起步发展的投资来源。具体来说,产业园区利用国家给予的土地优惠政策,以土地批租制与负债开发为基础,创造性地走出了"资金大循环"发展模式,通过土地收益和其他投资、经营性收益保障了产业园区持续发展资金流。"资金大循环"模式的具体流程是,按照"整体规划、滚动开发"的原则,管委会下属的开发公司取得土地开发权后,通过融资完成基础设施建设,经国土管理部门批准后,将"熟地"以不同价格出租或转让给生产企业或房地产开发商。利用土地出让收入和部分税收收入,投入地块开发,实现滚动式发展,从而实现通过土地开发完成资本引入,同时在资本引入过程中立足"三为主、一致力"的原则,实现技术的引进,完成了劳动力、资本、技术的积累与联动发展,进而完成产业开发,这是中国产业园区的重要发展方式。

在高速发展期,坚持产业布局"以工业项目为主,以吸引外资为主,以出口创汇为主和致力于发展高新技术"的指导思想。1992年,邓小平同志南方谈话推动了中国整体对外开放的又一次高潮。中国产业园区在引进外资方面迎来了大发展的黄金岁月,主要表现在以下三个方面:①利用外资的数量和水平大幅度提高;②引进项目的技术含量和技术档次,对推动中国工业化进程起到了难以替代的作用;③从微笑曲线低端向高端转变。

1999年5月,国务委员吴仪在上海召开的国家级开发区外资工作会议上指出,面对新世纪即将带来的挑战和机遇,必须进一步扩大对外开放,更多更好地利用外资,开发区要更努力改善投资环境,提高利用外资的水平。吴仪指出,开发区在吸收外资工作中要有"两个转变",即从土地经营转为资本经营和技术经营,由经济开发转为经济和技术开发并重。"两个转变"为产业园区"二次创业"中吸引外资的工作思路调整指出了方向。各产业园区围绕"二次创业"更新观念,明确吸引外资工作新思路,大胆进行探索和实践,取得了良好的经济绩效。2002年,实际利用外资94.21亿美元,是1992年的10倍。

在稳定调整期,2001年中国加入世界贸易组织(WTO)。中国加入WTO对中国产业园区产生了深刻影响,也为产业园区的发展提供了国际机遇。加入WTO,标志着我国已经成为国际经贸大家庭中的平等一员,消除了长期以来存在的对我国经贸活动的不公平待遇和歧视性做法,为大规模引进外资、发展外贸提供了制度保障;我国做出的逐步开放服务业的承诺,突破了利用外资领域中的障碍,有利于改善和提高引进外资的结构和水平;WTO关于降低关税水平和统一关税及"国民待遇"的要求,促使产业园区改变对优惠政策的依赖,转而着力打造综合环境优势,并利用这一优势成为与国际经济接轨的先行区。在我国加入WTO后的几年时间里,开发区凭借自身较为优越的投资环境和体制优势,成为我国吸引外资增长最快的区域。2002—2009年,国家级开发区累计实际利用外资1 176.52亿美元,年均增长15.34%。

2004年,在开发区成立20周年之际,全国开发区工作会议在北京召开,会议上提出了"三为主、二致力、一促进"的发展方针,其中"以提高吸收外资数量为主",强调了要从追求利用外资的数量向质量转变;"以优化出口结构为主"强调了要从一般地追求出口数量向提高出口产品附加值、提高高科技和服务性产品出口的比重转变。

2006年,商务部组织编写了《国家级经济技术开发区经济社会发展"十一五"规划纲要》,首次系统地将开发区发展纳入国家的经济与社会五年规划体系。实施开发区"十三五"规划在对外开放方面的重点,一是在发展导向上,从注重外源型经济向充分利用国内外两个市场、两种资源并重转变,让已经形成的产业园区良好投资环境不仅能进一步吸引外资,而且也可以为国内企业创业发展提供平台,努力促进外源性经济与内源性经济相协调;二是在科技发展上,从偏重技术引进向注重消化、吸收、创新转变,更加注重提高自主创新能力,构建"内生性"的自主创新体系,促进引进外资与自主创新相结合。这同样是二元非均衡发展模式的生动体现。

在 2007 年 11 月,商务部在北京召开"全国国家级经济技术开发区座谈会",提出产业园区应进一步提高开放水平,大力推进开放性经济的发展。创新利用外资方式,优化利用外资结构,发挥利用外资在自主创新、产业升级、推动区域协调发展方面的重要作用,搭建投资贸易便利化的新平台。积极实施"走出去"战略,促进生产要素跨境流动、跨区域流动和优化配置。这是产业园区首次将"走出去"提到了战略高度,产业园区对外开放进入了"引进来"与"走出去"并重的新阶段。

2003—2009 年,产业园区引进外资的规模与质量上了一个台阶。2009 年,全国 56 个开发区引进外商投资总额达到 211.89 亿美元,同比增加 8%;截至 2009 年末,共有外商投资企业 16 663 家,累计实际使用外资金额约 1 751 亿美元。英特尔、空客、丰田、3M、三星、LG、诺基亚等一批质量较高、效益较好的跨国公司大型投资项目相继落户天津、大连、广州、北京、青岛等产业园区,世界 500 强公司在开发区共投资了 1 733 个项目。

在创新发展期,产业园区土地开发价值链进一步延伸,不仅聚焦于土地一级开发和二级开发,更延伸到招商引资、产业发展,以及产业园区服务,不断滚动形成发展及营利的良性循环(图 2-16)。

在以往整体经济快速发展,住宅地产和商业地产供需两旺的时候,产业园区开发主体依靠土地的一级、二级或一二级联动开发即可获取超额利润,依靠地方政府的土地优惠和税收减免政策即可完成招商引资,对于产业发展及产业园区服务环节关注较少。在新形势下,招商引资面临着巨大挑战,传统国有企业背景

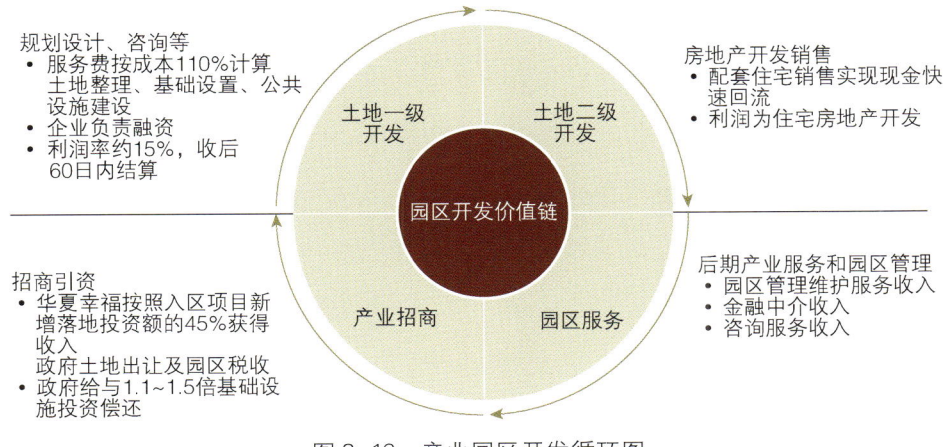

图 2-16　产业园区开发循环图

的产业园区开发和运营商开始力不从心。得益于苏州工业园区和新加坡腾飞集团的成功经验，一批活跃的民营企业、地产商、实体行业企业开始进入产业园区产业地产，营利模式、融资方式逐渐形成。

目前，产业园区产业地产的主体主要有三类：一是住宅地产商。其优势是在地产开发领域的既有经验和业务关联性，代表企业包括万科、绿地等，目前排名前20强的房企有一半已经涉足产业地产。二是产业地产商。近年来地产行业的一个突出趋势就是专业化、品牌化的专门产业地产商的崛起。代表企业有华夏幸福基业、联东U谷、天安数码城等。一批产业地产商通过上市、基金注资等方式获得融资，加速了其在全国主要经济圈的规模化布局。三是传统行业领头企业。一些制造企业、电商企业也向产业地产延伸，力求整合垂直领域，取得竞争优势。如中国汽车零部件工业总公司在昆山、苏州、杭州、保定、九江等地建立了19个产业基地；海凭集团先后在湖南麓谷、辽宁、长春、哈尔滨、郑州等地开发建立了一批医疗器械产业园，培育现代化的医疗器械产业集群。从营利模式看，产业地产的营利主要包括五种类型：土地增值、物业经营、政府补贴、产业服务、资产增值。

随着市场经济的深入发展，产业园区开发在融资方面不断出现新的方式。除了银行贷款、财政拨款、BOT、上市融资、发行债券等传统融资模式，信托融资、融资租赁、夹层融资、资产支持证券等新模式相继出现。很多产业园区开发商也定位为产业投资商,以较少的资金撬动更多的社会化资金形成一个大资金池,以土地入股、物业入股、产业投资基金等多种形式投资产业园区企业,从而形成了资本运作—产业园区开发—产业集聚的良性循环。根据实践案例,产业地产进行产业园区开发的融资方式目前已有20余种,总体可以分为四类,分别是间接债务融资、直接债务融资、间接权益融资和直接权益融资。其中,债务融资是相对传统的融资方式,包括信托借款、银行承兑、委托贷款、公司债、债券转让等。而权益融资较为新颖,包括定向增发、夹层融资等。

同时,在这一阶段,对外开放在"引进来"与"走出去"两方面都有了新的发展。在引进来方面,产业园区发展的重点从招商引资转向了招才引智,从"移植大树"转向"育苗造林",加强创新体系建设,不断加大创新投入的力度,集聚大量创新资源,结出丰硕的科技产业化成果,产业园区创新发展能力得到显著提升。在"走出去"方面,产业园区成为实施"一带一路"倡议的重要载体,已与沿线国家共建一批经贸合作产业园区、开放试验区、边境经济合作区等。根据商务部2015年统计数据,当前我国企业在近50个国家自主投资建成、在建、拟建的合作区共118个,主要涉及加工制造、资源开发、农业开发和商贸物流等四种产业,推进基础设施互联互通,带动沿线国家增加就业、改善民生,密切科技人文交流,加快沿边开放步伐。

从中国产业园区40年来发展方式的演进来看,二元非均衡的特征主要体现为土地开发与对外开放都是产业园区进行产业开发的手段,但二者在不同阶段的表现形式与阶段特征有所差异。在产业环节上,园区土地开发从初级的一二级开发到向提供招商服务、园区服务的复合开发拓展,大大提升了土地开发价值链的能级;在开发手段上,从单一产业经营模式向产融复合经营模式演变,进一步提升了产业园区土地开发模式对资源的虹吸效应。园区对外开放从"引进来"以外资为主,到兼顾内资,再到最后内外并举;从"引进来"到"走出去","走出去"从产品"走出去",到企业"走出去",再到园区"走出去",不同阶段的开放主题随着时代的发展,展现出螺旋上升的特征。

2.2.4 以企业吸引力为导向的园区发展动力

通过对中国产业园区40年来的发展历程、贡献与特点、"三聚"发展模式、政策主题演变、学术研究主题分布等进行全面、系统的回顾总结,我们发现并提炼出40年中国产业园区发展的1.0模式,即由政策、行政化、硬基础"三要素"组成的发展手段组合。

政策是政府机关及其派出机关为了园区发展而制定的特殊措施,具体是产业园区普遍通过土地、财税等政策的倾斜,为产业园区发展提供优惠的政策资源,这是产业园区建设初期最主要的发展动力。

行政化是指园区经过授权而拥有的具有行政特性的管理能力,具体表现为两方面。一方面指产业园区被赋予行政职能、更高的行政级别或领导人级别高配,为产业园区发展提供更多的功能服务;另一方面指党委管委会领导班子交叉任职,多数开发区实行党政领导交叉任职,区党委书记兼任管委会主任,区党委委员兼任管委会副主任,从而形成快速推进开发区建设发展的强有力的领导核心,提高决策效率。

硬基础是指园区通过建设而拥有的区位和基础设施条件。具体表现为,产业园区管委会或开发公司以大量资金投入用于给水、排水、通电、通路、通信、通暖气、通天然气或煤气以及场地平整的建设,为产业园区发展提供良好的设施保障。

经过40年的发展,大多数国家级产业园区已经不同程度地具备了1.0版"三要素",而这三要素对园区发展的驱动力渐弱,同时产业园区的发展环境也发生了深刻的变化,那么,驱动产业园区未来发展的新要素是什么?这是站在历史转折点的今天必须重新思考并清晰界定的问题。为此,我们提出了未来产业园区发展动力的2.0版本,即在创新升级时期更加符合创新规律的园区驱动力,表现为"新三要素":制度、融合化与软环境。

制度是以中央政府、地方政府、产业园区管委会、开发公司、企业等主体间关系为核心,在产业园区运营过程中建立起来的正式规则体系,具体包括法制、体制、机制三种结构要素。

融合化是指产业园区在持续发展的过程中,有机整合内外部多主体资源的能力,其作用包括产业园区资源要素互动、整体功能完善、布局协调有效及发展能级提升,具体表现为园区内企业间融合、园区间融合、产城融合及线上与线下融合四方面。

软环境是指在产业园区内为间接生产、直接生活提供保障性和改善性条件的总和。依据功能和作用,产业园区软环境由产业配套、生活服务、产业园区智慧、产业园区文化四个方面构成。

作为产业园区发展2.0的"新三要素",制度、融合化、软环境三者相互支撑、相互促进、相互服务。其中制度是先导,融合化是手段,软环境是保障。

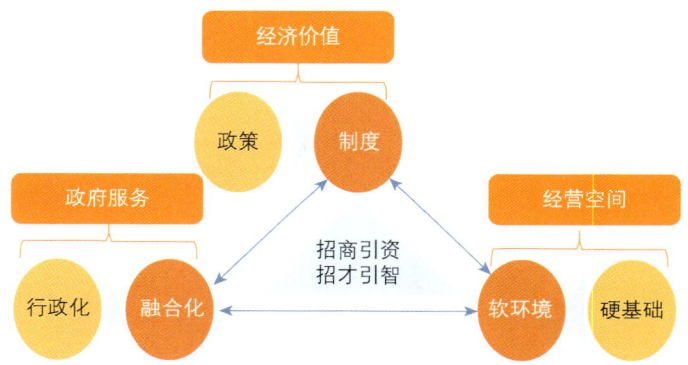

图2-17 产业园区2.0三大动力间关系

2.0版的产业园区将从招商引资的经济体量导向转为招才引智的技术含量导向,产业能级进一步提升,产业园区建设与发展成为我国创新驱动发展战略中的重要环节。进入创新发展期后,一些表现突出的产业园区已经意识到这一问题,在招商引资、产业园区管理等方面引入市场机制,并率先开展转型发展,呈现出2.0版的雏形。

从中国产业园区40年来发展动力的演进来看,二元非均衡的特征主要体现为两个方面。一方面,园区1.0与2.0两个阶段的三大吸引力都是产业园区为企业提供良好营商环境的基础,但根据产业园区所处发展阶段的不同,产业园区管理者在不同阶段对不同的吸引力的重视程度有所差别;另一方面,园区1.0发展阶段与2.0发展阶段并不是相互替代的关系,而是叠加的关系,政策与制度为企业提供了经济价值;行政化与融合化为企业提供了高效率的政府服务;硬基础与软环境为企业提供了经营空间,三者共同为企业提供了良好的营商环境。

2.3 中国产业园区持续发展展望

中国产业园区未来发展的特征将集中表现为园区的持续发展。园区持续发展区别于短期的发展概念,也区别于偏重环境生态保护的可持续发展概念。园区持续发展是以"可持续发展"理念为基础,强调发展的状态,即在可持续发展的理念下,注重存量与增量协调、突出内部与外部互动、强调经济与社会和谐的长期发展状态。本节基于园区持续发展的主线,分析其理念与内涵,提出持续发展的愿景与战略方向,在此基础上做出持续发展的路径选择,并明确园区持续发展的管理体系,最终提出实现其发展目标的保障措施。

2.3.1 产业园区持续发展的愿景:园区创新生态系统

产业园区未来发展的愿景是构建完善的园区创新生态系统,并将打造有利于创新发展的园区产业生态、自然生态、社会生态作为该愿景的结构化内容表现。改革开放40年来,产业园区的发展从单一产业功能方面、经济方面考虑得比较多,未来园区的持续发展应该兼顾绿色循环、产业集聚与社会功能的综合形态。

1. 园区创新生态系统的内涵

园区创新生态系统是以"三聚发展"为脉络,以产业园区为空间边界,以产业为基础,以企业与外部各要素(供应商、合作伙伴、竞争者、客户、政府及相关组织机构)间关系为核心,以产业生态、自然生态与社会生态"一体两翼"体系为外在表现,以创新为导向的多层次、开放性区域发展网络系统。从园区层面来看,园区创新生态系统是园区实现高水平持续创新的重要动力。

2. 园区创新生态系统的构成要素

园区创新生态系统的构成要素,可以从主体与环境两个角度进行分类,主体要素包括各类创新主体:政府、园区运营机构、企业、高校;环境要素包括创新所需要的硬性与软性条件:人文氛围、生产生活配套设施、宜居环境。

园区创新生态系统在不同层面的要素要结合成一个有机、开放、持续发展的系统,需要基于持续发展的目标对园区战略定位与主导产业设计提出要求,政府部门或园区管理机构需要在园区发展中科学规划、合理引导,并形成确定主导产业并吸引核心企业以"聚核"、拓展纵向产业链和横向服务链以"聚链"、打造公共平台并进行体系建设以"聚网"的"三聚"发展理念(图2-18)。

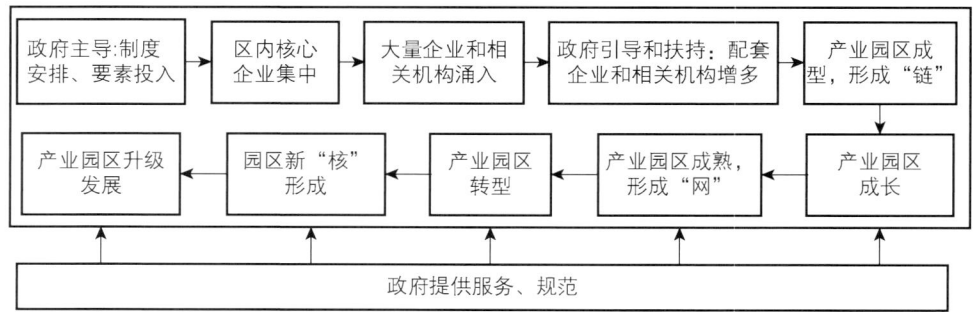

图2-18 产业园区"三聚"发展理念

(1) 聚核:生态系统的发端

"聚核"即在产业园区发展之初培育核心企业,发展主导产业。产业园区的"核"结构决定了产业园区的具体类别及其发展方向,并成为产业园区发展的主力军和增长极。一是主导产业。确立主导产业,并坚持发展特色产业,避免产业结构雷同,从而形成比较优势,才能使园区产生持续性演化。二是核心企业。在产业园区发展早期,一家或若干家企业首先入驻,逐渐形成一定规模,并对周边经济发挥辐射和牵引作用。园区应围绕主导产业集群,引入其龙头企业,充分实现园区创新生态系统聚核效应。

(2) 聚链:生态系统的形成

随着产业园区"核"的集聚与发展,一些实行业务归核化战略的"核"企业,会采用分工协同的方式吸纳上下游配套企业入驻园区;而另一些"核"企业为了适应环境的变化,采用高度本地化的发展策略,将研发中心、区域总部迁入园区,加强与本地企业和其他行为主体的联系。由此,形成园区纵向与横向的"聚链"式发展。一是纵向聚链,表现为产业链的上下游关系,包括供应商、制造商和需求商,有效供应产品、提供服务是产业园区竞争优势的集中体现,而产品顺利生产和销售则需要上下游企业之间围绕"核"企业进行分工协作与互动;二是横向聚链,表现为产业园区引进各种配套服务的企业,包含风险投资、金融机构、研究机构、管理机构、服务中介机构等,从而为"核"企业提供资金、技术、人才、管理、服务的外延支撑,以更有效率地输送高质量的产品和服务。

(3) 聚网:生态系统的完善

产业园区生态系统的进一步发展,将产生新产业功能的综合,即不仅可以提供类似"阳光、空气和土壤"的基础配套设施,而且还可以形成鼓励创新创业的社会文化环境、优良的政策环境、技术环境、市场环境、地理区位环境、娱乐休憩环境等,它们形成园区生态系统的大气环境,并反过来为产业园区的发展和壮大提供潜移默化的影响。此时,产业园区从整体上进入生态系统的"聚网"发展阶段。在产业链发展的基础上,产业园区应进一步形成良好的社会配套服务、优化园区综合环境,打造园区创新网络发展体系。

3. 园区创新生态系统的外在表现

产业园区创新生态系统将构建以产业生态为体,以自然生态、社会生态为翼的"一体两翼"体系,这是园区创新生态系统的外在表现。

(1) 产业生态

产业生态指产业园区创新生态系统以园区为空间边界,以企业为基础,以企业与外部各要素(供应商、合作伙伴、竞争者、客户、政府及相关组织机构)间关系为核心,发展规划既要有纵向上下游供应链,也要有横向生产型服务链,形成一个闭环生态,通过建设园区产业生态系统,最终实现产品硬件、配套服务、延伸服务三大附加价值,为企业提高持续创新能力提供支撑。

(2) 自然生态

自然生态指产业园区不仅要提高对生态环境的保护,还应该加大发展循环经济的力度,把绿色园区作为园区发展的目标之一。在园区系统内,通过对能源利用绿色化、资源利用绿色化、基础设施绿色化、产业绿色化、生态环境绿色化及运行管理绿色化等指标的管理,构建园区自然生态系统。园区在建设发展过程中应深入贯彻落实绿色、低碳、循环理念,充分利用、发挥自身的资源环境优势,形成持续的自然生态,为创新要素的集聚与创新网络的构建提供良好的自然生态载体。

(3) 社会生态

社会生态指产业园区既要重视为企业提供税务、法律、金融等方面的公共服务,也要重视为园区中个体提供文化、教育、卫生等方面的社会服务,大力发展专业化、市场化的产业园区中介服务机构,并吸引相关人才。随着园区社会生态的不断完善,园区不断朝着产业综合体、企业综合社区类的大型综合社区发展。产业园区在打造园区社会生态的过程中,应在提供产业发展功能的基础上,承担商业、居住、教育、医疗卫生、休闲场所等功能,让园区成为一个可以"自给自足",以及可以提供足够内部交流空间的综合社区,为创新社群的孵育与创新精神的培养提供坚实的基础。

在园区创新生态系统中,产业生态是基础,自然生态是保障,社会生态是支撑,三者之间相互影响、互为补充,形成一个动态、高效、持续的生态综合体。以培育生物医药和大健康产业、科技服务业、高端制造业、电子信息与新一代信息技术、新材料产业及高原特色农业等新兴产业为基础,以形成宜居环境、绿色低碳及丰富资源的自然生态为保障,以打造产业配套、生活服务、园区智慧及园区文化的社会生态为支撑,以产业升级创新、环境保障、持续发展、人气支撑等为关键纽带,带动园区创新生态系统的动态、循环发展(图 2-19)。

总的来说,产业上的相关集聚能使高水平的创新形成良好的规模效应,产业园区创新生态系统、自然生态与社会生态上的融合能为高层次交流提供良好的环境与氛围,所以产业园区在产业生态、自然生态与社会生态方面高度的协同共建对企业持续高水平创新具有明显推动作用,这是"三态"成为园区创新生态系统的内在逻辑。

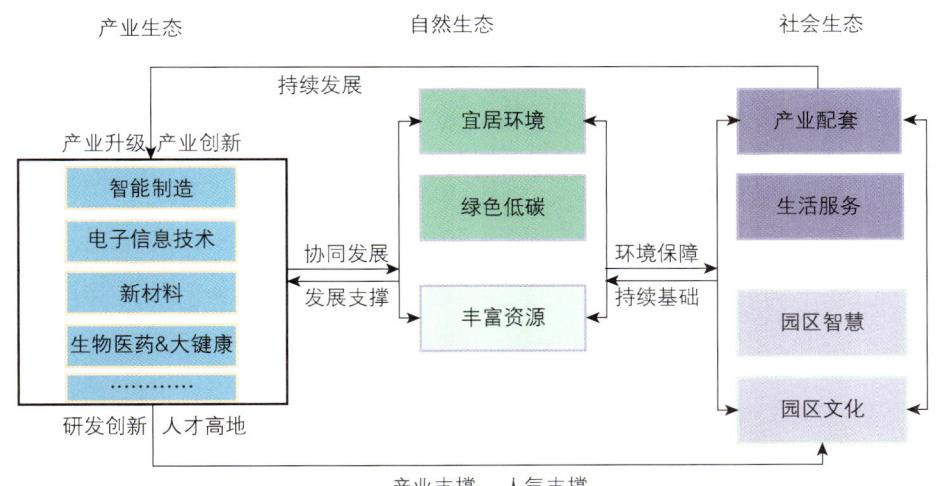

图 2-19　产业园区创新生态系统运行关系

2.3.2　产业园区持续发展的关键路径：园区管理体系

从管理学的发展过程来看，其体系随着管理对象的差异而形成不同的管理学分支，例如企业管理学、公共管理学、军事管理学等。然而，在经济社会发展中发挥重要作用且涉及多方主体的园区，却没有专门的管理学体系来对其进行针对性指导。因此，从产业园区持续发展的视角看，未来需要特别关注园区持续发展的管理，逐渐形成科学、完善的园区管理体系，根据园区类型、园区发展阶段等情况来选择具体的园区管理方式，并在建设园区创新生态系统的过程中，注重避免相应的潜在风险。

1. 产业园区管理体系构建的迫切性

当前，我国产业园区的发展环境不断变化，管理市场化程度提高、土地利用门槛抬升、政策红利不断弱化、发展方式从粗放走向集约，最终的方向是建立园区创新生态系统。面对这些新的形势和情况，中国产业园区迫切需要提升园区的管理水平，形成科学的管理体系，从而厘清并解决持续发展过程中的重要问题，主要表现为以下六个方面。

(1)中国产业园区当前的功能、定位和战略目标

园区发展功能定位主要体现在经济、创新、生态、社会、文化等方面,战略目标主要是形成以产业生态、自然生态、社会生态为内容的产业园区创新生态系统。在当前新的发展形势下,我们需要深入思考的是,园区功能应该以哪一个方面为重点?如何处理这几个方面相互之间的关系?实现战略目标的路径如何进一步拓宽?

(2)园区产业招商理念的强化和机制的完善

随着园区招商引资政策逐渐弱化,土地指标不断缩紧,营商环境日趋复杂,对园区招商工作的要求也日益提高。在园区招商理念方面,产业链招商、招商育商安商等理念逐步融入招商工作;在招商机制方面,企业全生命周期培育机制已经开始发挥作用。但需要进一步思考的是,在招商过程中,如何科学地确定产业链的长度,如何高效地分配招商、育商、安商资源,切实将理念、机制落地践行。

(3)市场化条件下园区多元共治的管理体制和机制

在园区多元共治过程中,随着市场化主体的不断介入,对治理理念、治理工作不断提出新要求,园区传统的管理体制机制受到挑战。在探索创新体制机制过程中,需要进一步思考如何在市场化条件下,兼顾各方利益,进一步优化多元交流平台,同时完善管理体制模式,创新协商共赢机制,从而营造出多元联动、高效共融的共治氛围。

(4)在跨行政区划、跨国背景下开展园区共建与合作

跨区域合作共建已成为园区之间实现资源整合、优势互补、差异化发展的重要渠道,但在园区共建后,仍存在要素不匹配、需求不匹配、产业发展不对称等现实问题。在建设过程中,如何识别园区间差异化需求并实现有效匹配、如何在协调合作过程中建立高效可行的协商机制、如何制定能有效落地的利益分配机制等问题,均值得各园区主体进一步思考。

(5)国家层面法律法规缺位情况下相关政策的替代性作用

法律法规是园区发展的前提和保障,相关具体政策对园区发展起到重要的鼓励与支持作用。目前,一方面,我国还没有在国家层面出台有关园区管理的法

律法规;另一方面,园区政策变动频繁,并缺少促进政策实施的相应规范。在制定法律法规与相关政策时,我们需要进一步思考两者之间的关系,在国家层面的法律法规仍然缺位的情况下,如何通过制定相关政策发挥相应的替代性作用。

(6) 构建良好产业生态下的体制、机制创新突破

构建良好的产业生态,既包括构建纵向上下游供应链,也包括构建横向生产性服务链,构建内容包括产业规划、产业招商、产业配套、产业培育等环节,涉及土地利用机制、人才引进激励机制、投融资机制、外部合作机制等的建立。产业规划是构建产业生态的前提与基础,产业招商是产业生态构建的核心,需要思考的是,如何在产业规划与招商环节实现体制、机制创新突破,提高工作成效。

2. 产业园区管理体系的内容结构

依据管理流程,产业园区管理主要涉及主导产业规划、空间规划、项目管理、招商管理、运营管理、绩效评估等方面;而依据管理学的基本逻辑,产业园区管理也涉及规划、组织、领导、控制四个主要方面。可见,园区管理内容包含了一般管理学的体系。进一步而言,从园区主体的工作特征以及园区持续发展的趋势要求来看,园区管理可以依据战略管理的逻辑框架进行解构。简单地说,产业园区管理是要解决三个基本问题,即园区要到哪里去？园区应该怎么做？园区做得怎么样？因此,园区创新管理模式的内容结构也就可以划分为三个层面,即园区规划管理、园区运营管理、园区评估管理。在这一基础上我们将园区管理体系定义为是以实现高质量、可持续发展为目标,以全周期赋能为理念,以流程为视角,由规划管理、运营管理和控制管理构成的闭环系统,从而形成规划(P)—运营(O)—控制(C)的架构(图 2-20)。

(1) 园区规划管理

园区规划管理是园区管理主体基于内外部环境分析,从战略发展和空间形态两个方面对园区持续发展的方向进行的总体把控,具体包括了园区战略规划管理和园区空间规划管理两部分内容。鉴于规划管理的专业性,园区管理主体经常与第三方专业机构共同确定该部分内容。

一是园区战略规划管理。该部分内容涉及四个层面的内容:①园区环境分

图 2-20 园区创新管理体系 POC 架构

析,包括产业发展形势、区域资源等外部环境以及园区资源、组织结构、制度文化等内部环境;②园区主导产业定位,包括主导产业的结构、规划目标等;③园区主导产业战略制定,包括主导产业发展态势分析、发展战略、重点项目发展规划等;④园区主导产业规划实施与保障。

二是园区空间规划管理。该部分内容涉及三个层面的内容:①园区背景分析,包括地理区位、区域交通、基地交通等;②开发策略,包括规划愿景、主要目标和项目定位等;③规划方案,包括设计构思、总平面图设计、效果呈现、方案分析、分区设计、景观设计等。

(2) 园区运营管理

园区运营管理是园区运营主体在既定的发展方向的指引下,基于园区持续发展的需要,从体制机制层面上对园区管理工作的系统性把控。为了结构化地突出园区管理的工作重点,我们选择园区管理对象、园区管理范围作为深入研究园区管理框架的两个维度,并且认为,园区管理的对象包括企业、园区两个层面,园区管理范围涉及园区内部和园区外部两个方面。由此,形成图 2-21 所示的园区管理内容框架。

一是招商管理。招商管理是指产业园区管理机构在吸引企业入驻园区的过

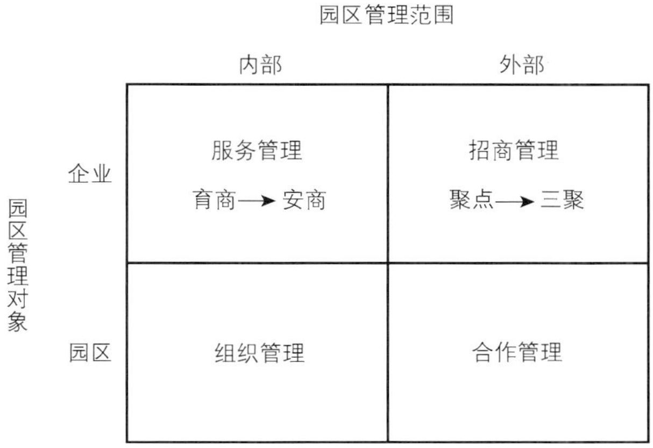

	园区管理范围	
	内部	外部
企业	服务管理 育商→安商	招商管理 聚点→三聚
园区	组织管理	合作管理

园区管理对象

图 2-21　园区运营管理内容框架

程中,在招商政策制定、招商对象选择、招商方式优化、招商主体激励等方面所确立的行为规范。其中,招商政策制定强调园区产业转型升级、存量优化与内涵提升;招商对象选择重视产业规划引导、发展理念一致与行业地位优越性;招商方式优化涉及招商渠道的确定、招商形式的选择与招商活动的设计;招商主体激励包括招商团队的组建、招商绩效的考核与奖惩指标的确定。

招商管理主要是在吸引园区外部企业入驻方面进行的管理,并由传统的以单个企业为重点的聚点式招商转变为包括聚链、聚园在内的"三聚"式招商。近年来,部分先进园区在产业链招商方面取得了进展,使得园区在持续发展中的产业合作方面得到了明显提升。

从近年来的相关政策可以看出,招商管理已经成为园区创新改革的重要方式。例如,2017 年 2 月 6 日,国务院办公厅印发《关于促进开发区改革和创新发展的若干意见》(国办发[2017]7 号),对新形势下做好开发区工作做出全面部署。其中,文件提出,要把投资促进作为重要任务,创新招商引资方式,从政府主导向政府招商与市场化招商相结合转变,允许开发区在政策允许和权限范围内制定相应的招商引资优惠政策。

同时,为贯彻落实外资利用鼓励政策,自 2017 年起,各地方政府均加大了吸引外资的政策力度。上海、江苏、浙江、河北、山东、山西、四川等 20 个省市陆续发布了扩大开放利用外资的地方政策。其中的重点举措包括政策赋权,允许开发区在法定权限范围内,制定出台招商引资优惠政策,营造园区国际化营商环境,建立精准招商联动机制,不断增强园区对外来投资的吸引力。

二是服务管理。服务管理是指产业园区管理机构与运营机构针对园区内部企业,在提供产业配套服务、生活配套服务,以及促进园区内部企业之间进行合作等方面所确立的行为规范。其中,产业配套服务主要是为园区内主导产业和龙头企业的实际生产提供保障性条件,包括产业链配套、投融资配套、人力资源配套、物流配套以及研发配套五个方面。生活配套服务主要是为园区内工作人员的生活提供保障性的公共服务,包括基础性服务和提升性服务两部分。前者涉及食、住、行、医疗等;后者涉及教育、娱乐、休闲、生态建设等。园区内部企业之间的合作主要通过产业链配套、创新空间等形式得以实现。

针对园区内部企业进行的管理主要是为企业提供的服务管理,未来的重点工作是育商和安商,并逐渐由育商向安商转变。目前,产业园区管委会为适应市场经济发展的要求,提高了对园区内企业的服务管理,为园区企业提供中介服务、风险投资服务、事业性服务等各种配套服务,以增强企业的竞争力。例如,中关村软件园经过多年发展,形成了由产业链条、产业政策、科技金融、协同创新、国际化发展和园丁服务构成的产业网络,六大要素间形成了联动,构建了良好的育商、扶商、安商机制生态,为中关村软件园持续发展注入了新动力。

但是,从总体来看,各地园区出台的一系列招商政策,主要手段还是延续资金优惠,例如:2017年2月,广州开发区发布4个"黄金10条"聚焦扶持4大产业,新增财政预算32亿元;2017年6月,武汉东湖高新区出台"1+N"招商政策体系,以《光谷"招商十条"》为统领,先期围绕外资、央企研发机构、国际化、生物产业、"互联网+"、文化与科技融合、人才、科技金融、知识产权、创新创业等15个方面,配套具体专项政策,每年安排100亿元专项资金。然而,这些政策对于育商、安商的重视不足,企业全生命周期扶持系统有待形成,导致部分园区出现了企业在政策优惠红利到期后搬迁的现象。

因此,从园区管理体系来看,园区要平衡招商和育商,而加强育商机制的重点在于健全企业全生命周期培育机制。园区要注重"亲商"和"育商"的理念,平衡招商和育商在资源分配的配比。园区在运营上发展"一站式"服务,提高园区内部各个要素的运作效率,"一站式"服务可以推动园区的"育商"管理。

三是组织管理。组织管理是指产业园区管理机构或第三方运营机构在园区持续发展的过程中,以园区的管理体制和运作机制为手段,对园区的组织、协调、监管等各种管理活动的行为规范。其中,园区组织是形成各方主体的权力配置关系和工作框架,开展各种有利于组织效率提升的活动;园区协调主要是在实现园区持续发展和组织效率提升的前提下,对各方主体的利益和相关活动进行的关系处理;园区监管是在对园区绩效进行评估的基础上,对园区内部各主体活动以及园区内外部环境进行跟踪和匹配,及时对偏差做出反应。

总体来看,园区运营管理主要是针对园区层面的内部管理,目前该类型管理的经验普遍缺乏,未来对园区运营管理的市场需求日益旺盛,并将成为园区竞争力得以体现的焦点。

在产业园区稳定整顿发展阶段,社会资本逐步进入园区,园区运营管理市场化程度提升。此时,产业园区的运营管理主要通过三种基本的体制类型来进行。①准政府的管委会体制。管委会作为政府的派出机关,其主要职能是经济开发规划和管理,为入区企业提供服务,主要适用于人口较少的相对独立的中小型园区。②开发区与行政区管理合一的管理体制。其特点是开发区和行政区的管理合一,或者是两块牌子一班人马,这种模式主要适用于整个城区作为开发区,或者开发区是原有城区建制的一部分。③政府领导下的公司管理体制。其特点是通过设立一个开发公司来规划、开发、管理一个开发区,开发公司实际上承担了一定的政府职能,进行公共事业开发。这种体制首创于蛇口,也称之为"蛇口模式"。而在最近几年的园区创新升级阶段,园区运营更多的是采取政企合一或公司主导的模式,并通过公私合伙(PPP)方式整合社会资源,发挥多方优势。另外,园区运营管理机构内部的管理人才是园区产业发展的催化剂,各方主体应给予充分的关注。

四是合作管理。合作管理是指产业园区管理机构或第三方运营机构针对园区自身与其他园区之间的合作关系展开的行为规范。合作管理更宽泛的内涵可以包括促进园区内部各企业之间进行合作的内容。这里的界定属于狭义范畴,并且,园区自身与其他园区之间的合作管理主要是通过"飞地经济"、合作共建等方式得以实现。

总体来看,园区合作管理主要是针对园区层面的外部管理,包括园区共建、"飞地经济"等形式。2017年6月,国家发改委等8部门印发《关于支持"飞地经济"发展的指导意见》(发改地区〔2017〕922号),首次从国家部委层面围绕"飞地经济"和"飞地园区"进行联合发文,提出要创新"飞地经济"合作机制,发挥不同地区比较优势,优化资源配置,强化资源集约节约利用,提升市场化运作水平,完善发展成果分享机制,加快统一市场建设,促进要素自由有序流动,为推进区域协同发展做出新贡献。所谓"飞地经济"是指发达地区与欠发达地区双方政府打破行政区划限制,把"飞出地"方的资金和项目放到行政上互不隶属的"飞入地"方的工业基地,通过规划、建设、管理和税收分配等方面的合作机制,实现互利共赢的持续或跨越发展的经济模式。依据不同的分类标准,"飞地"模式具有不同的表现形式与特征。

实际上,"飞地经济"是园区共建模式中的一种,而园区合作共建已经成为经济协同发展和推进产业转移的重要合作路径,也是打破行政区划限制、促进资源互补和优化配置的有效举措。关于园区共建,不仅2017年的国务院7号文件明确指出,"要鼓励东部地区与中西部地区、东北地区合作共建开发区",而且在2016年发改委发布的《关于贯彻落实区域发展战略促进区域协调发展的指导意见》中就专门提出,要"鼓励中西部和东北地区通过委托管理、投资合作等多种形式与东部沿海地区合作共建产业园区"。

国内园区合作共建的成效主要应表现为"五个共享"。①技术共享:通过项目交流、互相学习,促进双方知识交流与技术转移。通过设立飞地孵化空间模式,主动对接优势地区先进科技,加快企业孵化和入驻落地,提升当地招商成功率。②资源共享:推动两地资源互补、实现最优化配置,如通过运用被援建地区的政策优势来实现双方共赢。③是市场共享:园区共建是劣势园区内企业迅速进入优势园区当地市场,扩大市场份额的有效方式。④是人才共享:通过相互派遣人员,或者对被援建园区进行人才培训等方式实现人才的自我成长,帮助被援建地区培养储备人才。⑤是税收共享：园区之间事先商定利益共享方式，只有真正实现利益共享，优势园区才会更加主动地进行人才、资金、项目、技术、资源等交流，实现共建共荣。

(3) 园区评估管理

园区评估管理是指园区管理运营部门依据相应的指标体系分阶段地对园区的管理过程和管理绩效进行诊断和评价。从评估对象上来看，包括园区规划评估、园区运营评估两部分。从发展阶段上来看，包括事前评估、事中评估和事后评估三种类型。

园区可以依托 POC 的架构建立创新管理模式，提升管理效率，在与周边产业集群的竞争中形成差异化优势，为园区实现跨越式发展，建成创新生态系统提供助力。

综上所述，园区 POC 管理体系涉及园区从规划、运营到控制的各个方面。其中，运营管理又可以分为对内服务、组织，对外招商、合作，实际上涉及了园区发展中的各个层面。因此，通过园区 POC 管理体系的构建，可以实现园区资源的优化配置，所以说它是园区持续发展的中心路径，构建园区 POC 管理体系可以更好地帮助园区实现持续发展。

第 3 章

中国产业园区持续发展综合排名分析

本章根据中国产业园区持续发展指标评价体系及 2017 年的采集数据,测算出 2017 年中国国家级产业园区持续发展竞争力综合排名,并对综合排名、均值以上排名、分类指标排名、2017 年与 2016 年排名以及 2017 年与前四年相比的排名变动进行分析。

3.1 综合排名与分析

截至 2018 年 3 月,国家级园区共 387 家。考虑到数据的可比性,我们以截至 2017 年底的 375 家国家级园区为对象,针对产业园区持续发展指标体系进行 2017 年的原始数据的调查与收集,测量其持续发展水平,对 2017 年中国国家级产业园区持续发展竞争力进行综合排名,得到百强榜名单,如表 3-1 所示。

表 3-1 2017 年中国国家级产业园区持续发展竞争力综合排名百强榜

排名	园区名称	区域	得分	排名	园区名称	区域	得分
1	中关村国家自主创新示范区	东	0.969 6	11	杭州高新技术产业开发区	东	0.385 8
2	上海张江国家自主创新示范区	东	0.773 7	12	西安高新技术产业开发区	西	0.380 9
3	苏州工业园区	东	0.595 4	13	大连经济技术开发区	东	0.369 4
4	广州经济技术开发区	东	0.515 8	14	青岛经济技术开发区	东	0.365 3
5	武汉东湖国家自主创新示范区	中	0.490 7	15	烟台经济技术开发区	东	0.358 9
6	成都高新技术产业开发区	西	0.447 4	16	武汉经济技术开发区	中	0.357 9
7	北京经济技术开发区	东	0.435 7	17	昆山经济技术开发区	东	0.355 2
8	合肥高新技术产业开发区	中	0.405 1	18	合肥经济技术开发区	中	0.352 8
9	深圳高新技术产业开发区	东	0.394 3	19	漕河泾新兴技术开发区	东	0.345 2
10	天津经济技术开发区	东	0.392 6	20	南京经济技术开发区	东	0.343 0

续表

排名	园区名称	区域	得分	排名	园区名称	区域	得分
21	天津滨海高新技术产业开发区	东	0.3386	53	上海金桥出口加工区	东	0.2920
22	苏州国家高新技术产业开发区	东	0.3320	54	南昌高新技术产业开发区	中	0.2918
23	宁波经济技术开发区	东	0.3309	55	乌鲁木齐经济技术开发区	西	0.2900
24	南京国家高新技术产业开发区	东	0.3272	56	佛山高新技术产业开发区	东	0.2885
25	芜湖经济技术开发区	中	0.3243	57	珠海高新技术产业开发区	东	0.2885
26	青岛高新技术产业开发区	东	0.3217	58	扬州经济技术开发区	东	0.2881
27	西安经济技术开发区	西	0.3209	59	贵阳高新技术产业开发区	西	0.2880
28	沈阳经济技术开发区	东	0.3192	60	淄博高新技术产业开发区	东	0.2876
29	长沙高新技术产业开发区	中	0.3188	61	徐州经济技术开发区	东	0.2859
30	成都经济技术开发区	西	0.3183	62	昆明高新技术产业开发区	西	0.2846
31	长春高新技术产业开发区	中	0.3181	63	潍坊高新技术产业开发区	东	0.2840
32	郑州经济技术开发区	中	0.3174	64	廊坊经济技术开发区	东	0.2828
33	江宁经济技术开发区	东	0.3164	65	沈阳高新技术产业开发区	东	0.2824
34	厦门火炬高技术产业开发区	东	0.3156	66	张家港经济技术开发区	东	0.2811
35	长沙经济技术开发区	中	0.3145	67	威海火炬高技术产业开发区	东	0.2795
36	哈尔滨经济技术开发区	中	0.3139	68	中山火炬高技术产业开发区	东	0.2743
37	南昌经济技术开发区	中	0.3130	69	宁波大榭开发区	东	0.2725
38	东莞松山湖高新技术产业园	东	0.3127	70	温州经济技术开发区	东	0.2705
39	广州南沙经济技术开发区	东	0.3117	71	洛阳高新技术产业开发区	中	0.2691
40	南通经济技术开发区	东	0.3113	72	萧山经济技术开发区	东	0.2689
41	济南高新技术产业开发区	东	0.3110	73	哈尔滨高新技术产业开发区	中	0.2686
42	宁波高新技术产业开发区	东	0.3107	74	兰州经济技术开发区	西	0.2666
43	无锡国家高新技术产业开发区	东	0.3065	75	连云港经济技术开发区	东	0.2663
44	长春经济技术开发区	中	0.3026	76	秦皇岛经济技术开发区	东	0.2660
45	惠州仲恺高新技术开发区	东	0.3020	77	绵阳高新技术产业开发区	西	0.2647
46	常州国家高新技术产业开发区	东	0.3020	78	江阴高新技术产业开发区	东	0.2637
47	南宁高新技术产业开发区	西	0.3011	79	徐州国家高新技术产业开发区	东	0.2628
48	济宁高新技术产业开发区	东	0.2997	80	兰州高新技术产业开发区	西	0.2627
49	嘉兴经济技术开发区	东	0.2967	81	湘潭高新技术产业开发区	中	0.2616
50	惠州大亚湾经济技术开发区	东	0.2959	82	贵阳经济技术开发区	西	0.2612
51	郑州高新技术产业开发区	中	0.2932	83	泉州高新技术产业开发区	东	0.2584
52	福州经济技术开发区	东	0.2927	84	包头稀土高新技术产业开发区	西	0.2582

续表

排名	园区名称	区域	得分	排名	园区名称	区域	得分
85	吴江经济技术开发区	东	0.257 6	93	洋浦经济开发区	东	0.255 1
86	大庆高新技术产业开发区	中	0.256 9	94	保定高新技术产业开发区	东	0.254 9
87	常熟经济技术开发区	东	0.256 3	95	重庆高新技术产业开发区	西	0.254 5
88	威海经济技术开发区	东	0.256 1	96	株洲高新技术产业开发区	中	0.253 6
89	泰州医药高新技术产业开发区	东	0.256 0	97	萍乡经济技术开发区	中	0.253 3
90	武进高新技术产业开发区	东	0.255 9	98	淮安经济技术开发区	东	0.253 3
91	潍坊滨海经济技术开发区	东	0.255 9	99	芜湖高新技术产业开发区	中	0.251 0
92	桂林高新技术产业开发区	西	0.255 7	100	临沂经济技术开发区	东	0.248 6

3.1.1 持续发展综合排名总体状况分析

百强榜第一名中关村国家自主创新示范区得分为 0.969 6,占据绝对优势,其余园区之间的差距相对较小。从表 3-1 看,前 3 名均来自东部地区,中关村国家自主创新示范区位居榜首,上海张江国家自主创新示范区位列第 2,苏州工业园区排在第 3 位。其中,中关村国家自主创新示范区的得分高出上海张江国家自主创新示范区 0.195 8,是苏州工业园区的 1.628 倍。除中关村国家自主创新示范区和上海张江国家自主创新示范区总体得分占据绝对优势外,其余相邻排名产业园区之间的差距较小。

综合排名百强榜前 10 强中,东部产业园区占 7 家,平均得分为 0.582 4,在数量和得分上均占绝对优势。百强榜综合排名前 10 强的产业园区中,东部产业园区占据 7 家,中部武汉东湖国家自主创新示范区、合肥高新技术产业开发区分别位列第 5 和第 8 名,西部成都高新技术产业开发区位居第 6 名。从前 10 强总体得分情况来看,全部得分共为 5.420 2,平均得分为 0.542 0。其中,东部产业园区的总体得分共为 4.077 1,占前 10 强总得分的 75.22%;中部产业园区的总体得分共为 0.895 8,占前 10 强总得分的 16.53%;第 6 名西部成都高新技术产业开发区的综合得分为 0.447 4,占前 10 强总得分的 8.25%(图 3-1)。东部产业园区平均得分为 0.582 4,高于前 10 强的平均得分,而中部和西部产业园区的平均得分为 0.447 4 和 0.447 9,低于前 10 强的平均得分(图 3-2)。可以看出,综合排名百强榜前 10 强的产业园区中,东部产业园区在排名和得分上均占绝对优势。

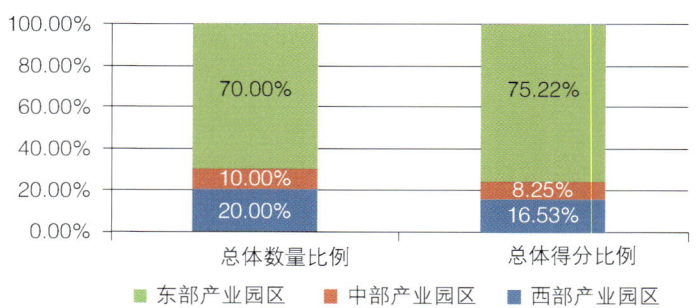

图 3-1　综合排名前 10 强产业园区区域总体数目比例和总体得分比例比较

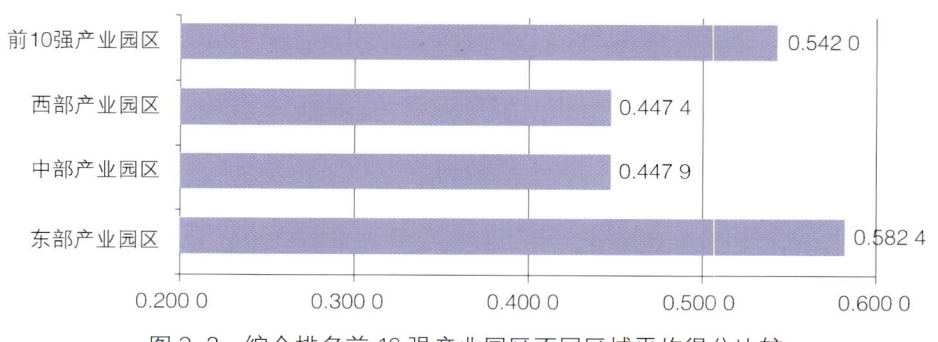

图 3-2　综合排名前 10 强产业园区不同区域平均得分比较

综合排名百强榜前 10 强中,高新区占 6 家,平均得分为 0.580 1,在数量和平均得分上均占据优势。从产业园区的类别来看,综合排名百强榜前 10 强的产业园区中,经开区有 4 家,高新区为 6 家,高新区从数量上领先于经开区;从具体得分来看,前 10 强产业园区中经济技术开发区的总体得分占前 10 强总体得分的 35.78%,高新区占 64.22%。可以看出,类别得分比例的分布与类别数目比例的分布基本相当(图 3-3)。前 10 强高新区的平均得分为 0.580 1,高于前 10 强产业园区的平均得分 0.542 0;经开区的平均得分为 0.484 9,低于前 10 强产业园区平均得分(图 3-4)。这表明,综合排名前 10 强产业园区中高新区不仅在数量占据优势,而且其持续竞争力也高于经开区。

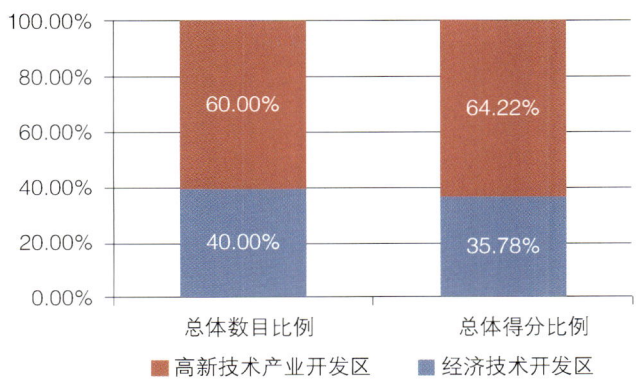

图 3-3 综合排名前 10 强产业园区类别数目比例与总体得分比例比较

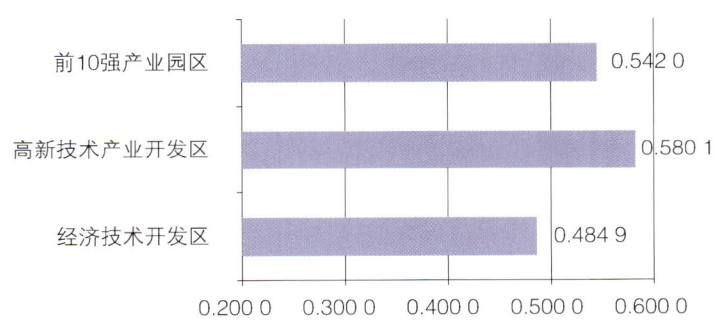

图 3-4 综合排名前 10 强产业园区不同类别平均得分比较

3.1.2 持续发展综合排名区域状况分析

百强榜中东部产业园区占 64 家,平均得分为 0.327 3,在数量和平均得分上均占据优势。从产业园区区域数目分布来看,东部产业园区 64 家,中部产业园区 21 家,西部产业园区 15 家,东部百强园区数目高于中西部的总和。从得分总值来看,东部产业园区为 20.947 9,占总体得分的 65.60%;中部产业园区为 6.528 2,占总体得分的 20.45%;西部产业园区为 4.454 8,占总体得分的 13.95%。可以看出,区域得分比例的分布与区域数目比例的分布基本相当(图 3-5)。从平均得分来看,东部产业园区平均得分为 0.327 3,高于百强榜平均值 0.319 3;中部和西部产业园区平均得分分别为 0.310 9 和 0.297 0,均低于百强榜平均值(图 3-6)。

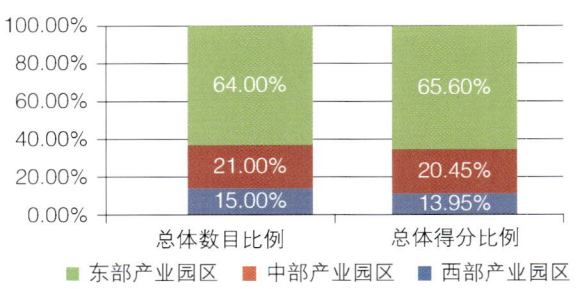

图 3-5 综合排名百强榜产业园区区域数目比例和得分比例比较

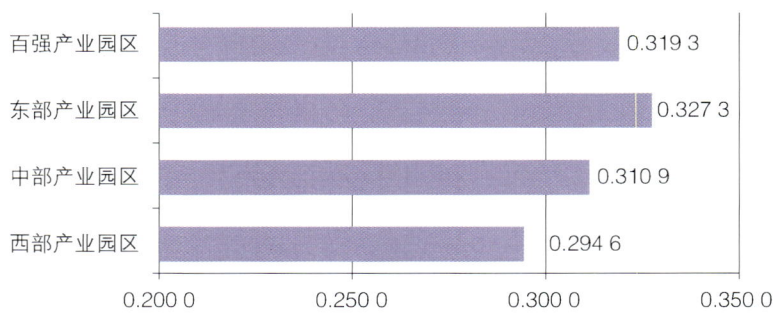

图 3-6 综合排名百强榜产业园区不同区域平均得分比较

百强榜中东部产业园区名次差距和得分差距均大于中西部产业园区。从变异系数来看,东部产业园区得分的变异系数为 0.357 1,高于百强榜园区得分变异系数 0.311 5;中部产业园区和西部产业园区得分的变异系数分别为 0.183 9、0.180 9,均低于百强园区得分变异系数(图 3-7)。这说明相比较而言,东部产业园区间的持续发展竞争力差异较大,分布较离散。从百强榜中也可以看出,东部产业园区在前 10 强中占到 7 个,前 5 强均为东部产业园区,同时在第 91 名到第 100 名的最后 10 名中也有 5 个,其中,第 100、98 名均来自东部地区,故变异系

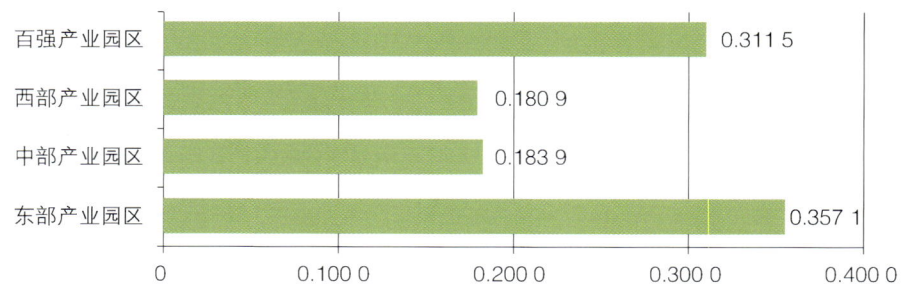

图 3-7 综合排名百强榜不同区域产业园区得分变异系数比较

数最大。西部产业园区得分的变异系数最小,说明西部产业园区之间的持续发展竞争力差异较小,从排行榜中也可以看出,除成都、西安的几个产业园区排名较靠前外,其余西部产业园区排名都比较靠后。

百强榜东部产业园区持续发展水平高于中西部产业园区。在2017年中国所有国家级产业园区中,经济技术开发区与高新技术产业开发区的总体数目为375家,其中东部182家,占总数的48.53%;中部108家,占总数的28.80%;西部85家,占总数的22.67%。但在百强榜区域数目分布中,东部园区占64%,高于应有的比例;而中部产业园区和西部产业园区在百强榜中所占的比例分别为21%、15%,都低于各自应有的比例(图3-8)。这也进一步说明,东部产业园区的持续发展水平整体高于中西部产业园区。

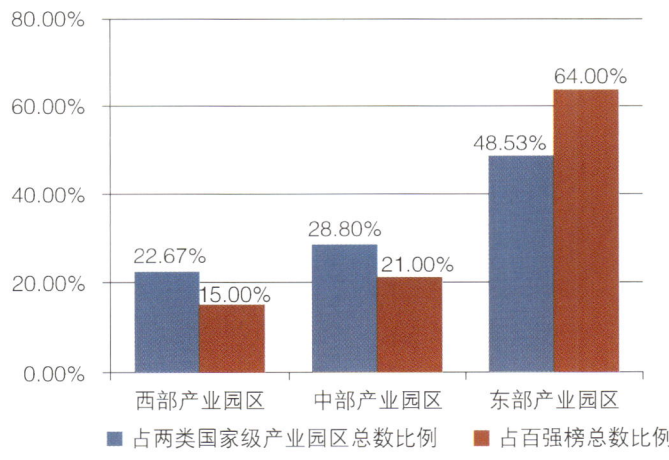

图3-8 2017年中国国家级园区区域数目分布与百强榜区域数目分布比较

3.1.3 持续发展综合排名类别状况分析

百强榜中,高新区占51家,其数量与平均得分均高于经开区。从园区类别来看,百强榜产业园区全部为高新区和经开区两大类。其中高新区为51家,经开区为49家,高新区数量上占据微弱优势。从得分总值来看,高新区为16.516 0,占百强榜总体得分的51.72%;经开区为15.414 9,占百强榜总体得分的48.28%,与两类产业园区数目比例的分布基本相当(图3-9)。从平均得分来看,高新区平均得分为 0.323 8,高于百强榜的平均得分 0.319 3;经开区平均得分为 0.314 6,低于百强榜平均得分(图 3-10)。可以看出,高新区的发展优势整体高于经开区。

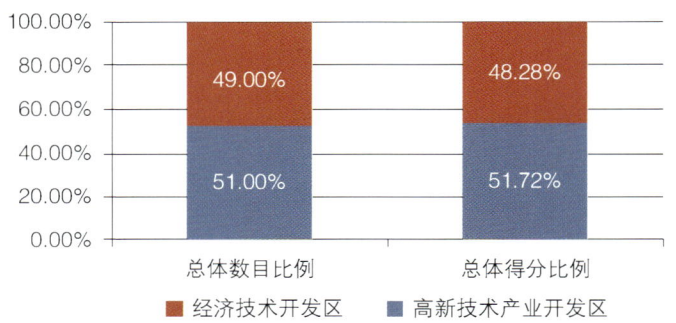

图 3-9　综合排名百强榜产业园区类别数目比例与得分比例比较

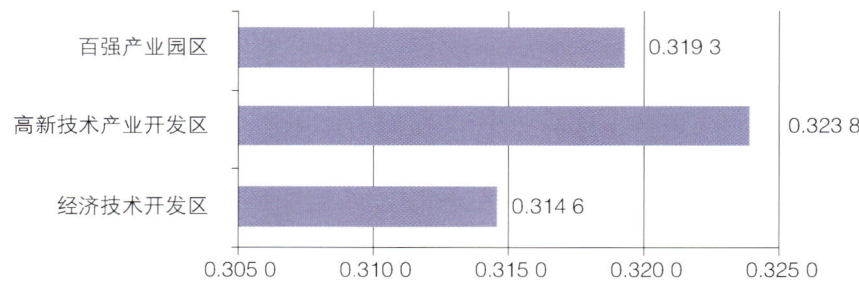

图 3-10　综合排名百强榜不同类别产业园区平均得分比较

百强榜高新区的持续发展差异程度大于经开区。从变异系数来看,高新区得分的变异系数为 0.383 7,高于百强榜总体得分的变异系数 0.311 5;经开区得分的变异系数为 0.208 0,低于百强榜总体得分变异系数(图 3-11)。这表明相比

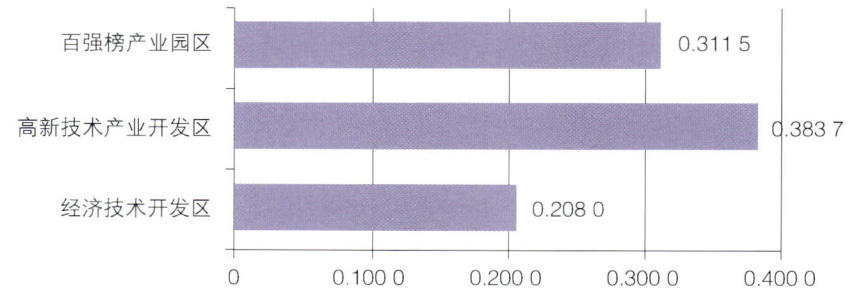

图 3-11　综合排名百强榜不同类别产业园区得分变异系数比较

较而言,百强榜中高新区之间的持续发展优势差异大于经开区。从百强榜中也可以看出,高新区在前 10 强产业园区中占 6 家,第 1 名和第 2 名均为高新区,后 10 名中,高新区也占 6 家,95 名、96 名、99 名均为高新区,经开区则集中分布在中间名次。

3.2 均值以上与均值以下产业园区比较

3.2.1 总体状况比较

百强榜产业园区在持续发展竞争力方面具有前位集中的趋势。依据 2017 年中国国家级产业园区持续发展竞争力百强榜排名与得分信息,测算百强榜总体得分均值为 0.319 3,其中得分在均值以上的园区有 27 家,得分在均值以下的产业园区有 73 家。均值以上产业园区的得分总值为 11.330 3,占百强榜得分总值的 35%;均值以下产业园区的得分总值为 20.600 8,占百强榜得分总值的 65%(图 3-12)。从平均得分来看,均值以上产业园区的平均得分为 0.419 6,远高于百强产业园区平均得分;均值以下产业园区的平均得分仅为 0.282 2(图 3-13),可以看出百强榜中的产业园区在持续发展竞争力方面具有前位集中的趋势。

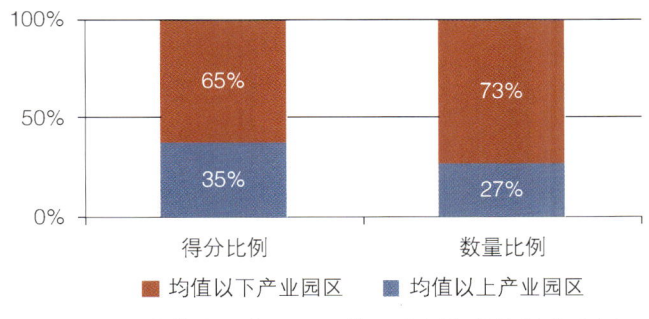

图 3-12 均值上下产业园区数目比例和总体得分比例

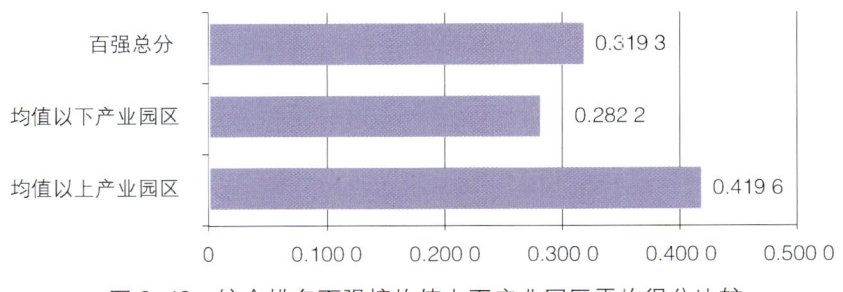

图 3-13 综合排名百强榜均值上下产业园区平均得分比较

3.2.2 区域状况比较

百强榜均值以上的产业园区中,东部产业园区占 19 家,平均得分为 0.434 2,在数量和平均得分上占据优势。百强榜得分在均值以上的产业园区共 27 家,其中,东部产业园区为 19,占比为 70.37%,高于百强榜东部园区占总体园区的比例,说明东部地区在高质量产业园区中,数量上具有较高的比重;均值以上中部产业园区 5 家,占均值以上产业园区的 18.52%;均值以上西部园区为 3 家,占均值以上园区的比例为 11.11%,略低于百强榜西部园区占总体园区的比例 15%(图 3-14)。从具体得分来看,均值以上的东部产业园区的得分均值为 0.434 2,高于均值以上园区的平均得分 0.419 6;均值以上的中部产业园区与西部产业园区得分均值分别为 0.386 2 和 0.383 1,均低于均值以上园区的平均得分(图 3-15)。从这一点也可以看出,在高质量产业园区中,东部园区具有更强的持续发展优势。

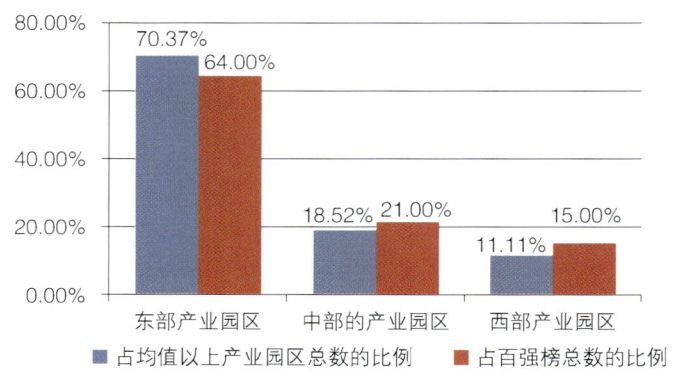

图 3-14 得分均值以上产业园区区域分布与百强榜区域分布比较

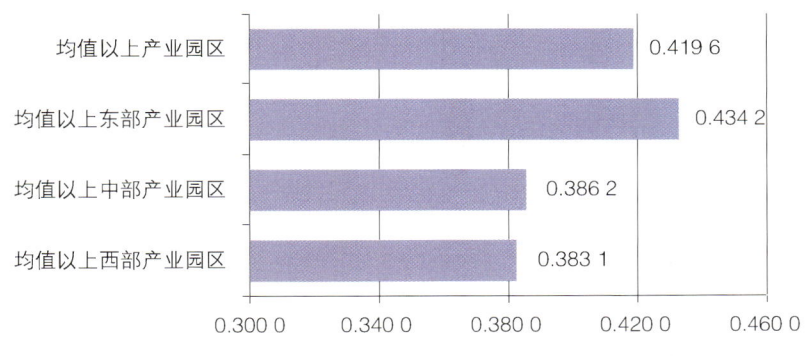

图 3-15　均值以上产业园区不同区域平均得分比较

3.2.3　类别状况比较

百强榜均值以上产业园区共 27 家，其中经开区 15 家，在数量上占优势；高新区平均得分为 0.463 9，在平均得分上占优势。百强榜得分在均值以上的经济技术开发区占均值以上园区的比例为 55.56%，高于百强榜经济技术开发区占总体产业园区的数目比例 49%，这表明在百强榜的均值以上高质量园区中，经济技术开发区具有数量优势。这主要是因为大多数经济开发区相对于高新技术开发区成立时间较早，具有一定先发优势（图 3-16）。从具体得分来看，百强榜得分在均值以上的园区中，经济技术开发区的得分均值为 0.384 2，低于均值以上园区的平均得分 0.419 6；高新技术产业开发区得分均值为 0.463 9，高于均值以上园区的平均得分（图 3-17）。可见，虽然经济技术开发区在高质量园区数目上具有优势，但在具体得分比较上，均值以上高新技术产业开发区平均得分高于经济技

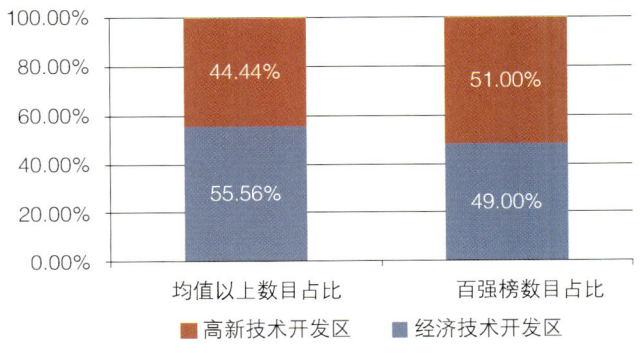

图 3-16　均值以上产业园区类别数目分布与百强榜类别数目分布比较

术开发区。这也表明,高新技术产业开发区的发展质量更高,持续竞争优势更强。

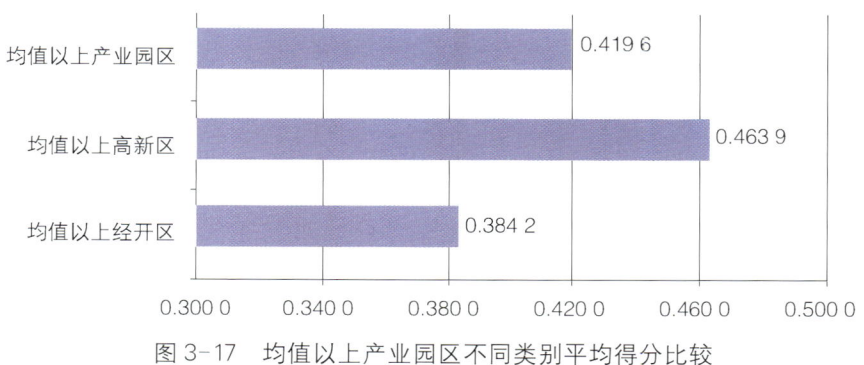

图 3-17 均值以上产业园区不同类别平均得分比较

3.3 具体指标排名分析

3.3.1 经济发展指标排名分析

经济发展指标排名前 20 强园区形成三个梯队。从表 3-2 和图 3-18 可以看出,第一和第二梯队园区得分优势明显,第三梯队园区之间得分差距较小,呈现连续性分布特征。第一梯队为第 1 名中关村国家自主创新示范区,其得分具有绝对优势,是第 2 名的 1.37 倍,第 5 名的 1.92 倍。第二梯队由上海张江国家自主创新示范区、苏州工业园区、昆山经济技术开发区、西安高新技术开发区 4 个园区组成,其得分分别为 0.1939、0.1605、0.1513、0.1384,四者间得分差距较明显。第三梯队为第 6 名至第 20 名园区,15 家园区得分分布在 0.1115~0.0616 之间,相邻名次之间的得分差距较小,呈现连续性分布特征。

经济发展指标排名居前的产业园区主要是因为其经济体量较大、经济增速较快。第 1 名中关村国家自主创新示范区不仅经济体量较大,而且也具有较快的增长速度,2017 年工业总产业值为 10 796.02 亿元,居第 2 位;实现营业收入

表 3-2 2017 年中国国家级产业园区经济发展持续竞争力前 20 强排名与得分

排名	园区名称	得分	排名	园区名称	得分
1	中关村国家自主创新示范区	0.265 3	11	乌鲁木齐经济技术开发区	0.083 2
2	上海张江国家自主创新示范区	0.193 9	12	深圳高新技术产业开发区	0.079 5
3	苏州工业园区	0.160 5	13	北京经济技术开发区	0.071 1
4	昆山经济技术开发区	0.151 2	14	合肥高新技术产业开发区	0.069 7
5	西安高新技术产业开发区	0.138 4	15	江宁经济技术开发区	0.069 5
6	广州经济技术开发区	0.111 4	16	广州南沙经济技术开发区	0.069 2
7	天津经济技术开发区	0.103 4	17	青岛经济技术开发区	0.067 8
8	成都高新技术产业开发区	0.097 6	18	烟台经济技术开发区	0.066 8
9	武汉东湖国家自主创新示范区	0.090 5	19	南京国家高新技术产业开发区	0.064 2
10	无锡国家高新技术产业开发区	0.083 3	20	嘉兴经济技术开发区	0.061 6

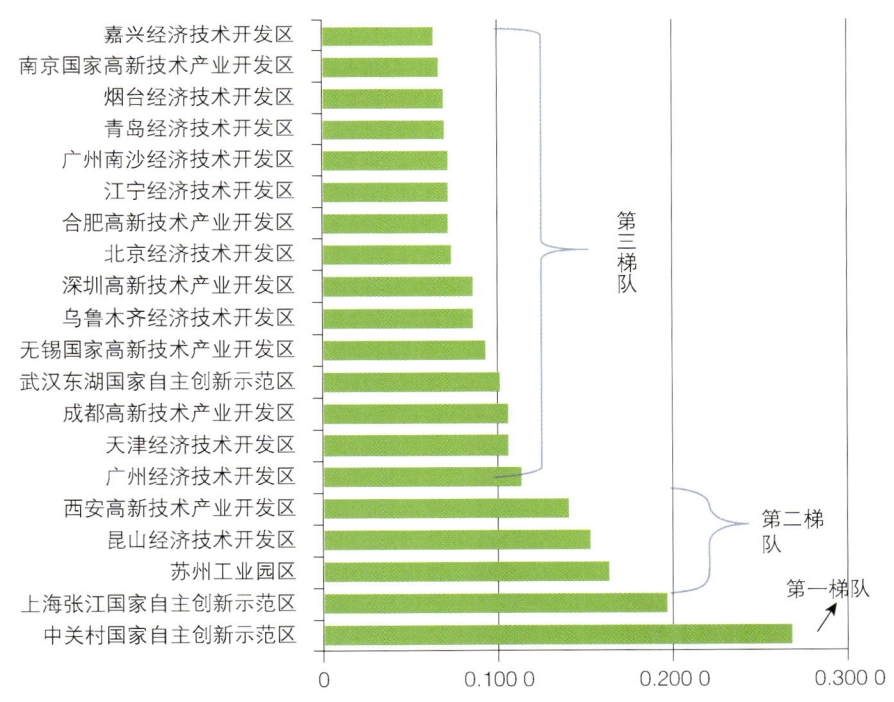

图 3-18 经济发展指标前 20 强产业园区得分比较

超过 5.3 万亿元,居第 1 位,同比增长 15.15%;上缴税收超过 2 598.404 亿元,居第 1 位,同比增长 12.29%;出口总额为 308.71 亿美元,居第 4 位。第 2 名上海张江国家自主创新示范区 2017 年工业总产值为 11 084.39 亿元,居第 1 位。第 3

名苏州工业园 2017 年工业总产值为 4 639.78 亿元。

百强榜综合排名前 10 强的园区全部进入经济发展指标前 20 强,而综合排名前 20 强园区有 6 家没有进入经济发展指标前 20 强,分别是杭州高新技术产业开发区、大连经济技术开发区、武汉经济技术开发区、合肥经济技术开发区、漕河泾新兴技术开发区、南京经济技术开发区。6 家园区经济发展指标排名分别为第 32 名、21 名、27 名、31 名、47 名和 25 名。从各园区排名靠后的主要原因来看,杭州高新技术产业开发区、大连经济技术开发区以及南京经济技术开发区主要是由于其经济指标增长相对缓慢;武汉经济技术开发区、合肥经济技术开发区则是因为工业总产值、出口总额存量较小,且增长相对滞后;漕河泾经济技术开发区在利用外资、上缴税收或出口总额等经济指标方面的存量相对较小。而新进入的 6 家园区为无锡国家高新技术产业开发区、乌鲁木齐经济技术开发区、江宁经济技术开发区、广州南沙经济技术开发区、南京国家高新技术产业开发区、嘉兴经济技术开发区,这些产业园区主要凭借其较大的经济增量优势挺进经济发展前 20 强。

经济发展指标前 20 强中,高新区和东部产业园区具有更大竞争优势,西部产业园数量与平均得分均超过中部园区,经济发展前 20 强平均得分为 0.104 9。从类别分布来看,经开区占 11 家,占据绝对数量优势,但是高新区在平均得分上占优势,高新区和经开区平均得分分别为 0.120 3 和 0.092 3;从区域分布来看,东部园区在数量和平均得分上均占据优势,东部、中部和西部园区数量分别为 15 家、2 家和 3 家,平均得分分别为 0.107 9、0.080 1 和 0.106 4。西部产业园平均得分首次超过中部园区,主要得益于西安高新区、成都高新区以较高得分进入前 10 强,拉高了西部园区平均得分。同时,乌鲁木齐经济技术开发区由于其出口创汇增长幅度较大,首次挺入前 20 强,西部园区第一次从数量与平均分上都超过中部园区;而中部园区武汉东湖高新国家自主创新示范区与合肥高新技术产业开发区分别位列第 9 位、第 14 位。

3.3.2 创新发展指标排名分析

创新发展指标排名前 3 强为中关村国家自主创新示范区、上海张江国家自主创新示范区和武汉东湖国家自主创新示范区。从表 3-3 和图 3-19 可以看出，中关村国家自主创新示范区在创新发展指标上具有绝对优势，以 0.251 3 的得分

表 3-3　2017 年中国国家级产业园区创新发展持续竞争力前 20 强排名与得分

排名	园区名称	得分	排名	园区名称	得分
1	中关村国家自主创新示范区	0.251 3	11	大连经济技术开发区	0.045 8
2	上海张江国家自主创新示范区	0.186 8	12	兰州高新技术产业开发区	0.045 6
3	武汉东湖国家自主创新示范区	0.099 3	13	北京经济技术开发区	0.045 3
4	苏州工业园区	0.086 7	14	成都高新技术产业开发区	0.045 0
5	广州经济技术开发区	0.085 2	15	深圳高新技术产业开发区	0.039 3
6	杭州高新技术产业开发区	0.077 0	16	桂林高新技术产业开发区	0.037 3
7	南昌经济技术开发区	0.069 0	17	合肥高新技术产业开发区	0.037 0
8	南宁高新技术产业开发区	0.066 7	18	郑州高新技术产业开发区	0.035 4
9	漕河泾经济技术开发区	0.064 3	19	长春高新技术产业开发区	0.035 0
10	惠州仲恺高新技术开发区	0.053 4	20	天津经济技术开发区	0.034 0

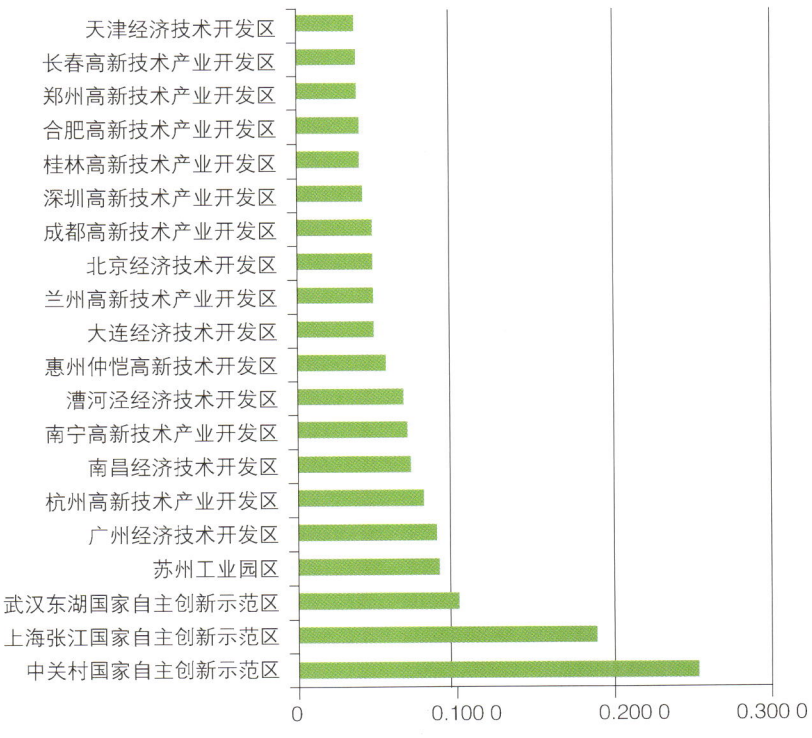

图 3-19　创新发展指标前 20 强产业园区得分比较

雄踞榜首,该得分分别是上海张江国家自主创新示范区和武汉东湖国家自主创新示范区得分的1.35倍和2.53倍。2017年,中关村国家自主创新示范区技术合同成交额占全国的1/3,获得专利授权10 807件,为全国第一。"千人计划"学者人数已达到1 100人,占全国的21%,承接的国家"863项目"和国家"973项目"分别占全国的四分之一和三分之一;上海张江国家自主创新示范区约有2 838家企业被认定为高新技术企业,拥有32家国家工程技术中心,获得专利授权5 079件;2017年,武汉东湖国家自主创新示范区园内认定高新技术企业数量为1 390家,区内大专以上院校达到52家,位居第一。

通过表3-1和表3-3可以看出,百强榜综合排名前10强的园区全部进入创新发展指标前20强。然而,在百强榜综合排名前20强中,还有7家没有进入创新发展指标前20强,分别是西安高新技术产业开发区、青岛经济技术开发区、烟台经济技术开发区、武汉经济技术开发区、昆山经济技术开发区、合肥经济技术开发区以及南京经济技术开发区。经济技术开发区偏向经济发展,创新发展薄弱;高新技术开发区创新发展不均衡,创新资源、创新平台与创新成果之间不能彼此兼顾,是综合排名前20强与创新发展排名前20强差异较大的主要原因。而新进入的7家园区为南昌经济技术开发区、南宁高新技术产业开发区、惠州仲恺高新技术开发区、兰州高新技术产业开发区、桂林高新经济技术开发区、郑州高新技术产业开发区、长春高新技术产业开发区。这些园区所拥有的大专以上院校数量普遍较多,使其在创新发展方面优势较大。

创新发展指标前20强中,高新区和东部产业园区在数量和平均得分上均占优势。创新发展前20强平均得分为0.072 0,从类别分布来看,高新区在数量上和平均得分上占优势,其中高新区占13家,平均得分为0.077 6;经开区占7家,平均得分为0.061 5;从区域分布来看,东部园区在数量和平均得分上均占据优势,东部、中部和西部园区数量分别为11家、5家和4家,平均得分分别为0.088 1、0.055 2和0.048 6。与西部园区相比,中部园区数量与平均分更高,创新发展质量更高。

3.3.3 产业合作指标排名分析

产业合作指标排名前 3 强为上海张江国家自主创新示范区、中关村国家自主创新示范区和广州经济技术开发区。从表 3-4 和图 3-20 可以看出,上海张江国家自主创新示范区以 0.209 6 的得分优势超越中关村自主创新示范区位居榜首,区内已形成"一区二十二园"的格局,并确立了生物医药、电子信息、文化创意、航空航天、先进装备制造、汽车及零部件等主导产业,2017 年入驻园区的世界 500 强企业已达到 300 家,位居第 1;中关村聚集了以联想、百度为代表的高新技术企业近 2 万家,形成了下一代互联网、移动互联网和新一代移动通信、卫星应用、生物和健康、节能环保、轨道交通六大优势产业集群,集成电路、新材料、高端装备与通用航空、新能源和新能源汽车四大潜力产业集群和高端发展的现代服务业;广州经济技术开发区 2017 年入驻世界 500 强企业 109 家,且被批准为国家新型工业化示范基地,形成了电子信息、平板显示、新材料、精细化工、生物医药、知识密集型服务业六大千亿级产业集群。

表 3-4 2017 年中国国家级产业园区产业合作持续竞争力前 20 强排名与得分

排名	园区名称	得分	排名	园区名称	得分
1	上海张江国家自主创新示范区	0.209 6	11	北京经济技术开发区	0.098 1
2	中关村国家自主创新示范区	0.201 4	12	泰州医药高新技术产业开发区	0.097 7
3	广州经济技术开发区	0.128 9	13	长沙高新技术产业开发区	0.097 2
4	成都高新技术产业开发区	0.113 4	14	郑州高新技术产业开发区	0.097 0
5	漕河泾新兴技术开发区	0.108 2	15	珠海高新技术产业开发区	0.096 9
6	深圳高新技术产业开发区	0.105 1	16	青岛高新技术产业开发区	0.096 5
7	厦门火炬高技术产业开发区	0.102 3	17	惠州大亚湾经济技术开发区	0.094 7
8	苏州工业园区	0.101 8	18	烟台经济技术开发区	0.094 5
9	武汉东湖国家自主创新示范区	0.100 4	19	大连经济技术开发区	0.094 0
10	宁波高新技术产业开发区	0.098 9	20	天津经济技术开发区	0.093 5

通过表 3-1 和表 3-4 可以看出,百强榜综合排名前 10 强中合肥高新技术产业开发区没有进入产业合作指标前 20 强,排名为第 28 名。综合排名前 20 强园

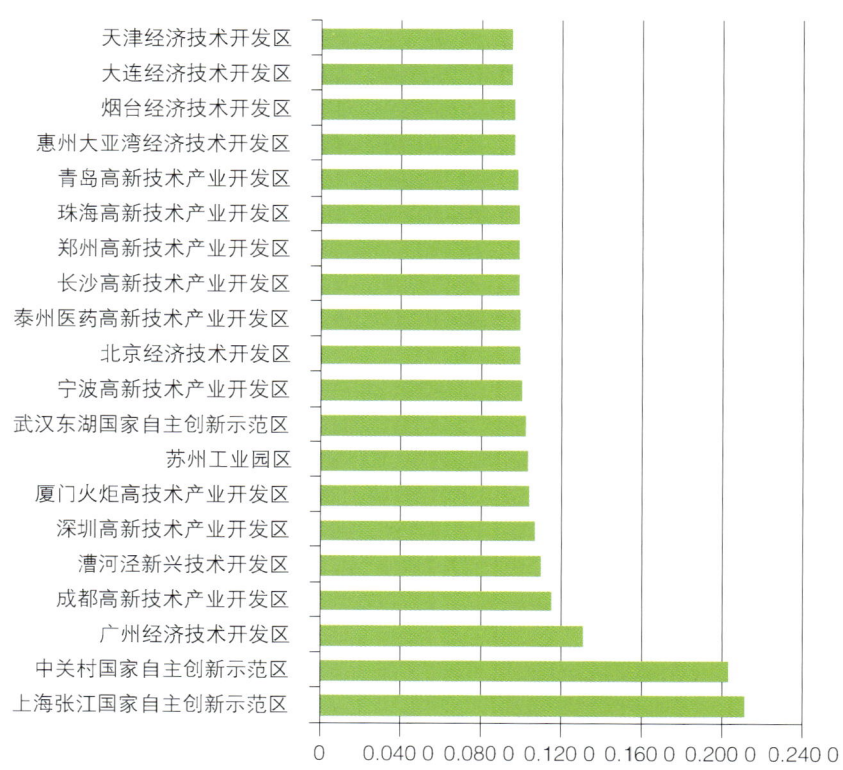

图 3-20 产业合作指标前 20 强产业园区得分比较

区还有 7 家没有进入产业合作指标前 20 强,它们是杭州高新技术产业开发区、西安高新技术产业开发区、青岛经济技术开发区、武汉经济技术开发区、昆山经济技术开发区、合肥经济技术开发区、南京经济技术开发区。园区内企业集聚度不高,上市公司和龙头企业数量较少,以及产业园区内外部合作强度较弱,是综合排名前 20 强与产业合作排名前 20 强差异较大的主要原因。而新进入的 8 家园区分别为厦门火炬高技术产业开发区、宁波高新技术产业开发区、泰州医药高新技术产业开发区、长沙高新技术产业开发区、郑州高新技术产业开发区、珠海高新技术产业开发区、青岛高新技术产业开发区以及惠州大亚湾经济技术开发区。

产业合作指标前 20 强中,高新区在数量与平均得分上均占优势,东部产业园区在数量和平均得分上均占优势,产业合作前 20 强平均得分为 0.111 5。从类别分布来看,高新区占 12 家,经开区占 8 家,且高新区在平均得分上占优势,其平均得分为 0.118 0,经开区平均得分为 0.101 7;从区域分布来看,东部产业园区在数量和平均得分上均占绝对优势,东部、中部和西部园区数量分别为 16 家、3 家和 1 家,平均得分分别为 0.113 9、0.098 2 和 0.113 4。西部仅成都高新技术产业区 1 家园区进入产业合作指标前 20 强,但由于其得分较高位居第 4 位,使得西部园区均分高于中部园区。

3.3.4 公共服务指标排名分析

公共服务指标排名中,相邻园区之间的得分差距都较小,呈现连续性分布特征。从表 3-5 和图 3-21 可以看出,公共服务前 3 强分别为苏州工业园、中关村国家自主创新示范区和广州经济技术开发区,且前 3 名之间得分差距较往年缩小。2017 年,苏州工业园区通过 ISO9000 管理质量体系认证,并成为国家级智慧园区试点单位,建立了基于"互联网+"理念的城市公共信息服务平台,提高了区内行政审批速度。同时,这些先进园区在健全机制、完善体系、打造平台、营造环境和壮大产业等方面扎实工作,在构建服务体系、政策体系、产品体系和产业体系等方面狠下功夫。其中,2017 年,中关村国家自主创新示范区内知识产权服务机构达 2 242 家,金融服务机构高达 1 886 家,园区服务环境完善;合肥高新技术产业开发区检测认证中心有 7 家,且区内知识产权服务认证机构约 120 家。此外,这些园区持续加大对区内企业的扶持力度,设立科技创新产业化基金、创业投资引导基金,支持企业上市,设立和引进了多家创投机构、担保公司和小额贷款公司,积极争取进入非上市股份公司股份报价转让系统(新三板),深入推进国家科技保险试点园区建设,探索专利权质押融资,建立了以政府投入为引导,企业、社会投入为主体的市场化投融资体系。

通过表 3-1 和表 3-5 可以看出,百强榜综合排名前 10 强中成都高新技术产业开发区、北京经济技术开发区以及天津经济技术开发区没有进入公共服务指标排名前 20 强,其排名分别为第 41 名、第 34 名和第 21 名。除此之外,综合排名前 20 强园区还有其他 9 家没有进入产业合作指标前 20 强,分别是杭州高新

表 3-5 2017 年中国国家级产业园区公共服务持续竞争力前 20 强排名与得分

排名	园区名称	得分	排名	园区名称	得分
1	苏州工业园区	0.127 4	11	青岛高新技术产业开发区	0.099 2
2	中关村国家自主创新示范区	0.120 7	12	长春高新技术产业开发区	0.099 0
3	广州经济技术开发区	0.114 4	13	威海经济技术开发区	0.098 5
4	连云港经济技术开发区	0.107 3	14	上海张江国家自主创新示范区	0.097 9
5	深圳高新技术产业开发区	0.106 3	15	青岛经济技术开发区	0.097 1
6	广州南沙经济技术开发区	0.104 5	16	宁波高新技术产业开发区	0.096 5
7	萍乡经济技术开发区	0.101 2	17	沈阳经济技术开发区	0.096 4
8	武汉东湖国家自主创新示范区	0.100 9	18	常熟经济技术开发区	0.095 5
9	福州经济技术开发区	0.099 6	19	温州经济技术开发区	0.094 7
10	合肥高新技术产业开发区	0.099 3	20	兰州经济技术开发区	0.094 5

图 3-21 公共服务指标前 20 强产业园区得分比较

技术产业开发区、西安高新技术产业开发区、大连经济技术开发区、烟台经济技术开发区、武汉经济技术开发区、昆山经济技术开发区、合肥经济技术开发区、漕河泾经济技术开发区、南京经济技术开发区。这些园区公共服务排名相对靠后主要是因为园区不具有区域优势,高质量的认证检测中心较少;另一方面是因为这些知名园区由于规模较大,为园内企业尤其是中小企业提供的平均服务相对较少。而新进入的 12 家园区为连云港经济技术开发区、广州南沙经济技术开发区、萍乡经济技术开发区、福州经济技术开发区、青岛高新技术产业开发区、长春高新技术产业开发区、威海经济技术开发区、宁波高新技术产业开发区、沈阳经济技术开发区、常熟经济技术开发区、温州经济技术开发区以及兰州经济技术开发区。这些园区对提供高质量园区配套服务方面非常重视,形成了相对高效完善的组织结构以及智慧化服务。

公共服务指标前 20 强中,经开区首次在数量和平均得分上均超过高新区,东部园区在数量与均分上均占优势。公共服务前 20 强平均得分为 0.102 5,从类别分布来看,高新区占 8 家,平均得分为 0.102 5;经开区占 12 家,平均得分为 0.102 6。经开区首次在数量与得分上均超过高新区;从区域分布来看,东部园区在数量上占优势,而西部园区在平均得分上占优势,东部、中部和西部园区数量分别为 15 家、4 家和 1 家,平均得分分别为 0.103 7、0.100 1 和 0.094 5。

3.3.5 社会发展指标排名分析

社会发展指标排名中,各园区之间的得分差距较小,呈现连续性分布特征,中关村以微小优势夺得榜首。从表 3-6 和图 3-22 可以看出,社会发展前 3 强分别是中关村国家自主创新示范区、北京经济技术开发区、南京经济技术开发区。中关村国家自主创新示范区在区域绿色低碳发展以及集约发展方面水平领先,是首批"国家生态工业示范园区"、国家生态文明建设试点园区、国家低碳工业园区试点园区以及国家循环经济试点园区,区域整体通过 ISO14000 认证。

表 3-6　2017 年中国国家级产业园区社会发展持续竞争力前 20 强排名与得分

排名	园区名称	得分	排名	园区名称	得分
1	中关村国家自主创新示范区	0.137 6	11	合肥高新技术产业开发区	0.110 0
2	北京经济技术开发区	0.131 0	12	郑州经济技术开发区	0.108 1
3	南京经济技术开发区	0.124 6	13	桂林高新技术产业开发区	0.107 7
4	常州国家高新技术产业开发区	0.123 6	14	嘉兴经济技术开发区	0.107 1
5	苏州工业园区	0.119 0	15	淮安经济技术开发区	0.107 0
6	天津滨海高新技术产业开发区	0.118 2	16	济宁高新技术产业开发区	0.106 4
7	南昌高新技术产业开发区	0.113 6	17	淄博高新技术产业开发区	0.106 0
8	哈尔滨经济技术开发区	0.112 3	18	合肥经济技术开发区	0.105 9
9	成都高新技术产业开发区	0.110 8	19	温州经济技术开发区	0.105 7
10	徐州经济技术开发区	0.110 7	20	惠州仲恺高新技术开发区	0.105 4

图 3-22　社会发展指标前 20 强产业园区得分比较

百强榜综合排名前10强的园区有5家没有进入社会发展指标前20强,而综合排名前20强园区有13家没有进入社会发展指标前20强。由表3-1和表3-6可以看出,百强榜综合排名前10强中,上海张江国家自主创新示范区、广州经济技术开发区、武汉东湖国家自主创新示范区、深圳高新技术产业开发区、天津经济技术开发区没有进入社会发展指标前20强。上海张江国家自主创新示范区、广州经济技术开发区排名靠后主要是因为其周边学校、医院、商场等生活配套服务设施较少;天津经济技术开发区、深圳高新技术产业开发区则主要是因其在国家生态工业示范园方面得分较低,同时其周边生活配套服务设施也相对不足。武汉东湖国家自主创新示范区则是由于其未通过ISO14000环境管理体系认证。综合排名前20强园区还有其他8家没有进入社会发展指标前20强,分别是杭州高新技术产业开发区、西安高新技术产业开发区、大连经济技术开发区、青岛经济技术开发区、烟台经济技术开发区、武汉经济技术开发区、昆山经济技术开发区以及漕河泾经济技术开发区。这些园区社会发展排名相对靠后的主要原因是园区偏向经济发展,对绿色园区、生态园区等循环经济建设方面投入较少,且园区内以及周围生活配套服务设施不足。而新进入的13家园区为常州国家高新技术产业开发区、天津滨海高新技术产业开发区、南昌高新技术产业开发区、哈尔滨经济技术开发区、徐州经济技术开发区、郑州经济技术开发区、桂林高新技术产业开发区、嘉兴经济技术开发区、淮安经济技术开发区、济宁高新技术产业开发区、淄博高新技术产业开发区、温州经济技术开发区以及惠州仲恺高新技术开发区。这些园区排名上升较快是因为在周围生活服务配套设施以及生态示范园认证中得分较高。

社会发展指标前20强中,经开区与高新区在数量上持平,高新区在平均得分上占优势,东部园区在数量上占绝对优势。社会发展前20强平均得分为0.1135,从类别分布来看,经开区与高新区各占10家,但高新区在平均得分上占优势,其平均得分为0.1139,经开区平均得分0.1131;从区域分布来看,东部园区在数量上占绝对优势,共有13家,中部5家,西部2家,东部、中部、西部园区平均得分分别为0.1156和0.1100以及0.1093。

3.3.6 五大类指标得分均值与变异系数比较

在五大类指标中,社会发展指标平均得分最高,其次为产业合作和公共服务,最后为经济发展和创新发展,而经济发展和创新发展的得分差异程度最大。根据各项具体指标的排名与得分情况可计算出均值和变异系数(图3-23、图3-24)。可以发现,社会发展指标的得分均值较高,为0.090 9;其次是产业合作和公共服务指标得分,分别为0.080 1和0.078 5;均值较小的指标是经济发展和创新发展,分别为0.043 8和0.026 1。经济发展和创新发展指标得分不高的主要原因,一方面是由于除第1名中关村国家自主创新示范区之外,其他园区的得分都较低;另一方面,园区间在这两个指标的得分差距也较大,最终导致经济发展和创新发展指标得分均值较低。从五大类指标的变异系数来看,创新发展和经济发展指标的变异系数最大,这也说明百强榜产业园区间的经济发展和创新发展差异较大。而产业合作、公共服务和社会发展指标的得分变异系数较小,说明百强榜产业园区在这三个指标上的得分差异较小。

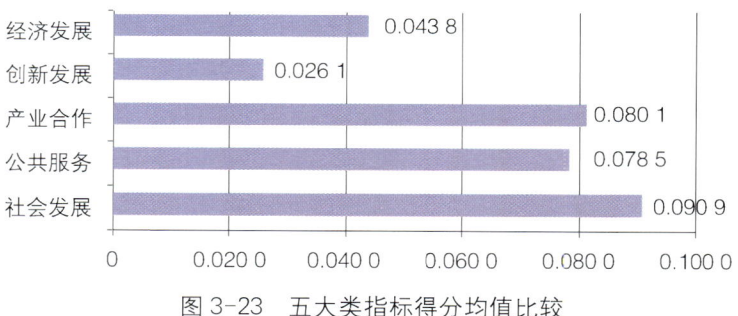

图3-23 五大类指标得分均值比较

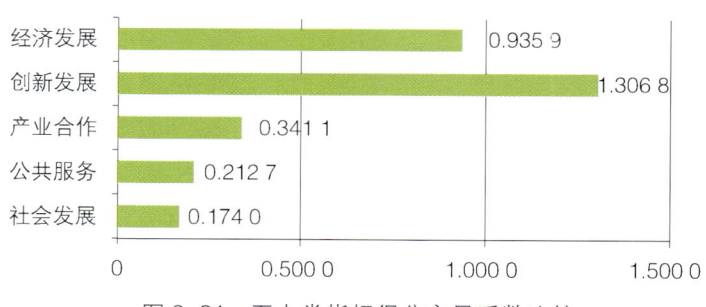

图3-24 五大类指标得分变异系数比较

3.4 百强榜产业园区各年度比较分析

2017年,中国国家级产业园区样本量达到375家,并在综合、类别、区域以及具体指标的排名方面表现出最新的特点。进一步地,结合2013年以来对国家级产业园区的数据分析,可以看到中国国家级产业园区五年来在持续发展中的整体表现和相关趋势,有助于从时间的维度形成对园区持续发展的总体判断。

3.4.1 综合排名状况比较分析

2017年百强榜综合排名平均得分略高于2014、2015以及2016年,低于2013年。2017年百强榜综合排名得分均值为0.319 3,同比上升2.13%(图3-25)。2017年,除社会发展指标有所下降外,其余各指标平均得分均有所上升,这是综合得分上升的主要原因。同时也表明,园区作为重要的经济增长极、创新集聚区、管理示范区、开放先导区的作用重新显现。

图3-25 2013—2017年百强榜产业园区平均得分比较

百强榜综合排名前3强连续五年没有变动。前3强分别为中关村国家自主创新示范区、上海张江国家自主创新示范区和苏州工业园区。但具体得分方面,中关村国家自主创新示范区较2015年得分有所降低,上海张江国家自主创新示范区和苏州工业园区得分较2015年有所上升,即三强之间的差距在缩小。

6大产业园区连续五年均进入百强榜综合排名前10强,15家产业园区连续五年进入百强榜综合排名前20强。连续五年,中关村国家自主创新示范区、上海张江国家自主创新示范区、苏州工业园区、广州经济技术开发区、武汉东湖国家自主创新示范区、天津经济技术开发区均进入百强榜综合排名前10强。从区域分布来看,东部5家,中部1家;从类别分布来看,高新区3家,经开区3家。除此之外,还有其他9家产业园区连续五年进入百强榜综合排名前20强,分别是成都高新技术产业开发区、北京经济技术开发区、深圳高新技术产业开发区、青岛经济技术开发区、大连经济技术开发区、合肥高新技术产业开发区、西安高新技术产业开发区、漕河泾新兴技术开发区、昆山经济技术开发区。连续五年均进入百强榜前20强的15家园区中,从区域分布来看,东部11家,中部2家,西部2家;从类别分布来看,高新区7家,经开区8家。

76家产业园区连续五年进入百强榜,其中东部产业园区占32家,在数量上占据绝对优势。连续五年进入百强榜的园区中,从区域分布来看,东部产业园区为49家,占绝对优势,中部和西部产业园区分别为16家和11家;从类别分布来看,高新区与经开区数量相当,均为38家(表3-7)。

表3-7 2013—2017年持续进入百强榜的园区名单

园区名称	区域	类别	园区名称	区域	类别
中关村国家自主创新示范区	东	高新区	大连经济技术开发区	东	经开区
上海张江国家自主创新示范区	东	高新区	青岛经济技术开发区	东	经开区
苏州工业园区	东	经开区	烟台经济技术开发区	东	经开区
广州经济技术开发区	东	经开区	武汉经济技术开发区	中	经开区
武汉东湖国家自主创新示范区	中	高新区	昆山经济技术开发区	东	经开区
成都高新技术产业开发区	西	高新区	合肥经济技术开发区	中	经开区
北京经济技术开发区	东	经开区	漕河泾新兴技术开发区	东	经开区
合肥高新技术产业开发区	中	高新区	南京经济技术开发区	东	经开区
深圳高新技术产业开发区	东	高新区	天津滨海高新技术产业开发区	东	高新区
天津经济技术开发区	东	经开区	苏州国家高新技术产业开发区	东	高新区
杭州高新技术产业开发区	东	高新区	宁波经济技术开发区	东	经开区
西安高新技术产业开发区	西	高新区	南京国家高新技术产业开发区	东	高新区

续表

园区名称	区域	类别	园区名称	区域	类别
南通经济技术开发区	东	经开区	西安经济技术开发区	西	经开区
济南高新技术产业开发区	东	高新区	沈阳经济技术开发区	东	经开区
宁波高新技术产业开发区	东	高新区	长沙高新技术产业开发区	中	高新区
无锡国家高新技术产业开发区	东	高新区	成都经济技术开发区	西	经开区
长春经济技术开发区	中	经开区	长春高新技术产业开发区	中	高新区
惠州仲恺高新技术开发区	东	高新区	郑州经济技术开发区	中	经开区
常州国家高新技术产业开发区	东	高新区	江宁经济技术开发区	东	经开区
南宁高新技术产业开发区	西	高新区	厦门火炬高技术产业开发区	东	高新区
济宁高新技术产业开发区	东	高新区	长沙经济技术开发区	中	经开区
嘉兴经济技术开发区	东	经开区	哈尔滨经济技术开发区	中	经开区
惠州大亚湾经济技术开发区	东	经开区	南昌经济技术开发区	中	经开区
郑州高新技术产业开发区	中	高新区	广州南沙经济技术开发区	东	经开区
福州经济技术开发区	东	经开区	沈阳高新技术产业开发区	东	高新区
南昌高新技术产业开发区	中	高新区	威海火炬高技术产业开发区	东	高新区
乌鲁木齐经济技术开发区	西	经开区	中山火炬高技术产业开发区	东	高新区
佛山高新技术产业开发区	东	高新区	宁波大榭开发区	东	经开区
珠海高新技术产业开发区	东	高新区	温州经济技术开发区	东	经开区
扬州经济技术开发区	东	经开区	哈尔滨高新技术产业开发区	中	高新区
贵阳高新技术产业开发区	西	高新区	兰州经济技术开发区	西	经开区
淄博高新技术产业开发区	东	高新区	连云港经济技术开发区	东	经开区
徐州经济技术开发区	东	经开区	秦皇岛经济技术开发区	东	经开区
昆明高新技术产业开发区	西	高新区	绵阳高新技术产业开发区	西	高新区
潍坊高新技术产业开发区	东	高新区	江阴高新技术产业开发区	东	高新区
廊坊经济技术开发区	东	经开区	湘潭高新技术产业开发区	中	高新区
芜湖经济技术开发区	中	经开区	贵阳经济技术开发区	西	经开区
青岛高新技术产业开发区	东	高新区	保定高新技术产业开发区	东	高新区

2017 年,百强榜综合排名前 10 强园区平均得分为 0.542 0,达到五年来最高水平(图 3-26)。2017 年综合排名前 10 强园区平均得分上升的主要原因是其经济发展指标平均得分上升,达到 0.124 3,为历年最高。同时,创新发展指标也有较大幅度提升,前 10 强园区创新发展指标平均得分为 0.091 0,较 2016 年上升 0.009,同样为历年最高。

2017 年百强榜前位集中趋势更加明显。2017 年,综合得分在均值以上的园区

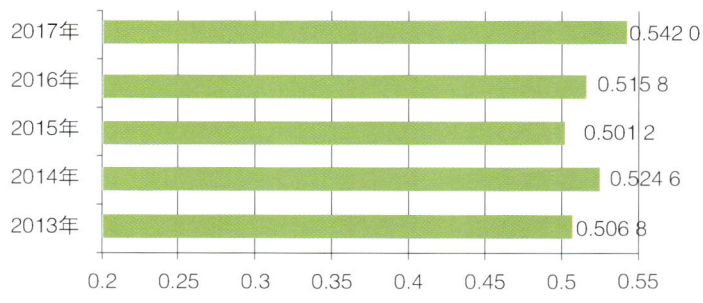

图 3-26 2013—2017 年百强榜前 10 强产业园区平均得分比较

有 27 家,为历年最低,说明百强榜前位集中的趋势更加明显(图 3-27)。从平均得分来看,均值以上产业园区的平均得分为 0.419 6,较 2016 年上升 0.034 8,为历年最高;而均值以下产业园区的平均得分为 0.282 2,同样为历年最高,比 2016 年上升 0.016 1,说明百强榜园区持续发展竞争力的前位趋势加剧。

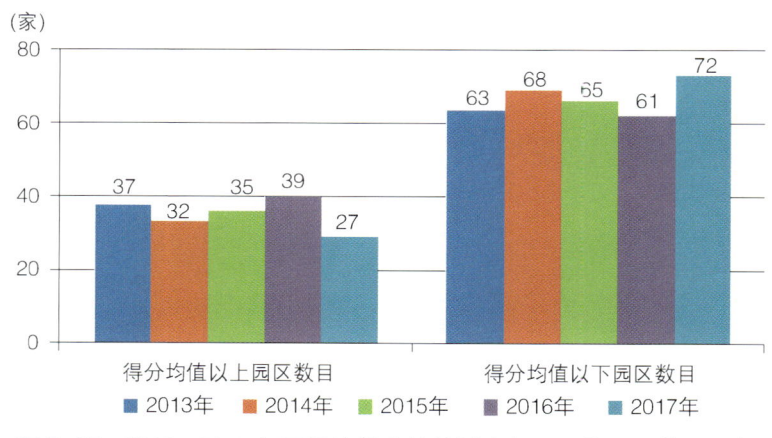

图 3-27 2013—2017 年百强榜得分均值以上与以下的园区数目比较

3.4.2 综合排名区域状况比较分析

百强榜综合排名前 10 强园区区域分布数目中,东部一直占据绝对优势。在百强榜前 10 强中,五年来东部产业园区数量一直占据绝对优势,2017 年为 7 家,较 2016 年减少 1 名,较往年最高值减少 1 名。中部产业园区数量较 2016 年增加 1 名,与其他年份保持一致,进入 10 强的园区为武汉东湖国家自主创新示范区与合肥高新技术产业开发区;西部园区在 2015 年实现零的突破后,数量继续维持在1家,即成都高新技术产业开发区,仍位于第6名(图3-28)。

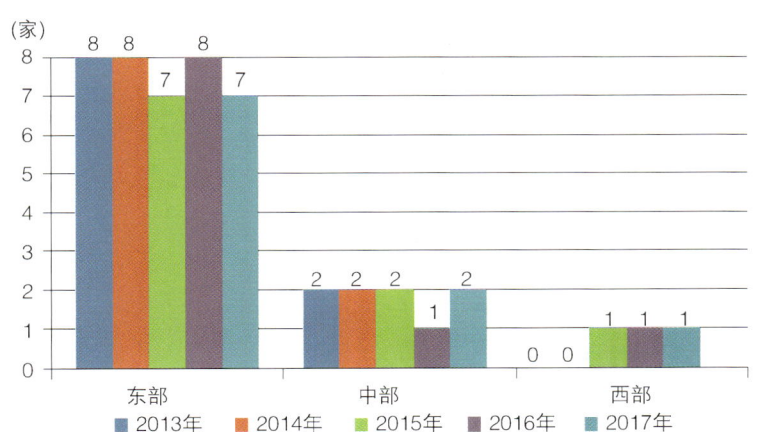

图 3-28　2013—2017 年百强榜综合排名前 10 强园区区域分布数量比较

2017年百强榜综合排名前10强园区区域分布中,东部园区平均得分上升,为历年最高。中部园区平均得分较2016年下降,西部平均得分持续增长。2017年前10强园区中,东部园区平均得分上升,主要是经济发展指标与创新发展指标得分的上升较快。中部园区平均得分均相较往年出现回落,主要是由于其经济发展指标涨幅相对缓慢。西部园区平均得分持续上升,达到历年最大值,主要是其经济指标特别是出口创汇这一指标得分上升导致(图3-29)。

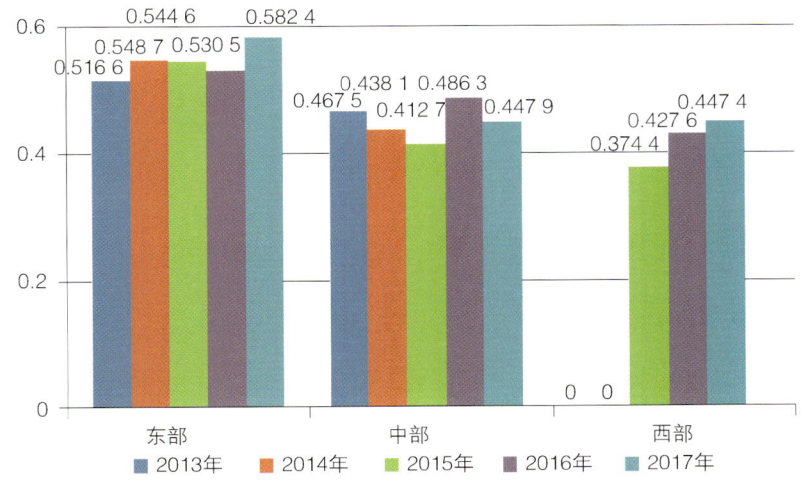

图 3-29　2013—2017 年百强榜综合排名前 10 强园区区域分布平均得分比较

2017年百强榜园区区域分布情况稳定,与2015年保持一致。五年来,百强榜上东部产业园区数量在2014年增长后一直是64家,表现为稳定状态;中部园区数目总体上有所减少,从2013年的22家减少到2015年的21家并保持稳定;西部园区数目总体上也有所减少,从2013年的17家减少到2017年的15家(图3-30),可见东部产业园区的成长性和持续竞争力远高于中部和西部产业园区。

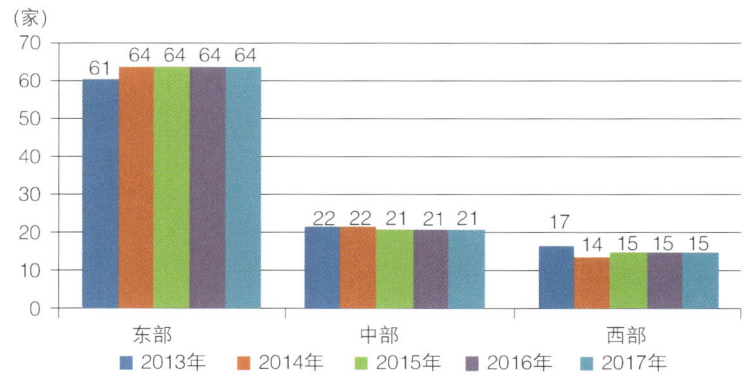

图3-30　2013—2017年百强榜产业园区区域分布数量比较

五年来,东中西部园区的平均得分均表现出U形结构,即经历过前期的下降后逐渐回升,且西部园区上升幅度最大,为历年最高值。

2017年百强榜东、中、西部产业园区的平均得分分别为0.327 3、0.310 9和0.297 0,较2016年均有回升,其中西部园区上升幅度最大,上升2.98%;中部园区则涨幅较小,仅上升0.41%(图3-31)。

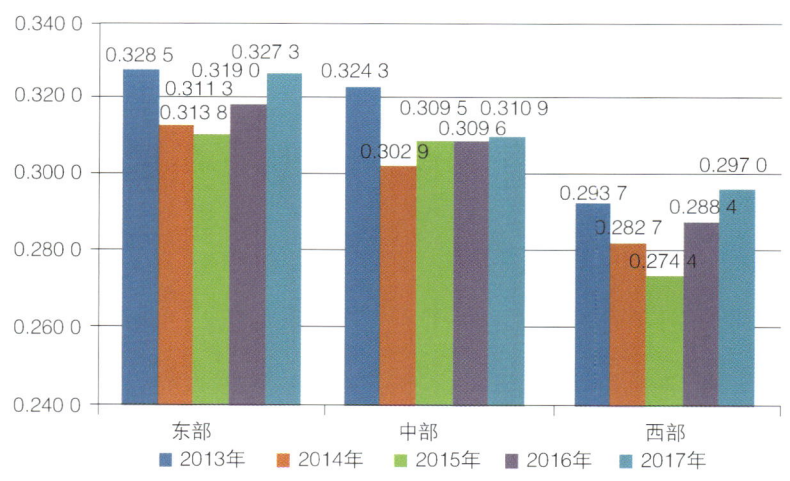

图3-31　2013—2017年百强榜区域产业园区平均得分比较

百强榜均值以上园区区域分布中，东部和西部园区数量变动不大，但2017年中部园区数量有大幅下降，从而在总体上使得均值以上园区数量减少。2017年，总体得分均值以上的园区中，东部园区拥有19家，与2016年相比较有所下降，仅高于2014年；中部均值以上产业园区为5家，比2016年少了8家，为历年最低；西部均值以上产业园区3家，连续五年保持相对稳定（图3-32）。

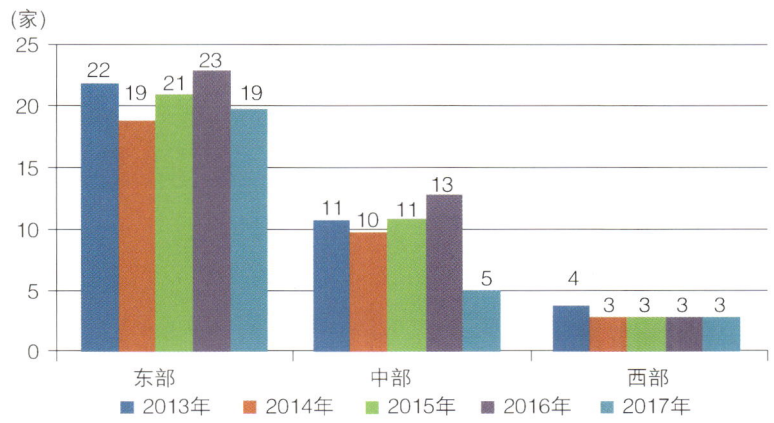

图3-32　2013—2017年百强榜均值以上产业园区区域分布数量比较

连续五年东部产业园区持续竞争力的差异依然较大。从变异系数来看，2017年与往年情况类似，东部产业园区得分的变异系数为0.357 1，仍然高于百强榜总体得分变异系数0.311 5；中部产业园区和西部产业园区得分的变异系数仍然低于总体得分变异系数，分别为0.183 9与0.180 9（图3-33）。

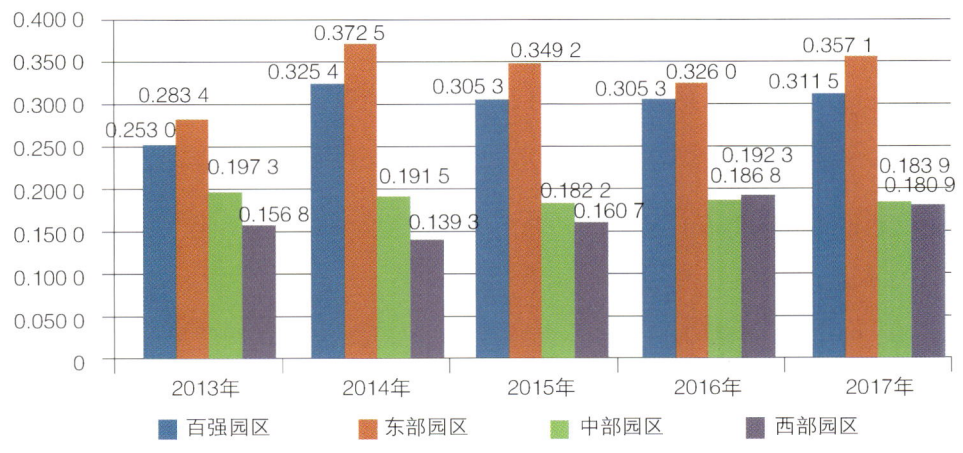

图3-33　2013—2017年百强榜产业园区区域分布变异系数与百强榜变异系数比较

百强榜五年来入选园区数量较多的省份为江苏、山东、广东、浙江四省,其中江苏省进入百强榜园区数量呈持续上升趋势。2013—2017 年,百强榜园区主要分布在全国 28 个省份(图 3-34)。其中,只有江苏、山东和广东三省所含百强榜园区的数量分布连续五年在 7 家以上。江苏省百强榜园区数量从 2013 年 15 家逐步增加到 2017 年 20 家,这与其在经济发展与地理位置等方面的优势密不可分;2017 年山东省百强榜园区数量为 11 家,从 2013 年 13 家逐年减少 1 家至 11 家;2017 年广东省百强榜园区数量为 9 家,自 2013 年 8 家上升到 2014 年的 10 家后出现下降;2017 年浙江省百强榜园区数量为 7 家,由 2013 年的 7 家在 2015 年减少 1 家后,2016 年又恢复为 7 家,其他省份百强榜园区数量变动较为稳定。

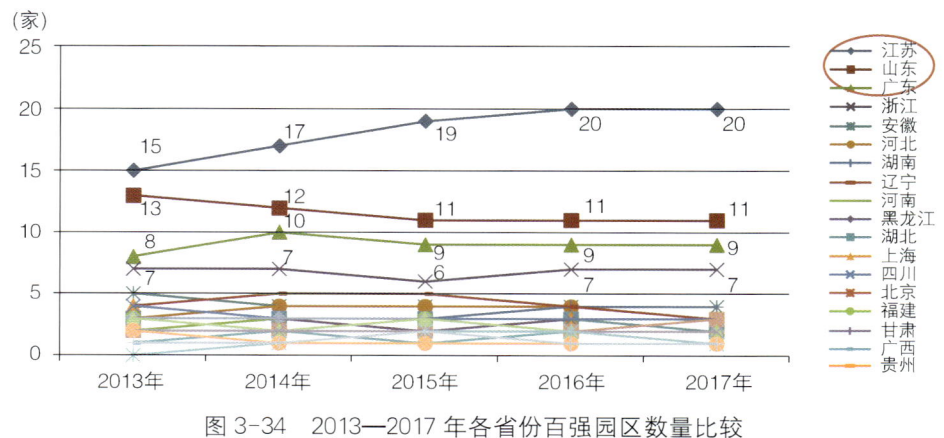

图 3-34　2013—2017 年各省份百强园区数量比较

3.4.3　综合排名类别状况比较分析

从数量上来看,高新区呈现出明显的反超经开区的趋势。百强榜综合排名前 10 强园区中,高新区数量从 2013 年的 3 家稳步上升到 2017 年的 6 家;经开区则从 2013 年 7 家逐步下降为 2017 年 4 家。说明高新区在近几年的发展中持续发展优势较大,且逐渐趋于稳定(图 3-35)。

从综合排名前 10 强园区平均得分来看,2015 年为两类园区得分最低值,且都表现出 U 形特征,但高新区这一特征更为明显,而经开区在 2017 年已经达到历史最高值。总体来看,高新区平均得分一直远高于经开区。2017 年前 10 强

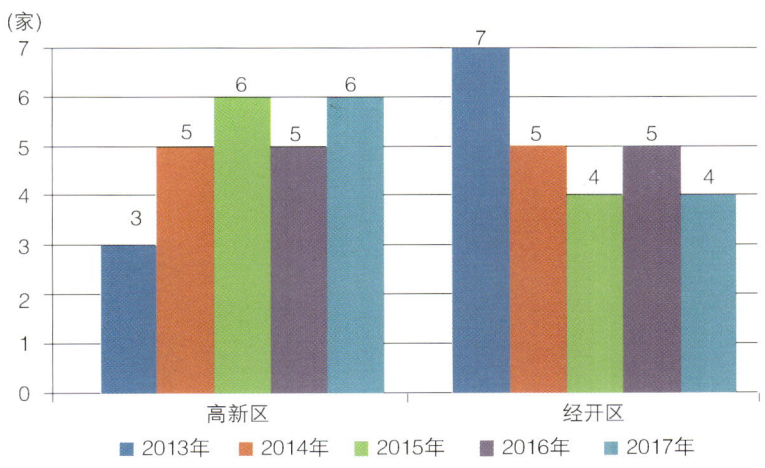

图 3-35　2013—2017 年前 10 强不同类别产业园区占比情况比较

园区中高新区和经开区的平均得分分别为 0.580 1 和 0.484 9，经开区为历年最高值，高新区得分则低于其 2013、2014 两年的水平，但连续五年高新区平均得分均高于经开区，说明综合排名前 10 强中高新区的持续竞争优势大于经开区（图 3-36）。

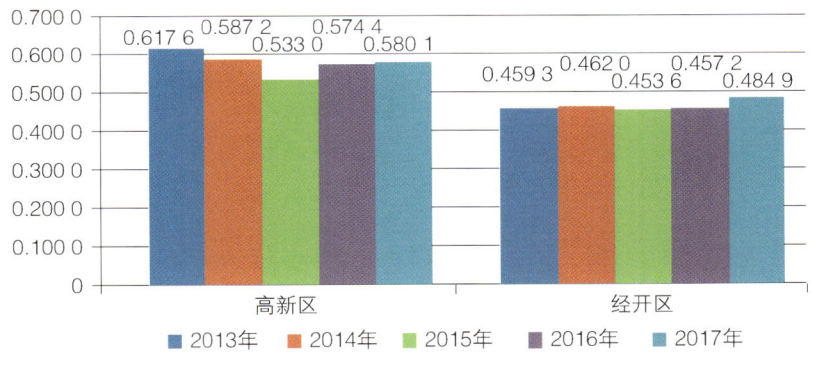

图 3-36　2013—2017 年前 10 强不同类别产业园区平均得分比较

从百强榜园区平均得分来看，高新区和经开区五年来均表现出明显的 U 形趋势，高新区在 2017 年已经达到最大值，且自 2014 年开始，高新区均值都高于经开区均值。从园区数量来看，2013 年、2014 年和 2015 年百强榜两类园区的数目均相同，都是 50 家，2016 年与 2017 年高新区百强数量领先经开区两家，在百强中占据 51 席。从平均得分来看，2017 年百强榜中高新区以及经开区平均得分分别为 0.323 8、0.314 6,高新区平均得分为历年最高值(图 3-37)。

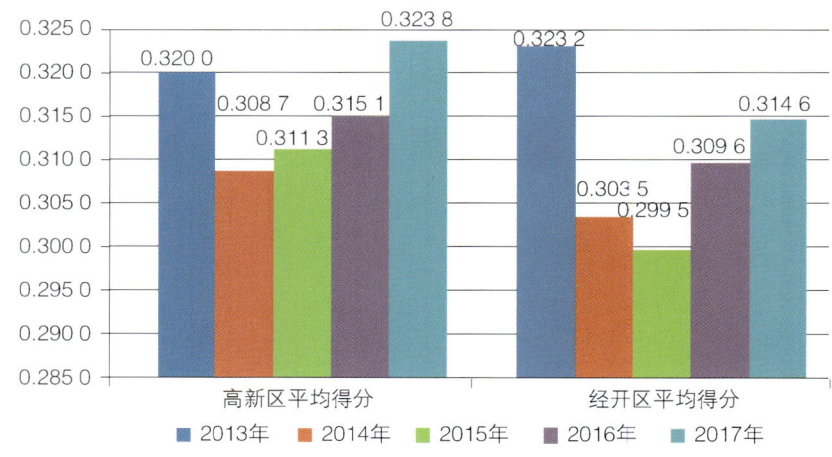

图 3-37　2013—2017 年百强榜不同类别产业园区平均得分比较

高质量发展的经开区数目连续五年均大于高新区。2017 年,百强榜均值以上产业园区中,经开区 22 家,高新区 16 家。连续五年来,百强榜均值以上产业园区中,经开区的数目都多于高新区(图 3-38)。

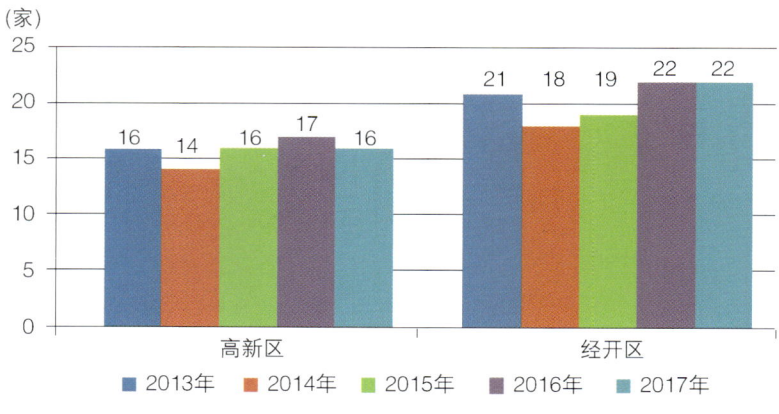

图 3-38　2013—2017 年百强榜均值以上产业园区类别数量比较

连续五年,高新区内部发展的差异性仍然高于经开区。2017 年高新区得分的变异系数为 0.383 7,高于百强榜总体得分变异系数 0.311 5;经开区得分的变异系数为 0.208 0,低于百强榜总体得分变异系数,这一情况历年来都保持一致(图 3-39)。

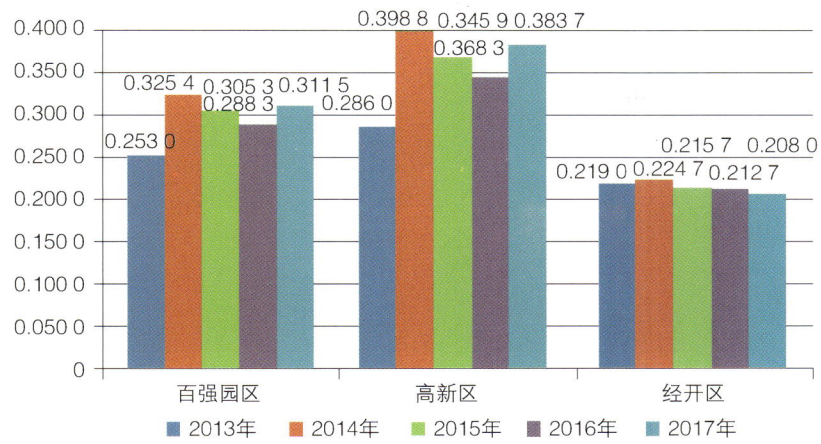

图 3-39 2013—2017 年百强榜产业园区类别分布变异系数与百强榜变异系数比较

3.4.4 经济发展指标排名比较分析

2016 年位于经济发展指标前 20 强的产业园区中,2017 年仍有 15 家排在经济发展前 20 强,基本保持稳定。其中,高新区 6 家,经开区 9 家;东部 16 家,中部 1 家,西部 2 家。

10 家产业园区连续五年进入经济发展前 20 强。分别是中关村国家自主创新示范区、天津经济技术开发区、上海张江国家自主创新示范区、广州经济技术开发区、广州南沙经济技术开发区、昆山经济技术开发区、烟台经济技术开发区、青岛经济技术开发区、西安高新技术产业开发区、武汉东湖国家自主创新示范区。其中,高新区和经开区各 5 家;东部 8 家,中部和西部各 1 家。

五年来,百强榜园区和经济指标前 20 强园区的平均得分总体均呈现 U 形趋势。2017 年,百强榜园区的经济发展指标平均得分为 0.043 8,同比增长 8.42%,与 2016 年增幅基本一致。2017 年,经济发展前 20 强园区平均得分为 0.104 9,为历史峰值,同比增长 10.89%,且同比上升幅度大于百强园区经济指标平均得分的同比上升幅度。经济发展指标连续三年呈增长趋势(图 3-40)。

3.4.5 创新发展指标排名比较分析

2016 年位于创新发展指标前 20 强的产业园区中,2017 年有 16 家仍排在创

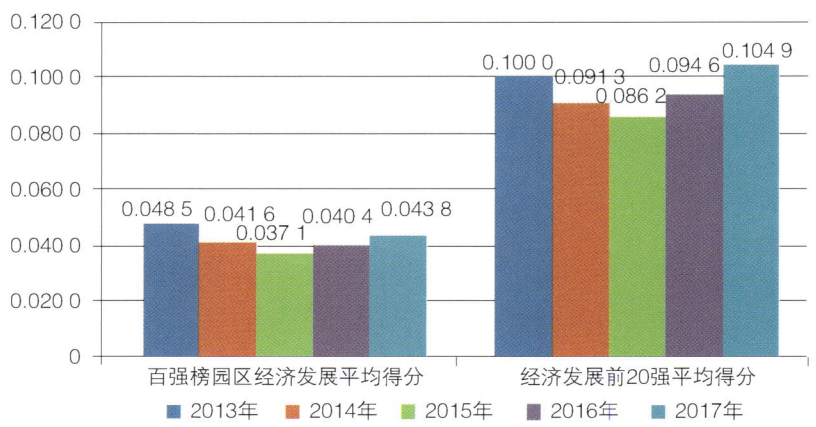

图 3-40　百强榜园区经济发展指标前 20 强单项平均得分五年比较 2013—2017 年

新发展前 20 强,基本保持稳定。其中,高新区 10 家,经开区 6 家;东部 9 家,中部 3 家,西部 4 家。

10 家产业园区连续五年仍留在创新发展前 20 强。分别是中关村国家自主创新示范区、上海张江国家自主创新示范区、苏州工业园区、武汉东湖国家自主创新示范区、漕河泾新兴技术开发区、大连经济技术开发区、广州经济技术开发区、杭州高新技术产业开发区、南昌经济技术开发区、南宁高新技术产业开发区。其中,高新区和经开区各 5 家;东部 7 家,中部 2 家,西部 1 家。

连续五年创新发展指标平均得分持续上升,较 2016 年有较大幅度增长。2013 年,百强榜园区创新发展指标平均得分为 0.017 7,经过五年的持续增长,到 2017 年为 0.026 1,同比增长 6.5%。2013 年,创新发展单项指标前 20 强园区平均得分为 0.056 5,到 2017 年增长为 0.072 0,同比增长 6.84%,与百强榜园区创新发展平均得分涨幅基本一致(图 3-41)。持续上升的趋势说明园区管理者对创新发展非常重视,也意识到创新是园区转型升级和持续发展的根本动力。

3.4.6　产业合作指标排名比较分析

2016 年位于产业合作指标前 20 强的产业园区中,2017 年仍有 15 家留在产业合作前 20 强,基本保持稳定。其中,高新区 9 家,经开区 6 家;东部 12 家,中部 2 家,西部 1 家。

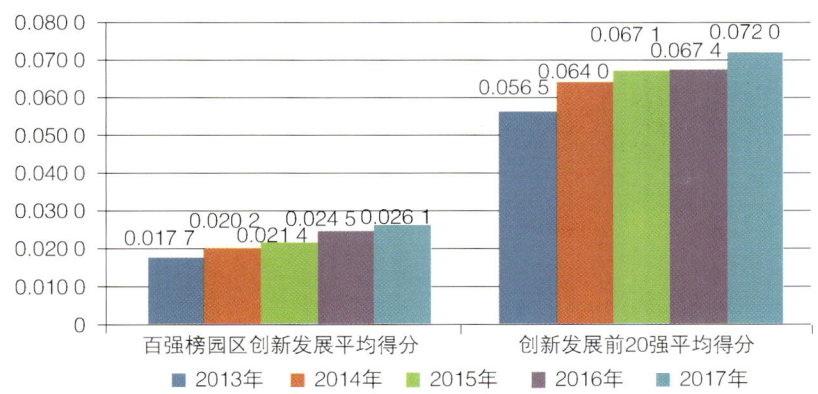

图 3-41 百强榜园区和创新发展指标前 20 强单项平均得分五年比较 2013—2017 年

仅 5 家产业园区连续五年均属于产业合作前 20 强。分别是上海张江国家自主创新示范区、中关村国家自主创新示范区、广州经济技术开发区、漕河泾新兴技术开发区和苏州工业园区。其中,高新区 2 家,经开区 3 家,均属于东部园区。

五年来,百强榜园区和产业合作前 20 强园区的平均得分均呈现出 U 形趋势。2017 年,百强榜园区产业合作指标平均得分为 0.080 1,高于 2016 年平均得分 0.077 4,同比增长 3.5%。连续五年,百强榜园区产业合作指标平均得分变动情况与产业合作前 20 强园区平均得分变动情况基本一致(图 3-42)。产业合作平均得分处于较低水平,一方面体现出部分园区的产业集聚程度以及园区内外部合作程度不足,另一方面也表明园区在产业链整合及产业转型升级的过程中存在较多问题。

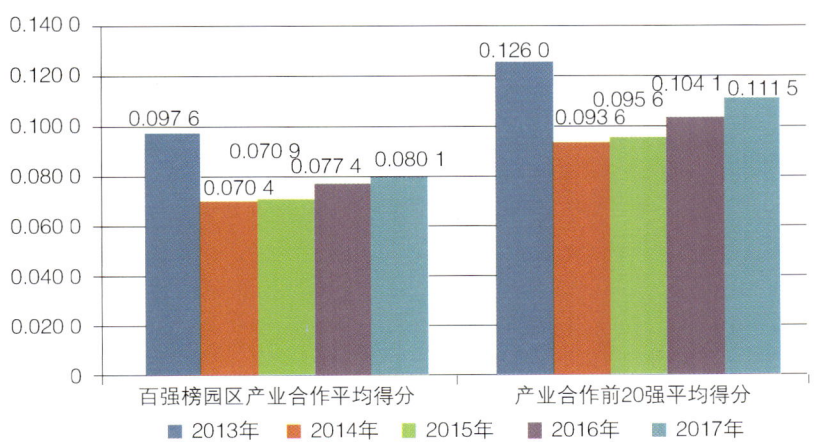

图 3-42 百强榜园区和产业合作指标前 20 强单项平均得分五年比较 2013—2017 年

3.4.7 公共服务指标排名比较分析

2016 年位于公共服务指标前 20 强的产业园区中,2017 年有 13 家居于公共服务前 20 强,稳定性较低。其中,高新区 7 家,经开区 6 家;东部 11 家,中部 2 家,西部 0 家。

6 家产业园区连续五年进入公共服务前 20 强。分别是中关村国家自主创新示范区、上海张江国家自主创新示范区、广州经济技术开发区、广州南沙经济技术开发区、合肥高新技术产业开发区、深圳高新技术产业开发区。其中,高新区 4 家,经开区 2 家;东部 5 家,中部 1 家。

五年来,百强榜产业园区和公共服务前 20 强园区在公共服务指标平均得分方面基本呈渐进上升趋势。2017 年,百强榜园区公共服务指标平均得分为 0.078 5,高于 2016 年平均得分 0.077 1,同比增长 1.76%,为历年最高值。公共服务前 20 强园区平均得分增长幅度高于百强榜园区公共服务指标平均得分增长幅度,为 3.51% (图 3-43)。公共服务指标平均得分的上升说明园区加强对园区内企业的服务意识,大部分园区公共服务的广度和内涵都有所提高。

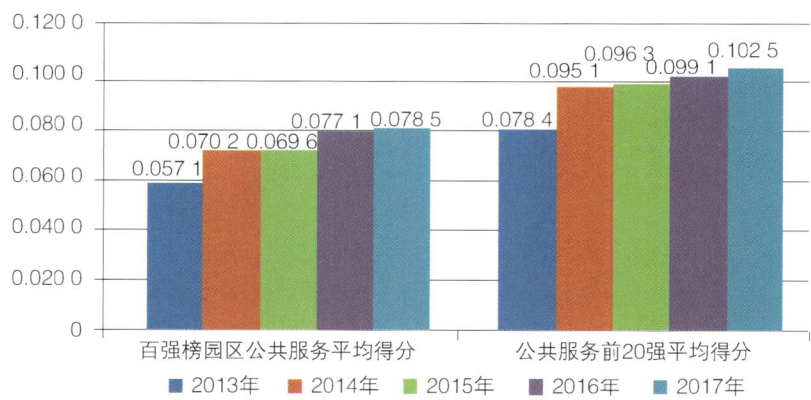

图 3-43　百强榜园区和公共服务指标前 20 强单项平均得分五年比较(2013—2017 年)

3.4.8 社会发展指标排名比较分析

2016 年位于社会发展指标前 20 强的产业园区中,2017 年仅有 12 家居于榜单,变化较大。其中,高新区6家,经开区6家;东部7家,中部4家,西部1家。仅4家产业园区连续五年进入社会发展前20强。分别为北京经济技术开发区、沈阳经济技术开发区、苏州工业园区以及中关村国家自主创新示范区。其中,高新区1家,经开区3家,4家园区均位于东部地区。

百强榜产业园区和社会发展前20强园区在社会发展指标平均得分方面总体呈现倒U形趋势。2017年,百强榜园区社会发展指标平均得分为0.090 9,略微低于2016年平均得分0.093 0。与前五年社会发展指标大幅度下降相比,2017年百强与前20强社会发展指标平均得分趋于低分值稳定。可见,产业园区在高速发展经济的同时,仍需要更进一步加强园区内生态环保,加大产城融合步伐,建设生态友好、产城高度融合的现代化园区。

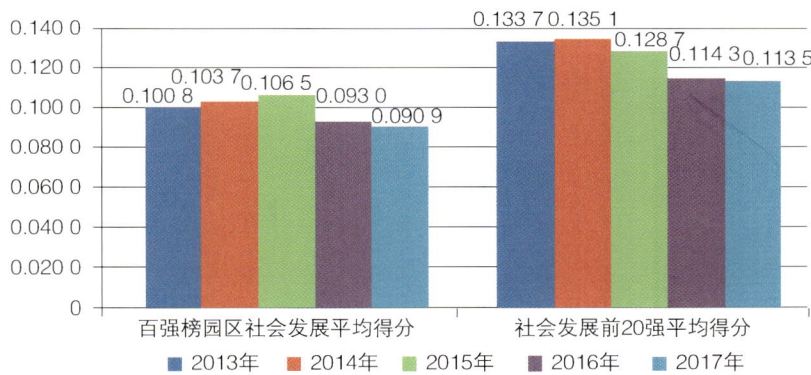

图3-44 百强榜园区和社会发展指标前20强单项平均得分五年比较(2013—2017年)

第4章

中国产业园区持续发展区域排名分析

本章依据 2017 年国家级产业园区持续发展竞争力综合排名百强榜，主要针对东部、中部、西部不同区域的产业园区进行深入的比较分析。首先对综合排名情况进行分析，进而从经济发展、创新发展、产业合作、公共服务、社会发展五个方面细化分析。百强榜国家级产业园区共涉及 27 个省，其中东部产业园区分布在北京、上海、天津、山东、江苏、广东、辽宁、河北、浙江、福建、海南 11 个省市，中部产业园区分布在安徽、吉林、河南、湖南、湖北、黑龙江、江西 7 个省份，西部产业园区分布在四川、陕西、广西、贵州、重庆、新疆、云南、甘肃、内蒙古 9 个省、自治区、直辖市。

4.1　东部地区产业园区持续发展竞争力排名分析

4.1.1　东部产业园区综合排名状况分析

东部产业园区共有 64 家进入百强榜，依旧在数量上占有绝对性优势。根据表 4-1，东部地区排名前 4 位的产业园区与百强榜排名次序一致。另外，综合排名前 10 强园区中，有 7 家来自东部，且均来自直辖市和经济强省。中关村国家自主创新示范区排名首位，多年来一直处于领先地位，上海张江国家自主创新示范区和苏州工业园区分获第 2、3 名。2017 年，东部产业园区前 3 强综合得分在东部前 10 强产业园区得分中占约 45%，占比近一半。

东部产业园区综合排名前 10 强中，相较于高新区，经开区在数量上占优但平均得分居于劣势。东部产业园区综合排名前 10 强中，经开区 6 家，总得分

表 4-1 东部产业园区前 10 强排名与得分

排名	园区名称	省市	综合得分	百强榜排名
1	中关村国家自主创新示范区	北京	0.969 6	1
2	上海张江国家自主创新示范区	上海	0.773 7	2
3	苏州工业园区	江苏	0.595 4	3
4	广州经济技术开发区	广东	0.515 8	4
5	北京经济技术开发区	北京	0.435 7	7
6	深圳高新技术产业开发区	广东	0.394 3	9
7	天津经济技术开发区	天津	0.392 6	10
8	杭州高新技术产业开发区	浙江	0.385 8	11
9	大连经济技术开发区	辽宁	0.369 4	13
10	青岛经济技术开发区	山东	0.365 3	14

2.674 1,均值为 0.445 7;高新区 4 家,总得分 2.523 4,均值为 0.630 9。东部地区前 10 强园区中,虽然经开区的数量多于高新区,但其得分均值却比高新区均值低了 0.185 2(图 4-1、图 4-2)。

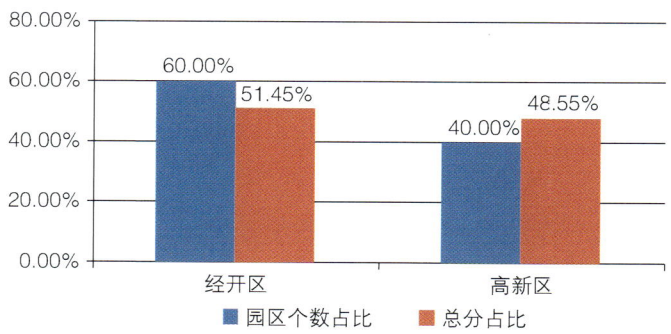

图 4-1 东部前 10 强中高新区与经开区数量与总分对比

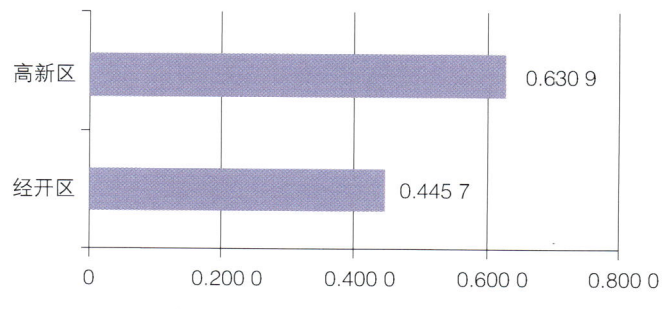

图 4-2 东部前 10 强中高新区与经开区均值对比

4.1.2 东部产业园区经济发展排名状况分析

中关村国家自主创新示范区继续领跑,上海张江国家自主创新示范区和苏州工业园区分列第 2、3 位。中关村国家自主创新示范区经济发展指标以 0.265 2 的得分继续牢牢占据榜首,并成为唯一一家得分在 0.2 以上的产业园区,较 2016 年有大幅度上涨,原因在于其在工业总产值及税收等经济指标上具有绝对优势且发展良好。上海张江国家自主创新示范区和苏州工业园区发展稳定,分别以 0.193 9 和 0.160 5 占据榜单第 2、3 位;而天津经济技术开发区相较以往排名略有下降,以 0.103 4 的得分位居第 6,主要原因是其区域工业总产值有所下降。

东部产业园区经济发展指标前 10 强在得分上呈梯队分布。如表 4-2 所示,中关村国家自主创新示范园区以 0.265 2 的高分稳居第一梯队;第二梯队由上海张江国家自主创新示范区、苏州工业园区、昆山经济技术开发区、广州经济技术开发区及天津经济技术开发区组成,5 家产业园区得分都在 0.10~0.20 之间;从第 7 位的无锡国家高新技术产业开发区到第 10 位的江宁经济技术开发区共 4 家园区组成了第三梯队,平均得分 0.075 8。

表 4-2 东部产业园区经济发展指标前 10 强排名与得分

排名	园区名称	省市	指标得分
1	中关村国家自主创新示范区	北京	0.265 2
2	上海张江国家自主创新示范区	上海	0.193 9
3	苏州工业园区	江苏	0.160 5
4	昆山经济技术开发区	江苏	0.151 2
5	广州经济技术开发区	广东	0.111 4
6	天津经济技术开发区	天津	0.103 4
7	无锡国家高新技术产业开发区	江苏	0.083 3
8	深圳高新技术产业开发区	广东	0.079 5
9	北京经济技术开发区	北京	0.071 1
10	江宁经济技术开发区	江苏	0.069 5

东部产业园区经济发展指标排名前 10 强中,相较于高新区,经开区数量居于优势,但平均得分较低。由图 4-3 和图 4-4 可知,东部地区经济发展指标前 10 强产业园区中,高新区 4 家,总得分 0.622 0,平均得分 0.155 5;经开区 6 家,总得分 0.667 0,平均得分 0.111 2。

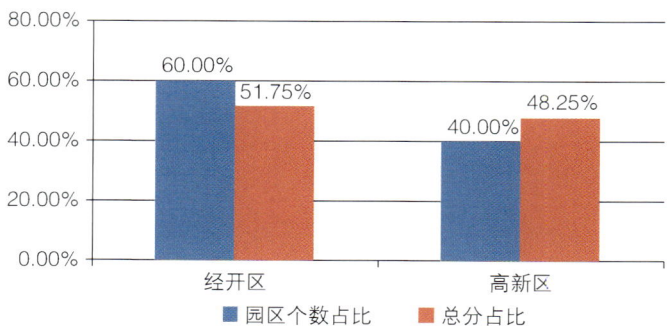

图 4-3　东部地区经济发展指标前 10 强经开区与高新区对比

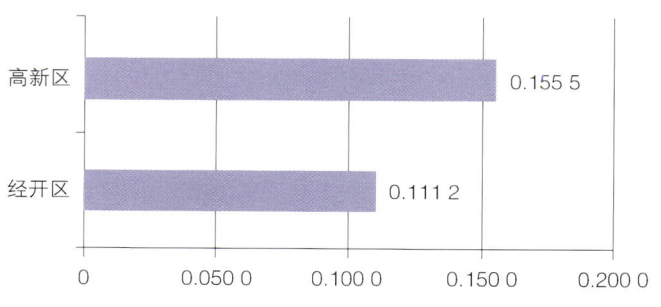

图 4-4　东部经济发展前 10 强中高新区与经开区均值对比

4.1.3　东部产业园区创新发展排名状况分析

东部产业园区创新发展指标排名中,中关村国家自主创新示范区稳居榜首,上海张江国家自主创新示范区、苏州工业园区居分列第 2、3 位,中关村和张江高科具有明显优势。在创新发展指标上,中关村国家自主创新示范区具有绝对优势,以 0.251 3 的得分遥遥领先于其他产业园区,这主要得益于中关村国家自主创新示范区在国家级工程研究中心数和园区专利数方面都排名第 1;张江高科依靠上海优越的地理位置、发达的创业环境等因素也有着不俗的表现;苏州工业园区成功跻身前三,主要是由于园区内较多的国家级工程技术研究中心和大专以上院校数,提高了创新发展指标的得分。

东部产业园区创新发展指标排名前 10 强在得分上呈梯队分布。中关村国家自主创新示范区以绝对优势独占第一梯队,得分超过 0.2;上海张江国家自主创新示范区处于第二梯队,得分 0.186 8;第 3 名到第 10 名共 8 家产业园区组成第三梯队,其得分在 0.03~0.09 之间均匀分布,差异相对较小。

表 4-3　东部产业园区创新发展指标前 10 强排名与得分

排名	园区名称	省市	指标得分
1	中关村国家自主创新示范区	北京	0.251 3
2	上海张江国家自主创新示范区	上海	0.186 8
3	苏州工业园区	江苏	0.086 7
4	广州经济技术开发区	广东	0.085 2
5	杭州高新技术产业开发区	浙江	0.077 0
6	漕河泾经济技术开发区	上海	0.064 3
7	惠州仲恺高新技术产业开发区	广东	0.053 4
8	大连经济技术开发区	辽宁	0.045 8
9	北京经济技术开发区	北京	0.045 3
10	深圳市高新技术产业园区	广东	0.039 3

东部产业园区创新发展指标排名前 10 强中,经开区和高新区数量相当,而高新区平均得分更高。由图 4-5 和图 4-6 可知,东部地区创新发展指标前 10 强产业园区中,经开区 5 家,总得分 0.327 4,平均得分 0.065 5;高新区 5 家,总得分 0.607 8,平均得分 0.121 6。

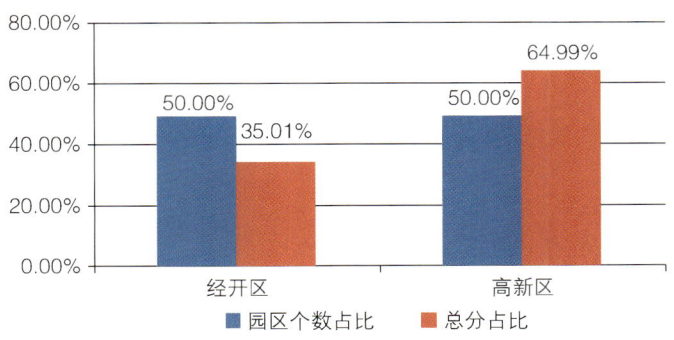

图 4-5　东部地区创新发展指标前 10 强经开区与高新区对比

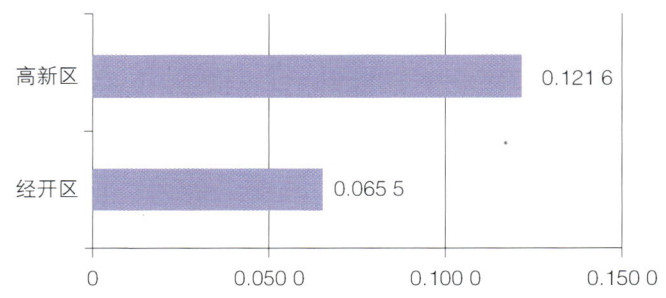

图 4-6 东部创新发展指标前 10 强经开区与高新区均值对比

4.1.4 东部产业园区产业合作排名状况分析

上海张江国家自主创新示范区排名首位。在产业合作指标前 10 强中，上海张江国家自主创新示范区凭借其在产业龙头数和分园区数上的优势，排在榜首；中关村国家自主创新示范区在这两项指标上的得分均略低于张江国家自主创新示范区，但在上市公司数方面超过张江国家自主创新示范区，产业合作指标总评居于第 2 位，如表 4-4 所示。

表 4-4 东部产业园区产业合作指标前 10 强排名与得分

排名	园区名称	省市	指标得分
1	上海张江国家自主创新示范区	上海	0.209 6
2	中关村国家自主创新示范区	北京	0.201 4
3	广州经济技术开发区	广东	0.128 9
4	漕河泾经济技术开发区	上海	0.108 2
5	深圳高新技术产业开发区	广东	0.105 1
6	厦门火炬高技术产业开发区	福建	0.102 3
7	苏州工业园区	江苏	0.101 8
8	宁波高新技术产业开发区	浙江	0.098 9
9	北京经济技术开发区	北京	0.098 1
10	泰州医药高新技术产业开发区	江苏	0.097 7

东部产业园区产业合作指标前 10 强中，上海张江国家自主创新示范区优势突出，中关村国家自主创新示范区强势上扬，占据第一梯队，广州经济技术开发区、漕河泾经济技术开发区等分列第 3 至 10 名，处于第二梯队中。从表 4-4 可

以看出,上海张江国家自主创新示范区和中关村国家自主创新示范区得分在 0.20 左右,遥遥领先其他 8 家园区,稳居第一梯队;其他产业园区得分均在 0.09~0.13 区间徘徊,彼此差距并不显著,但整体水平相较 2016 年略有下降。

东部产业园区产业合作指标排名前 10 强中,高新区在数量与均值上领先于经开区。如图 4-7 和图 4-8 所示,东部地区产业合作指标排名前 10 强产业园区中,高新区 6 家,总得分 0.815 0,平均得分 0.135 8;经开区 4 家,总得分 0.437 1,平均得分 0.109 3。相较往年,经开区数量上有所减少,虽然得分较 2016 年稍有提升,但与高新区相比仍略逊一筹。

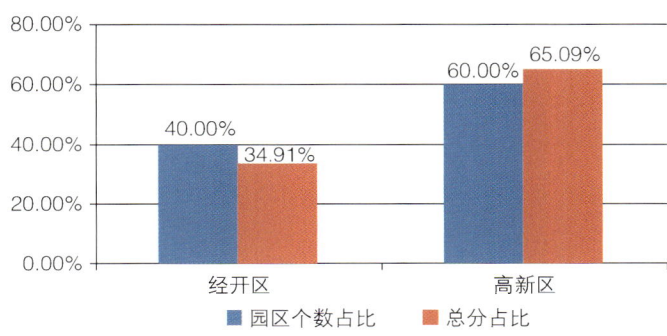

图 4-7　东部地区产业合作指标前 10 强经开区与高新区对比

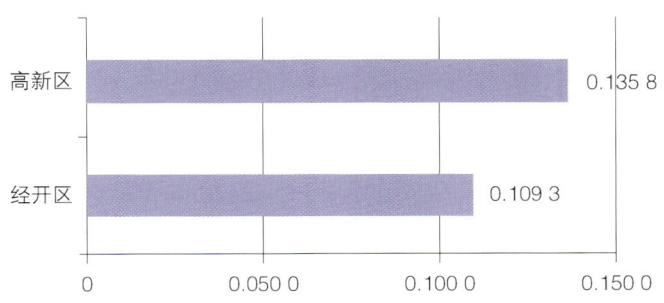

图 4-8　东部产业合作指前 10 强经开区与高新区均值对比

4.1.5　东部产业园区公共服务排名状况分析

苏州工业园区强势登顶,中关村国家自主创新示范区、广州经济技术开发区分列 2、3 位。由表 4-5 可知,苏州工业园区凭借其区位优势和较多的检测中心数在公共服务指标上表现突出,强势上升至第 1 位;而 2016 年的第 1 位中关村国家自主创新示范区得分紧随其后,在区位优势、园区结构、网页信息建设情况以及园区检测认证中心数等指标上保持 2016 年的势头,居于第 2 位;广州经济技术开发区以 0.114 4 的分数跻身前 3 位,2016 年的第 3 位连云港经济技术开发区以 0.107 3 的得分居于第 4 位。

表 4-5　东部产业园区公共服务指标前 10 强排名与得分

排名	园区名称	省市	指标得分
1	苏州工业园区	江苏	0.127 4
2	中关村国家自主创新示范区	北京	0.120 7
3	广州经济技术开发区	广东	0.114 4
4	连云港经济技术开发区	江苏	0.107 3
5	深圳高新技术产业开发区	广东	0.106 3
6	广州南沙经济技术开发区	广东	0.104 5
7	福州经济技术开发区	福建	0.099 6
8	青岛高新技术产业开发区	山东	0.099 2
9	威海经济技术开发区	山东	0.098 5
10	上海张江国家自主创新示范区	上海	0.097 9

东部产业园区公共服务指标前 10 强园区在得分上较为接近。由表 4-5 可知,从得分第 1 的苏州工业园区到第 10 的上海张江国家自主创新示范园区,该项指标得分在 0.09～0.13 之间紧密分布,差距并不明显。

东部公共服务指标排名前 10 强中,经开区在数量上多于高新区,而平均得分无明显差异。东部地区公共服务排名前 10 强产业园区中,高新区 4 家,总得分 0.424 1,平均得分 0.106 0;经开区 6 家,总得分 0.651 6,平均得分 0.108 6(图 4-9、图 4-10)。

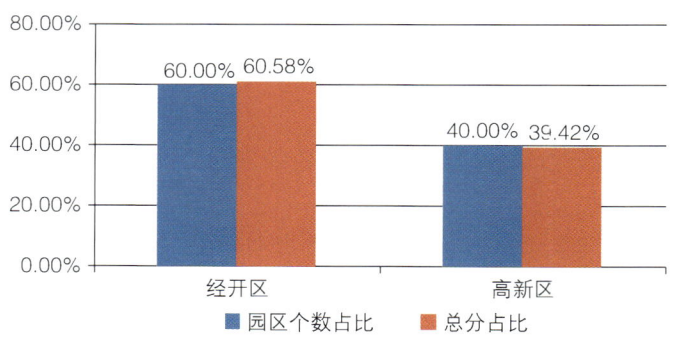

图 4-9　东部公共服务指标前 10 强经开区与高新区对比

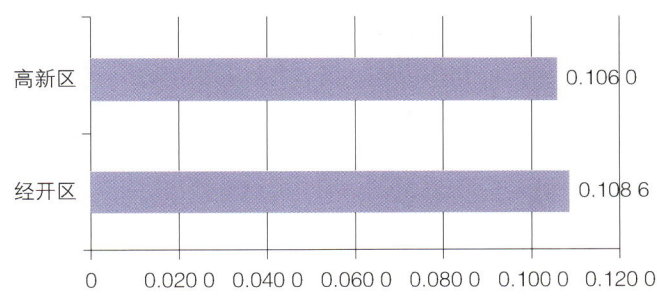

图 4-10　东部公共服务指标前 10 强经开区与高新区均值对比

4.1.6　东部产业园区社会发展排名状况分析

东部产业园区社会发展指标排名中,第 1 位为中关村国家自主创新示范区,北京经济技术开发区、南京经济技术开发区及常州国家高新技术产业开发区得分紧随其后,分列第 2 至 4 位。中关村国家自主创新示范区凭借各项考核指标的优秀表现,以 0.137 6 分名列第 1 位;北京经济技术开发区综合差距不大,以 0.131 0 名列第 2。

东部产业园区社会发展指标前 10 强在得分上较为接近,近似呈等差连续分布。由表 4-6 可知,排名前 10 的园区得分均在 0.106 0 以上,彼此差异较小,但整体排名相对稳定。

表 4-6　东部产业园区社会发展指标前 10 强排名与得分

排名	园区名称	省市	指标得分
1	中关村国家自主创新示范区	北京	0.137 6
2	北京经济技术开发区	北京	0.131 0
3	南京经济技术开发区	江苏	0.124 6
4	常州国家高新技术产业开发区	江苏	0.123 6
5	苏州工业园区	江苏	0.119 0
6	天津滨海高新技术产业开发区	天津	0.118 2
7	徐州经济技术开发区	江苏	0.110 7
8	嘉兴经济技术开发区	浙江	0.107 1
9	淮安经济技术开发区	江苏	0.107 0
10	济宁高新技术产业开发区	山东	0.106 4

东部产业园区社会发展指标排名前 10 强中,经开区数量上领先于高新区,但二者平均得分无明显差异。东部地区社会发展排名前 10 强的产业园区中,高新区 4 家,总得分为 0.485 8,平均得分为 0.121 5;经开区 6 家,总得分为 0.699 4,平均得分为 0.116 6(图 4-11、图 4-12)。

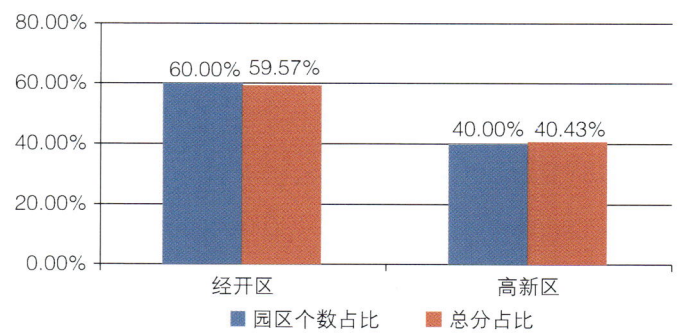

图 4-11　东部地区社会发展指标前 10 强经开区与高新区对比

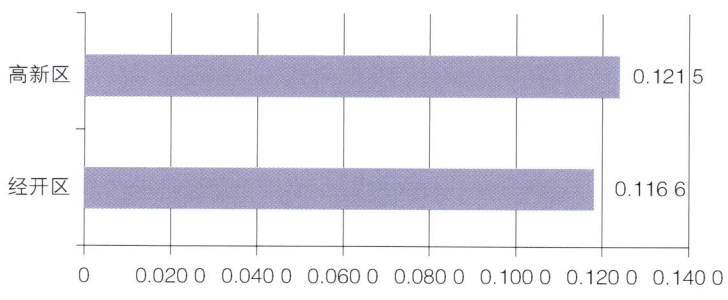

图 4-12　东部地区社会发展前 10 强指标经开区与高新区均值对比

4.2　中部地区产业园区持续发展竞争力排名分析

4.2.1　中部产业园区综合排名状况分析

中部产业园区继续保持稳定发展。从总体上来看,中部地区共有 21 家产业园区跻身百强榜,与 2016 年相同。其中,武汉东湖国家自主创新示范区与合肥高新技术产业开发区跻身前 10 强。

在中部地区综合排名前 10 强中,除武汉东湖国家自主创新示范区和合肥高新技术产业开发区超过 0.4 分外,其他园区得分均在 0.3 至 0.4 之间,平均得分 0.351 3,与东部前 10 强 0.519 8 的平均分相比存在一定差距,但是总体发展水平稳定,得分均在 0.3 以上,并且在百强榜中也取得了不错的排名。

表 4-7 中部产业园区前 10 强排名与得分

排名	园区名称	省市	综合得分	百强榜排名
1	武汉东湖国家自主创新示范区	湖北	0.490 7	5
2	合肥高新技术产业开发区	安徽	0.405 1	8
3	武汉经济技术开发区	湖北	0.357 9	16
4	合肥经济技术开发区	安徽	0.352 8	18
5	芜湖经济技术开发区	安徽	0.324 3	25
6	长沙高新技术产业开发区	湖南	0.318 8	29
7	长春高新技术产业开发区	吉林	0.318 1	31
8	郑州经济技术开发区	河南	0.317 4	32
9	长沙经济技术开发区	湖南	0.314 5	35
10	哈尔滨经济技术开发区	黑龙江	0.313 9	36

中部产业园区持续发展指标排名前 10 强中,经开区在数量上较多,但高新区得分均值高于经开区。高新区 4 家,总得分 1.532 7,均值为 0.383 2;经开区 6 家,总得分 1.980 7,均值为 0.330 1(图 4-13、图 4-14)。

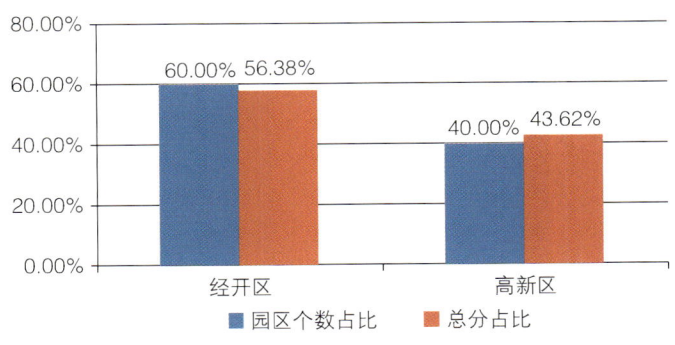

图 4-13 中部地区前 10 强经开区与高新区对比

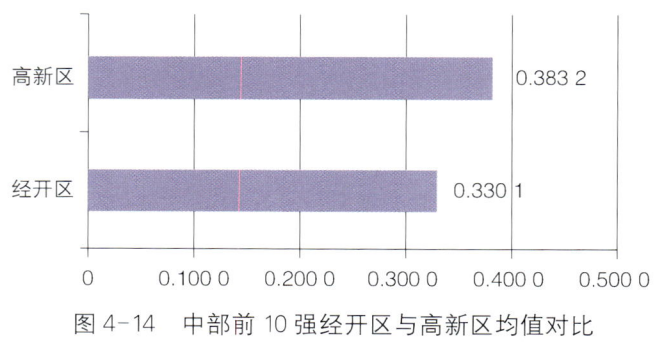

图 4-14 中部前 10 强经开区与高新区均值对比

4.2.2 中部产业园区经济发展排名状况分析

武汉东湖国家自主创新示范区以 0.090 5 的综合得分斩获榜首,且遥遥领先。合肥高新技术产业开发区及长沙高新技术产业开发区分居第 2、3 位。

中部产业园区经济发展指标前 10 强中第 1 位与后 9 位园区得分差异明显。经济发展指标第 1 位的产业园区得分 0.090 5,远高于后 9 名产业园区得分均值 0.045 3;第 2 名的合肥高新技术产业开发区(0.069 7)至第 10 名的南昌高新技术产业开发区(0.028 2),差距相对较小。

表 4-8 中部产业园区经济发展指标前 10 强排名与得分

排名	园区名称	省市	指标得分
1	武汉东湖国家自主创新示范区	湖北	0.090 5
2	合肥高新技术产业开发区	安徽	0.069 7
3	长沙高新技术产业开发区	湖南	0.057 7
4	武汉经济技术开发区	湖北	0.056 1
5	合肥经济技术开发区	安徽	0.050 2
6	长沙经济技术开发区	湖南	0.040 6
7	芜湖经济技术开发区	安徽	0.040 5
8	长春高新技术产业开发区	吉林	0.035 7
9	哈尔滨经济技术开发区	黑龙江	0.028 8
10	南昌高新技术产业开发区	江西	0.028 2

中部产业园区经济发展指标排名前 10 强中,高新区在数量上与经开区持平,但其平均得分高于经开区。从图 4-15 和图 4-16 可以看出,中部地区创新发

展排名前 10 强产业园区中,高新区 5 家,总得分 0.281 8,平均得分 0.056 4;经开区 5 家,总分为 0.216 1,平均得分 0.043 2。

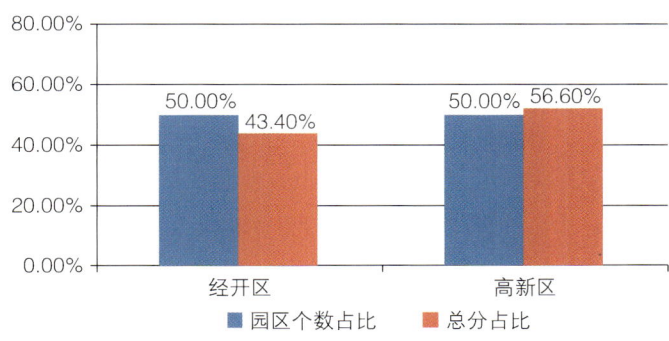

图 4-15　中部地区经济发展指标前 10 强经开区与高新区对比

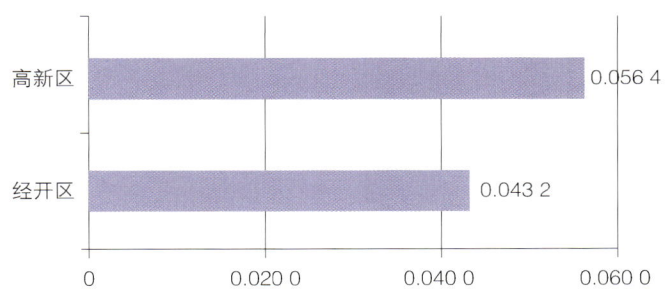

图 4-16　中部经济发展指标前 10 强经开区与高新区均值对比

4.2.3　中部产业园区创新发展排名状况分析

武汉东湖国家自主创新示范区稳居榜首,优势明显。武汉东湖国家自主创新示范区凭借园区内大量的大专以上院校数和专利授权数,以 0.099 3 的得分遥遥领先于其他产业园区;南昌经济技术开发区同样凭借其较多的专利授权数,以 0.069 0 的得分排第 2 位;合肥高新技术产业开发区也凭借其园区内大专院校数量的增长跻身第 3 位。

中部创新发展指标前 10 强园区得分呈梯队分布。武汉东湖国家自主创新示范区以 0.099 3 的得分,远远领先于其他园区,处于第一梯队;南昌经济技术开发区以 0.069 0 的得分,占据第二梯队;排名第 3 到第 10 的园区,得分较为接近,形成第三梯队。

表 4-9 中部产业园区创新发展指标前 10 强排名与得分

排名	园区名称	省市	指标得分
1	武汉东湖国家自主创新示范区	湖北	0.099 3
2	南昌经济技术开发区	江西	0.069 0
3	合肥高新技术产业开发区	安徽	0.037 0
4	郑州高新技术产业开发区	河南	0.035 4
5	长春高新技术产业开发区	吉林	0.035 0
6	合肥经济技术开发区	安徽	0.030 2
7	长沙经济技术开发区	湖南	0.029 8
8	长沙高新技术产业开发区	湖南	0.028 4
9	武汉经济技术开发区	湖北	0.028 1
10	南昌高新技术产业开发区	江西	0.023 8

中部产业园区创新发展指标排名前 10 强中,经开区在数量上少于高新区,平均得分也略低于高新区。中部地区创新发展指标排名前 10 强园区中,高新区 6 家,总得分 0.258 9,平均得分 0.043 2;经开区 4 家,总得分 0.157 0,平均得分 0.039 3(图 4-17、图 4-18)。

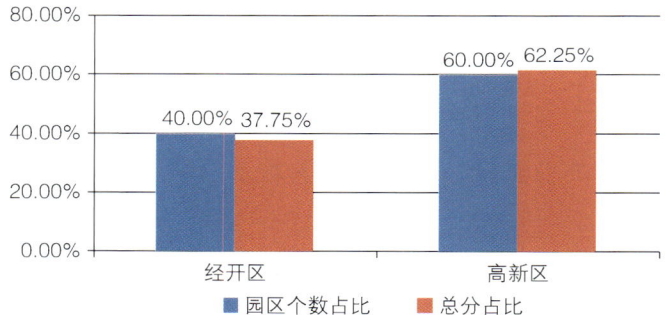

图 4-17 中部地区创新发展指标前 10 强经开区与高新区对比

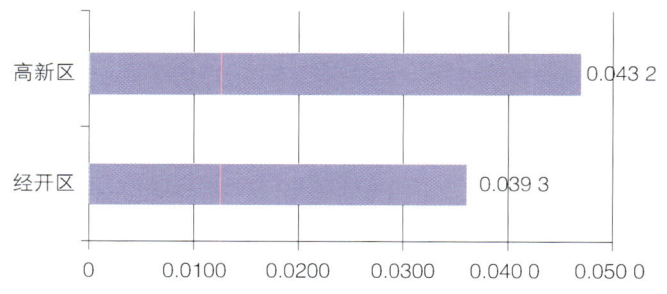

图 4-18 中部创新发展指标前 10 强经开区与高新区均值对比

4.2.4 中部产业园区产业合作排名状况分析

武汉东湖国家自主创新示范区领跑榜单,长沙高新技术产业开发区和郑州高新技术产业开发区紧随其后。武汉东湖国家自主创新示范区依靠较多的产业龙头数、上市公司数和分园区数,稳居中部地区产业合作排名榜首。长沙高新技术产业开发区和郑州高新技术产业开发区发展势头稳定,凭借综合指标的优秀表现分列第2、3位。

产业合作指标前10强园区彼此之间差异不大,其得分近似连续分布。中部地区上榜园区在4项三级指标评定中整体实力相近,并不像东部地区差异明显,因此本项指标得分接近。由表4-10可知,排名前10的园区得分均在0.08以上,彼此差异微小,得分稍有变动都会引起较大的排名变化。

表4-10 中部产业园区产业合作指标前10强排名与得分

排名	园区名称	省市	指标得分
1	武汉东湖国家自主创新示范区	湖北	0.100 4
2	长沙高新技术产业开发区	湖南	0.097 2
3	郑州高新技术产业开发区	河南	0.097 0
4	株洲高新技术产业开发区	湖南	0.092 8
5	哈尔滨经济技术开发区	黑龙江	0.089 6
6	芜湖经济技术开发区	安徽	0.089 5
7	合肥高新技术产业开发区	安徽	0.089 1
8	长春经济技术开发区	吉林	0.089 0
9	武汉经济技术开发区	湖北	0.089 0
10	长沙经济技术开发区	湖南	0.088 9

中部产业园区产业合作指标排名前10强中,经开区与高新区数量上持平,而高新区平均得分略高。中部地区产业合作排名前10强园区中,高新区5家,总得分0.476 5,平均得分0.095 3;经开区5家,总得分0.446 1,平均得分0.089 2,(图4-19、图4-20)。

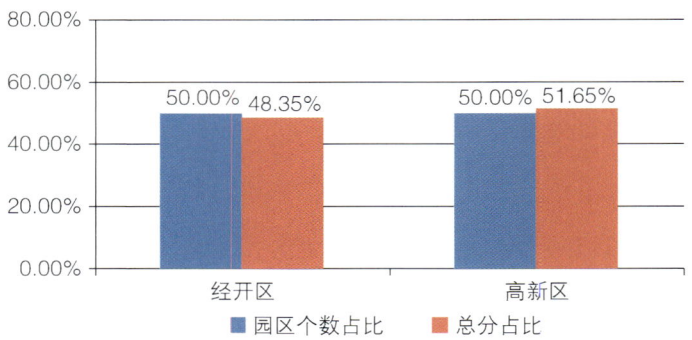

图 4-19　中部地区产业合作指标前 10 强经开区与高新区对比

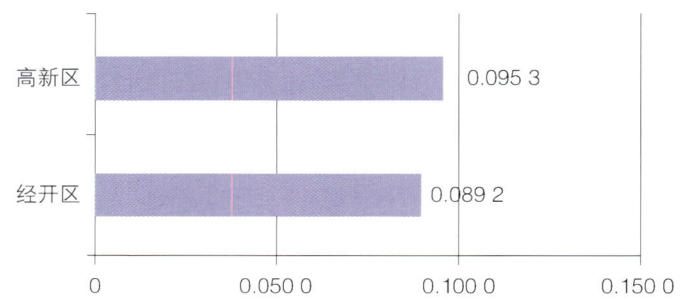

图 4-20　中部地区产业合作指标前 10 强经开区与高新区均值对比

4.2.5　中部产业园区公共服务排名状况分析

武汉东湖国家自主创新示范区公共服务指标得分占据榜单第 1 位,但面临着较为激烈的竞争。由表 4-11 可知,武汉东湖国家自主创新示范区以 0.101 2 的总得分荣登中部地区榜首位置,涨幅较大,主要是借助其国际化程度和各项认证指标带来的优势。同时,萍乡经济技术开发区以 0.100 9 的得分紧随其后。合肥高新技术产业开发区发展稳定,但略逊于前两者,以 0.099 3 分退居第 3 席,长春高新技术产业开发区、芜湖经济技术开发区、南昌经济技术开发区均凭借各项指标中的稳定表现,综合得分均超过 0.09。

整体来看,前 10 强园区得分近似呈连续分布。中部产业园区前 10 强公共服务指标得分均在 0.08 以上,极差为 0.021,近似等差数列排布。但总体来看,前 10 名之间彼此差异不大,表明相邻园区之间竞争相当激烈。

表 4-11 中部产业园区公共服务指标前 10 强排名与得分

排名	园区名称	省市	指标得分
1	武汉东湖国家自主创新示范区	湖北	0.101 2
2	萍乡经济技术开发区	江西	0.100 9
3	合肥高新技术产业开发区	安徽	0.099 3
4	长春高新技术产业开发区	吉林	0.099 0
5	芜湖经济技术开发区	安徽	0.093 6
6	南昌经济技术开发区	江西	0.090 2
7	武汉经济技术开发区	湖北	0.084 5
8	长春经济技术开发区	吉林	0.083 3
9	郑州高新技术产业开发区	河南	0.081 8
10	南昌高新技术产业开发区	江西	0.080 2

中部产业园区公共服务指标排名前 10 强中,两类产业园区在数量和均值上相当。中部地区公共服务排名前 10 强的园区中,高新区 5 家,总得分 0.461 5,平均得分 0.092 3;经开区 5 家,总得分 0.452 5,平均得分 0.0905(图 4-21、图 4-22)。

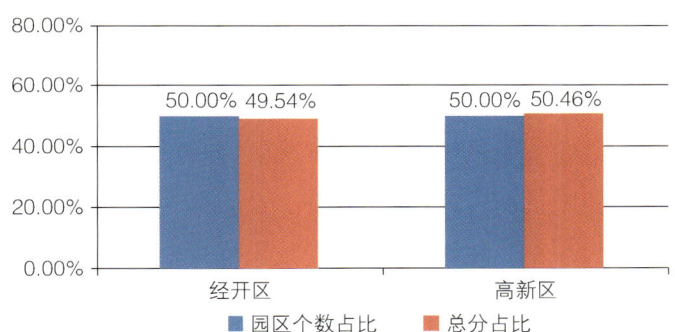

图 4-21 中部地区公共服务指标前 10 强经开区与高新区对比

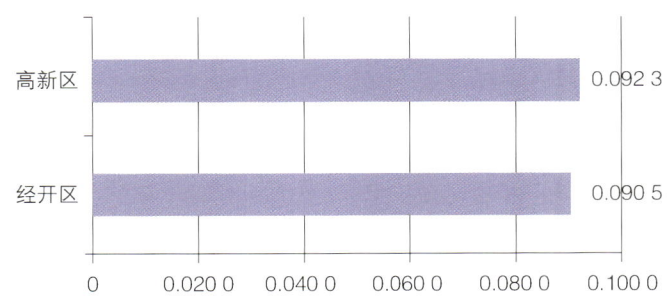

图 4-22 中部地区公共服务指标前 10 强经开区与高新区均值对比

4.2.6 中部产业园区社会发展排名状况分析

中部产业园区社会发展指标前10强中,南昌高新技术产业开发区居于榜首,哈尔滨经济技术开发区、合肥高新技术产业开发区分别为第2、3位。由表4-12可知,前3名的园区得分均达到0.11,但从前10名的分布来看,差距极小,得分呈连续排列。总体来看,这些园区在基础设施和政策制定方面实力相近。

表4-12 中部产业园区社会发展指标前10强排名与得分

排名	园区名称	省市	指标得分
1	南昌高新技术产业开发区	江西	0.113 6
2	哈尔滨经济技术开发区	黑龙江	0.112 3
3	合肥高新技术产业开发区	安徽	0.110 0
4	郑州经济技术开发区	河南	0.108 1
5	合肥经济技术开发区	安徽	0.105 9
6	长春高新技术产业开发区	吉林	0.104 6
7	武汉经济技术开发区	湖北	0.100 3
8	芜湖高新技术产业开发区	安徽	0.100 0
9	武汉东湖国家自主创新示范区	湖北	0.099 5
10	长春经济技术开发区	吉林	0.099 3

中部产业园区社会发展指标排名前10强中,经开区在数量上和平均得分上与高新区基本持平。中部地区社会发展排名前10强的园区中,高新区5家,总得分0.527 8,平均得分0.105 6;经开区5家,总得分0.526 0,平均得分0.105 2(图4-23、图4-24)。

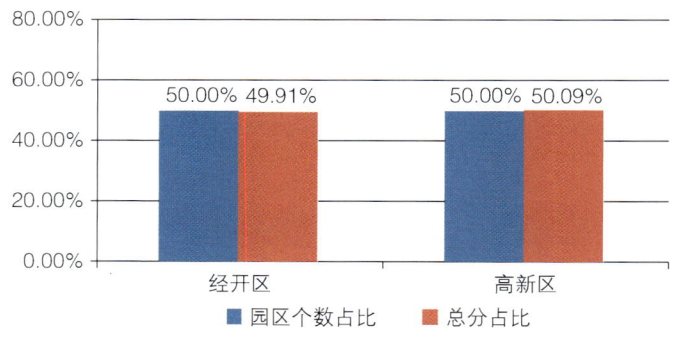

图4-23 中部地区社会发展指标前10强经开区与高新区对比

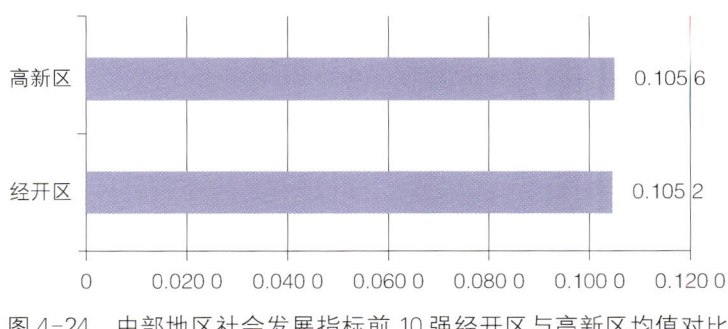

图 4-24　中部地区社会发展指标前 10 强经开区与高新区均值对比

4.3　西部地区产业园区持续发展竞争力排名分析

4.3.1　西部产业园区综合排名状况分析

综合排名百强榜中,西部地区产业园区数目不到百强榜的 1/6,共计 15 家上榜。跟往年一样,在西部地区排名榜首的依然是来自"天府之国"四川的成都高新技术产业开发区,该园区秉承"发展高科技、实现产业化"的宗旨,统筹了经济社会持续快速健康发展,在产业发展、科技创新、改善民生等方面均取得了长足

表 4-13　西部产业园区前 10 强排名与得分

排名	园区名称	省份	综合得分	百强榜排名
1	成都高新技术产业开发区	四川	0.447 4	6
2	西安高新技术产业开发区	陕西	0.380 9	12
3	西安经济技术开发区	陕西	0.320 9	27
4	成都经济技术开发区	四川	0.318 3	30
5	南宁高新技术产业开发区	广西	0.301 1	47
6	乌鲁木齐经济技术开发区	新疆	0.290 0	55
7	贵阳高新技术产业开发区	贵州	0.288 0	59
8	昆明高新技术产业开发区	云南	0.284 6	62
9	兰州经济技术开发区	甘肃	0.266 6	74
10	绵阳高新技术产业开发区	四川	0.264 7	77

进步;西安高新技术产业开发区以 0.380 9 的得分紧随其后,位居第 2 位;同样来自陕西的西安经济技术开发区排在第 3 位。

西部产业园区综合指标排名前 10 强中,经开区在数量和平均得分上均低于高新区。在西部地区持续发展竞争力综合得分排名前 10 强园区中,高新区6 家,总得分 1.966 7,均值为 0.327 8;经开区 4 家,总得分 1.195 8,均值为 0.298 9(图 4-25、图 4-26)。

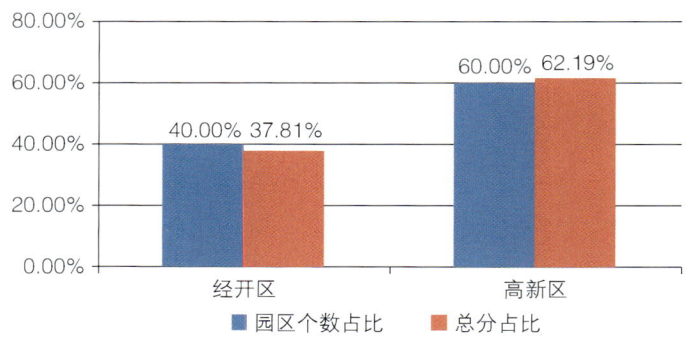

图 4-25　西部地区前 10 强经开区与高新区对比

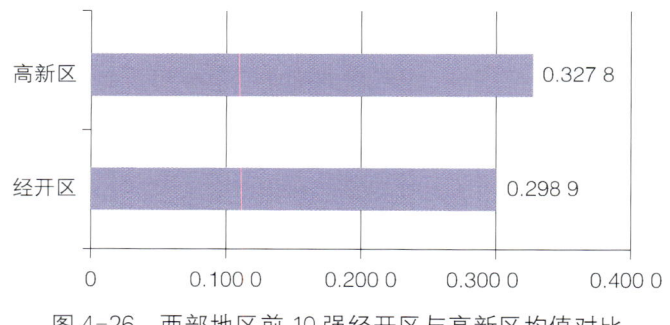

图 4-26　西部地区前 10 强经开区与高新区均值对比

4.3.2　西部产业园区经济发展排名状况分析

西部产业园区经济发展指标得分排名中,西安高新技术产业开发区稳居榜首,成都高新技术产业开发区、乌鲁木齐经济技术开发区、西安经济技术开发区分居第 2 至 4 位。位于西北中心城市西安的两家园区——西安高新技术产业开发区和西安经济技术开发区因经济实力表现突出双双上榜。西安高新技术产业开发区的经济发展指标为 0.138 4,相较 2016 年有大幅上涨,以绝对优势位居第 1,其在工业总产值、出口总额得分以及税收等方面的得分远远领先于西部其他园区。乌鲁木齐经济技术开发区异军突起,以其在工业总产值和出口总额的优秀表现跻身前 3 位。

西部地区经济发展指标排名中,进入前 10 强的园区呈梯队分布。西安高新技术产业开发区占据第一梯队;成都高新技术产业开发区、乌鲁木齐经济技术开发区分列第 2、3 位,得分均在 0.08 以上,处于第二梯队;西安经济技术开发区、重庆高新技术产业开发区、成都经济技术开发区分列第 4 至 6 位,得分均在 0.04 分以上,处于第三梯队;南宁高新技术产业开发区等分列第 7 至 10 位,占据第四梯队。

表 4-14　西部产业园区经济发展指标前 10 强排名与得分

排名	园区名称	省市	指标得分
1	西安高新技术产业开发区	陕西	0.138 4
2	成都高新技术产业开发区	四川	0.097 6
3	乌鲁木齐经济技术开发区	新疆	0.083 2
4	西安经济技术开发区	陕西	0.048 9
5	重庆高新技术产业开发区	重庆	0.046 5
6	成都经济技术开发区	四川	0.042 8
7	南宁高新技术产业开发区	广西	0.026 1
8	贵阳高新技术产业开发区	贵州	0.024 4
9	兰州高新技术产业开发区	甘肃	0.015 9
10	绵阳高新技术产业开发区	四川	0.015 9

西部产业园区经济发展指标排名前 10 强中,高新区在数量上高于经开区,但平均得分低于经开区。如图 4-27 和图 4-28 所示,西部地区经济发展排名指标前 10 强园区中,高新区 7 家,总得分 0.364 8,平均得分 0.052 1;经开区 3 家,总得分 0.174 9,平均得分 0.058 3。

4.3.3　西部产业园区创新发展排名状况分析

西部产业园区创新发展指标排名中,南宁高新技术产业开发区以绝对优势

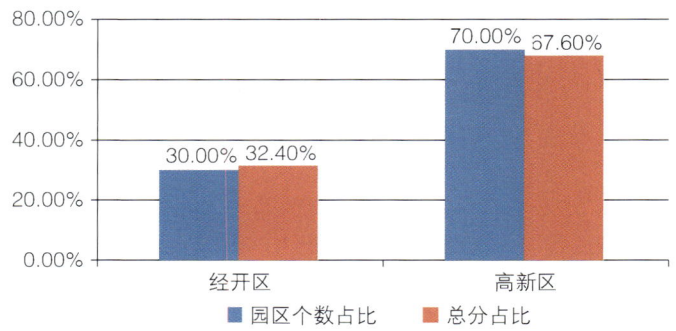

图 4-27 西部地区经济发展指标前 10 强经开区与高新区对比

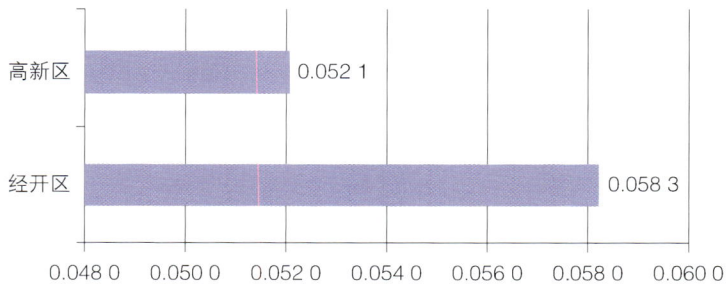

图 4-28 西部地区经济发展指标前 10 强经开区与高新区均值对比

稳居榜首。坐落于广西壮族自治区的南宁高新技术产业开发区凭借园区创新资源和创新平台优势以 0.066 7 的得分排名第 1 位,远超过其他园区,也是西部创新发展指标得分唯一超过 0.06 分的园区。兰州高新技术产业开发区、成都高新技术产业开发区分别以 0.045 6 和 0.045 0 位列创新发展指标第 2、3 位。

西部产业园区创新发展指标得分相对较低。与东部、中部地区相比,西部园区综合得分相对较低,除排名前 5 的园区得分超过 0.02 以外,后 5 家园区均在 0.02 以下,而东部、中部地区得分均在 0.02 以上,地区差异显著,资源分配极度不均的问题亟待解决。

表 4-15 西部产业园区创新发展指标前 10 强排名与得分

排名	园区名称	省市	指标得分
1	南宁高新技术产业开发区	广西	0.066 7
2	兰州高新技术产业开发区	甘肃	0.045 6
3	成都高新技术产业开发区	四川	0.045 0

续表

排名	园区名称	省市	指标得分
4	桂林高新技术产业开发区	广西	0.037 3
5	兰州经济技术开发区	甘肃	0.026 9
6	成都经济技术开发区	四川	0.016 6
7	昆明高新技术产业开发区	云南	0.016 2
8	西安高新技术产业开发区	陕西	0.016 1
9	西安经济技术开发区	陕西	0.013 4
10	绵阳高新技术产业开发区	四川	0.013 2

西部产业园区创新发展指标排名前10强中,高新区在数量和平均得分上均占明显优势。在西部地区创新指标得分排名前10强的产业园中,高新区7家,总得分0.240 0,均值为0.034 3;经开区3家,总得分0.056 8,均值为0.018 9(图4-29、图4-30)。

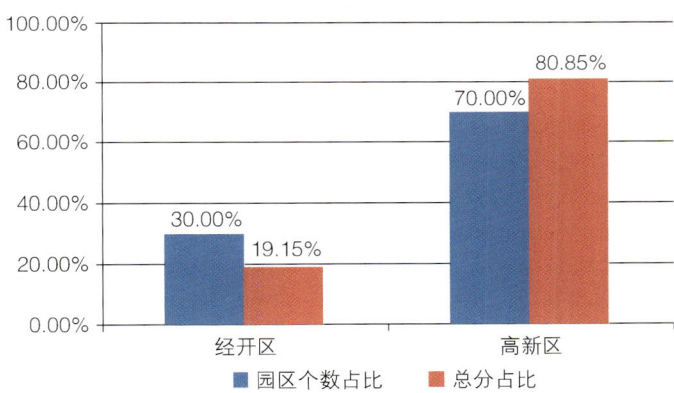

图4-29 西部地区创新发展指标前10强经开区与高新区对比

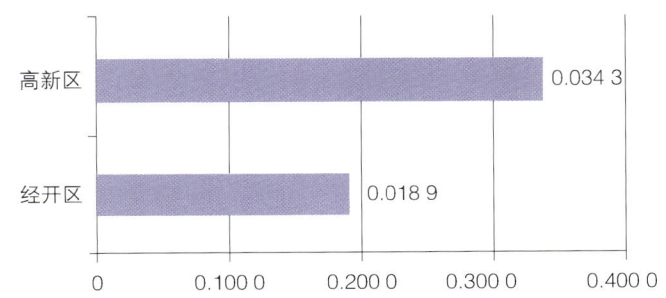

图4-30 西部地区创新发展指标前10强经开区与高新区均值对比

4.3.4 西部产业园区产业合作排名状况分析

西部产业园区产业合作指标排名第 1 位的是成都高新技术产业开发区,成都经济技术开发区和西安经济技术开发区分列第 2、3 位。在西部地区产业合作指标的排名中,成都高新技术产业开发区以 0.113 4 分位居榜首,是 10 强内唯一一个指标得分在 0.1 以上的园区。第 2、3 位的成都经济技术开发区和西安经济技术开发区得分与后 7 强差距较小(表 4-16)。

表 4-16 西部产业园区产业合作指标前 10 强排名与得分

排名	园区名称	省市	指标得分
1	成都高新技术产业开发区	四川	0.113 4
2	成都经济技术开发区	四川	0.091 5
3	西安经济技术开发区	陕西	0.089 2
4	绵阳高新技术产业开发区	四川	0.085 0
5	贵阳高新技术产业开发区	贵州	0.084 5
6	包头稀土高新技术产业开发区	内蒙古	0.084 2
7	昆明高新技术产业开发区	云南	0.083 5
8	兰州经济技术开发区	甘肃	0.082 8
9	贵阳经济技术开发区	贵州	0.082 6
10	兰州高新技术产业开发区	甘肃	0.067 5

西部产业园区产业合作指标排名前 10 强中,高新区数量多于经开区,但平均得分上均无明显差异。西部地区产业合作排名前 10 强园区中,高新区 6 家,总得分 0.518 1,平均得分 0.086 4;经开区 4 家,总得分 0.346 1,平均得分 0.086 5(图 4-31、图 4-32)。

4.3.5 西部产业园区公共服务排名状况分析

西部产业园区公共服务指标排名前 10 强中,兰州经济技术开发区占据第 1 位,昆明高新技术产业开发区与西安高新技术产业开发区分列第 2、3 位。兰

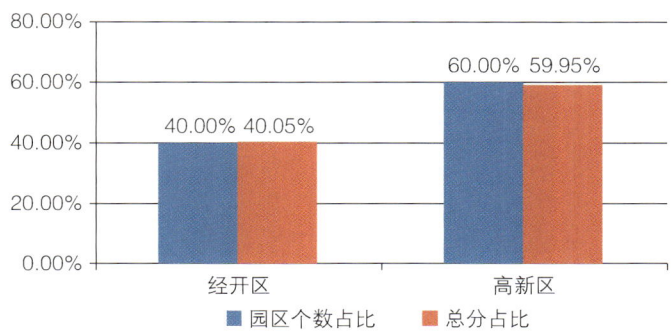

图 4-31　西部地区产业合作指标前 10 强经开区与高新区对比

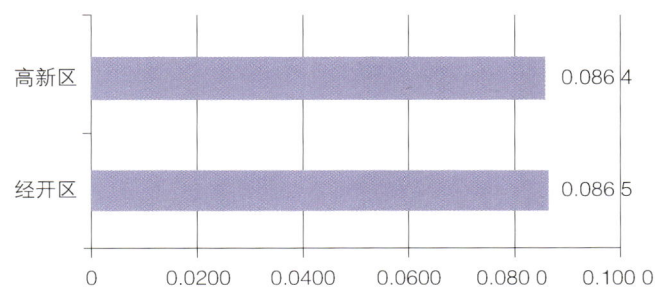

图 4-32　西部地区产业合作指标前 10 强经开区与高新区均值对比

州经济技术开发区以区内认证检测中心数量及各项示范园区认证等因素上的优势,占据了西部地区公共服务指标得分榜首的位置,得分 0.094 5;昆明高新技术产业开发区以其较高的区位优势得分,位列第 2;西安高新技术产业开发区以其较高的智慧化程度得分,位列第 3;而成都高新技术产业开发区虽然各项指标稳定,但由于前 3 名的上涨,导致其滑落至第 4 位(表 4-17)。

表 4-17　西部产业园区公共服务指标前 10 强排名与得分

排名	园区名称	省市	指标得分
1	兰州经济技术开发区	甘肃	0.094 5
2	昆明高新技术产业开发区	云南	0.084 5
3	西安高新技术产业开发区	陕西	0.081 7
4	成都高新技术产业开发区	四川	0.080 6
5	南宁高新技术产业开发区	广西	0.079 3

续表

排名	园区名称	省市	指标得分
6	贵阳高新技术产业开发区	贵州	0.076 3
7	成都经济技术开发区	四川	0.075 8
8	绵阳高新技术产业开发区	四川	0.072 0
9	乌鲁木齐经济技术开发区	新疆	0.066 3
10	西安经济技术开发区	陕西	0.064 5

西部产业园区公共服务指标排名前 10 强中,高新区在数量和平均得分上均占优势。西部地区公共服务排名前 10 强园区中,高新区 6 家,总得分 0.474 3,平均得分 0.079 0;经开区 4 家,总得分 0.301 0,平得分 0.075 3(图 4-33、图 4-34)。

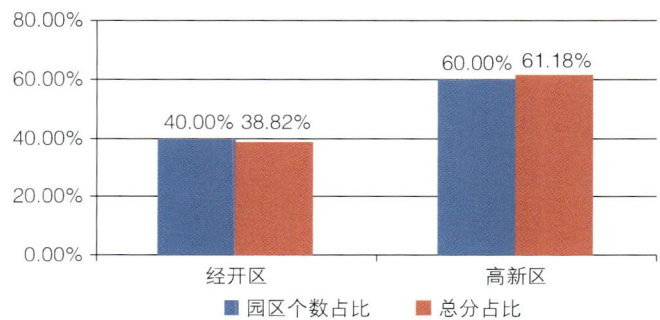

图 4-33 西部地区公共服务指标前 10 强经开区与高新区对比

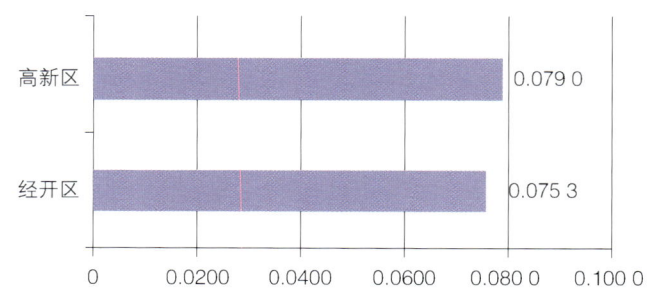

图 4-34 西部地区公共服务指标前 10 强经开区与高新区均值对比

4.3.6 西部产业园区社会发展排名状况分析

西部产业园区社会发展指标排名前 10 强中,成都高新技术产业开发区居第

1，桂林高新技术产业开发区、西安经济技术开发区分别位居第2和第3。在西部产业园区中，成都高新技术产业开发区的产城融合水平最高，因而在社会发展指标中拔得头筹；桂林高新技术产业开发区因其认证得分和产城融合度的优势，反超西安高新技术产业开发区来到第2位（表4-18）。

表4-18 西部产业园区社会发展指标前10强排名与得分

排名	园区名称	省市	指标得分
1	成都高新技术产业开发区	四川	0.110 8
2	桂林高新技术产业开发区	广西	0.107 7
3	西安经济技术开发区	陕西	0.105 0
4	包头稀土高新技术产业开发区	内蒙古	0.096 2
5	贵阳经济技术开发区	贵州	0.093 5
6	成都经济技术开发区	四川	0.091 6
7	贵阳高新技术产业开发区	贵州	0.089 9
8	昆明高新技术产业开发区	云南	0.086 7
9	重庆高新技术产业开发区	重庆	0.084 9
10	兰州高新技术产业开发区	甘肃	0.084 8

西部产业园区社会发展指标排名前10强中，经开区在数量上少于高新区，但在平均得分上与高新区相差无几。如图4-35和图4-36所示，西部地区社会发展排名前10强园区中，高新区7家，总得分0.661 1，平均得分0.094 4；经开区3家，总得分0.290 1，平均得分0.096 7。

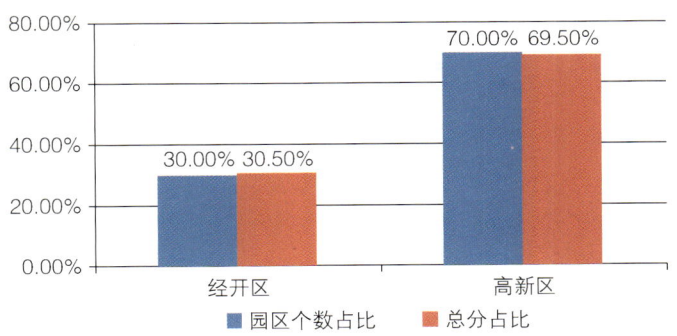

图4-35 西部地区社会发展指标前10强经开区与高新区对比

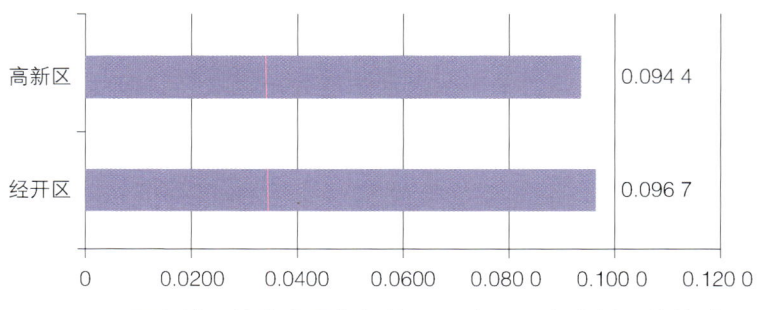

图 4-36　西部地区社会发展指标前 10 强经开区与高新区均值对比

4.4　各省市国家级产业园区排名分析

4.4.1　各省市入围百强榜产业园区个数与总体得分

各省市入围百强榜产业园区个数排名中,江苏省(20 家)、山东省(11 家)及广东省(9 家)占据前三甲,东部地区的省份排名普遍靠前,西部地区的省份排名普遍靠后。将各省市入围百强榜产业园区的个数和综合得分进行汇总,详见表 4-19 及图 4-37。

表 4-19　2017 年各省市百强榜产业园区个数与总得分排名

省市	进入百强榜园区个数	总得分	省市	进入百强榜园区个数	总得分
江苏	20	6.116 1	北京	2	1.405 3
山东	11	3.268 3	天津	2	0.731 2
广东	9	2.983 6	陕西	2	0.701 8
浙江	7	2.136 0	吉林	2	0.620 7
安徽	4	1.333 2	湖北	2	0.848 5
湖南	4	1.148 4	贵州	2	0.549 2
福建	3	0.866 8	广西	2	0.556 8
四川	3	1.030 4	甘肃	2	0.529 3
上海	3	1.410 9	重庆	1	0.254 5
辽宁	3	0.971 0	云南	1	0.284 6
江西	3	0.858 2	新疆	1	0.290 0
黑龙江	3	0.839 4	内蒙古	1	0.258 2
河南	3	0.879 7	海南	1	0.255 1
河北	3	0.803 7			

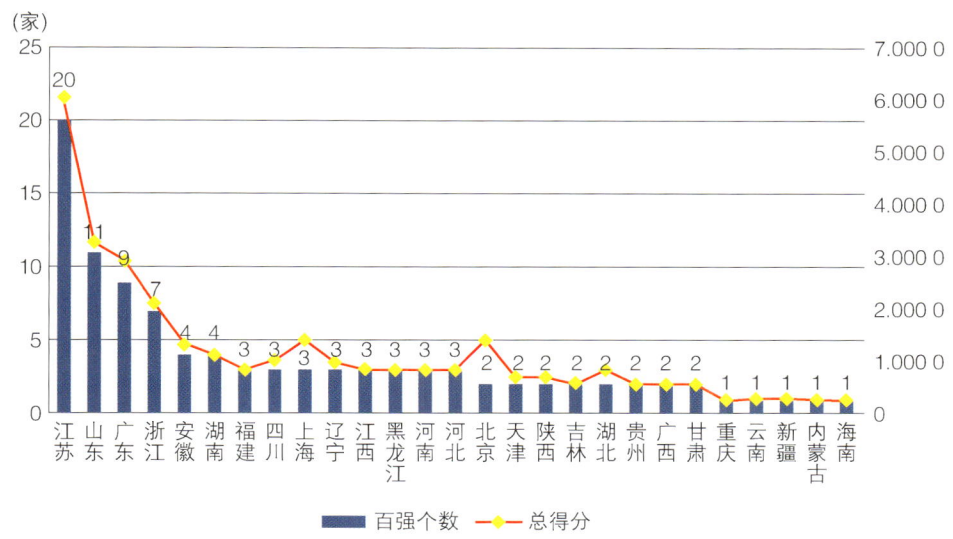

图 4-37　2017 年各省市百强榜产业园区个数及总得分

4.4.2　各省市产业园区持续发展竞争力平均得分排名

2017 年各省市产业园区持续发展竞争力平均得分排名前三的省市依次为：北京市(0.702 6)、上海市(0.470 3)、湖北省(0.424 3)。根据数据统计分析，北京和上海的园区综合排名靠前，除排在第 53 位的上海金桥经济技术开发区外，其他位于这两座城市的园区均跻身百强榜前 20 名，平均得分也相应领先，可见东部省市园区发展的优势显著。此外，湖北省园区 2017 年表现强势，得益于 2016 年稳定发展的基础上，武汉东湖国家自主创新示范区和武汉经济技术开发区各项指标上涨带来的强势表现。而天津市由 2016 年的第 3 名下降至第 4 名，主要因为经济指数下跌使得辖区内园区整体排名下降(表 4-20、图 4-38)。

表 4-20　2017 年各省市百强榜产业园区平均得分排名

排名	省市	平均得分	排名	省市	平均得分
1	北京	0.702 6	7	安徽	0.333 3
2	上海	0.470 3	8	广东	0.331 5
3	湖北	0.424 3	9	辽宁	0.323 7
4	天津	0.365 6	10	吉林	0.310 3
5	陕西	0.350 9	11	江苏	0.305 8
6	四川	0.343 5	12	浙江	0.305 1

续表

排名	省市	平均得分	排名	省市	平均得分
13	山东	0.297 1	21	广西	0.278 4
14	河南	0.293 2	22	贵州	0.274 6
15	新疆	0.290 0	23	河北	0.267 9
16	福建	0.288 9	24	甘肃	0.264 6
17	湖南	0.287 1	25	内蒙古	0.258 2
18	江西	0.286 1	26	海南	0.255 1
19	云南	0.284 6	27	重庆	0.254 5
20	黑龙江	0.279 8			

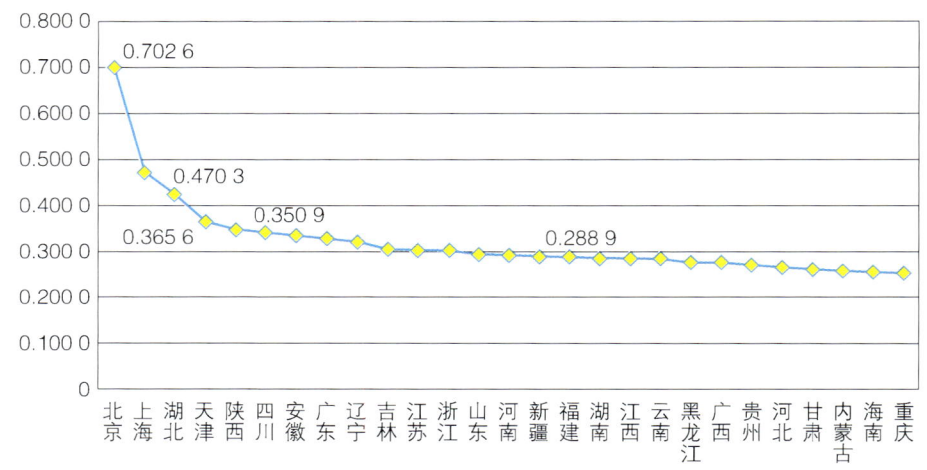

图 4-38 2017 年各省市百强榜产业园区平均得分曲线图

4.5 区域排名各年度对比分析

4.5.1 东部产业园区排名状况对比分析

五年来,东部产业园区进入百强榜的数量从 2013 年的 61 家递增至 64 家,并趋向稳定。其中,2017 年高新技术产业开发区与经济技术开发区总数量与 2016 年相同,两者分别为 29 家和 35 家。此外,2016 年百强榜东部产业园区平均得分经历了 2015 年的最低值后开始回升,2017 年则在此基础上继续回升。2016 年产业园区总得分20.143 0,2017年总得分20.947 9,同比上升了4.00%。园区平均得分也由0.319 0上升至0.327 3,同比上升2.60%(表4-21)。

表4-21 2016—2017年东部园区持续发展竞争力总指标得分对比表

东部园区	2016年	2017年	增长率
园区个数(家)	64	64	0.00%
总得分	20.143 0	20.947 9	4.00%
平均得分	0.319 0	0.327 3	2.60%

4.5.2 东部产业园区单项指标变动分析

2013—2017年,百强榜东部产业园区经济发展指标先降后升,2017年经济发展指标平均得分在2016年的基础上继续回升,总体呈"V"形。2013年百强榜经济发展指标得分均值为五年中的最高分0.051 6;2017年百强榜经济发展指标得分均值为0.048 6,与2016年相比上升了10.45%(图4-39)。

图4-39 2013—2017年东部产业园区经济发展指标得分均值变动

2013—2017年,百强榜东部产业园区创新发展指标得分均值逐年上升。2017年百强榜东部产业园区创新发展指标得分为0.026 6,比2016年增长了6.4%,比2013年增长54.65%,增长显著(图4-40)。

2013—2017年,百强榜东部产业园区产业合作指标平均得分呈现先下降后缓慢增长的变化过程。2013年百强榜东部园区的产业合作指标得分最高,为

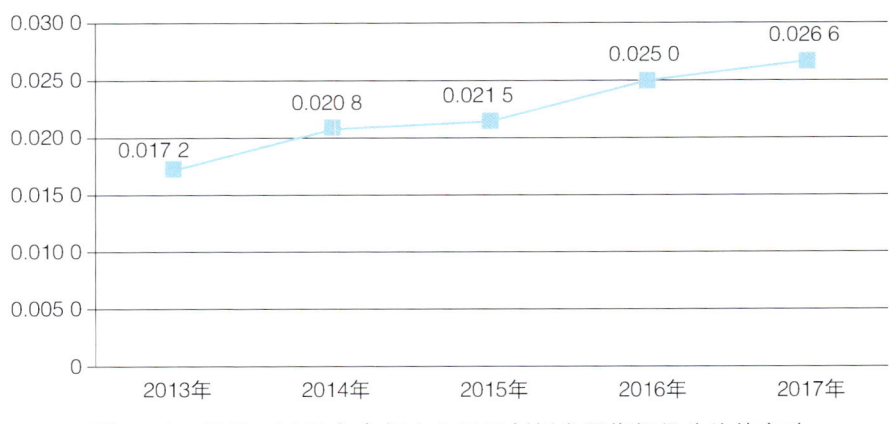

图 4-40　2013—2017 年东部产业园区创新发展指标得分均值变动

0.099 4；2017 年的得分为 0.082 0，比 2013 年下降了 17.51%，但比 2016 年小幅上涨了 4.99%（图 4-41）。

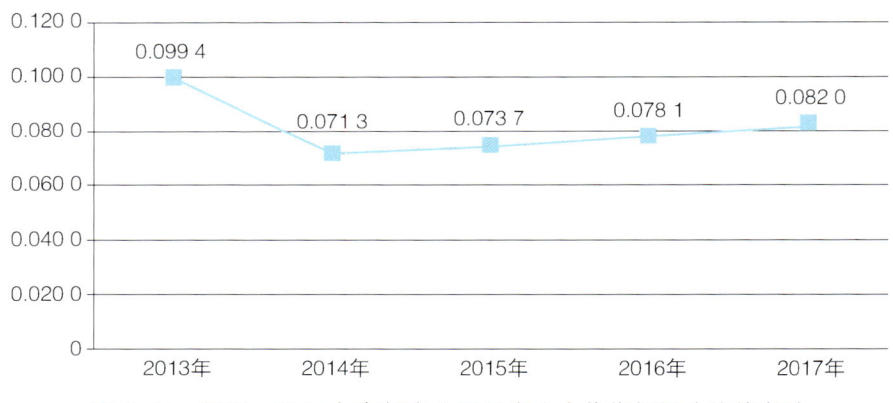

图 4-41　2013—2017 年东部产业园区产业合作指标得分均值变动

2013—2017 年，百强榜东部产业园区公共服务指标得分均值整体呈上升趋势。2017 年百强榜东部产业园区公共服务指标得分均值最高，为 0.080 1；2013 年百强榜东部产业园区公共服务指标得分均值最低，为 0.056 1；2017 年百强榜东部产业园区公共服务指标均值比 2016 年上涨了 1.91%，相较 2016 年涨幅不大（图 4-42）。

2013—2017 年，百强榜东部产业园区社会发展指标得分均值有起有落，波动幅度较小，近两年呈下降趋势。2015 年百强榜东部产业园区社会发展指标得分均值为五年中的最高值，为 0.110 0；2017 年百强榜东部产业园区社会发展指标得分均值为 0.090 1,比 2016 年下降了 3.43%,为历年来最低(图 4-43)。

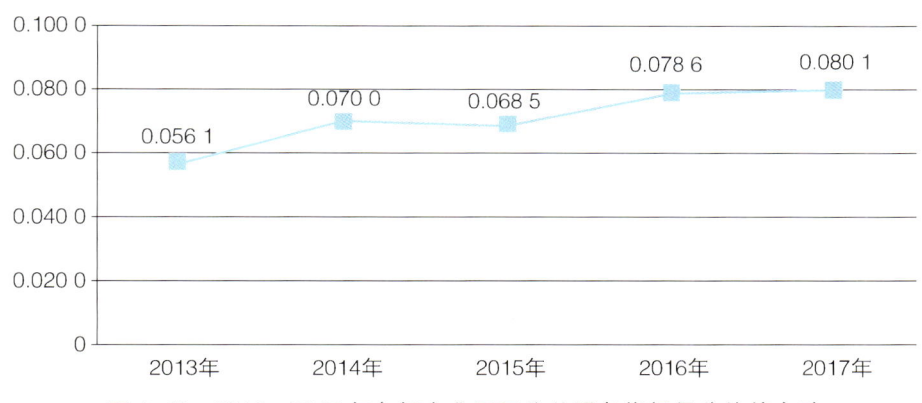

图 4-42　2013—2017 年东部产业园区公共服务指标得分均值变动

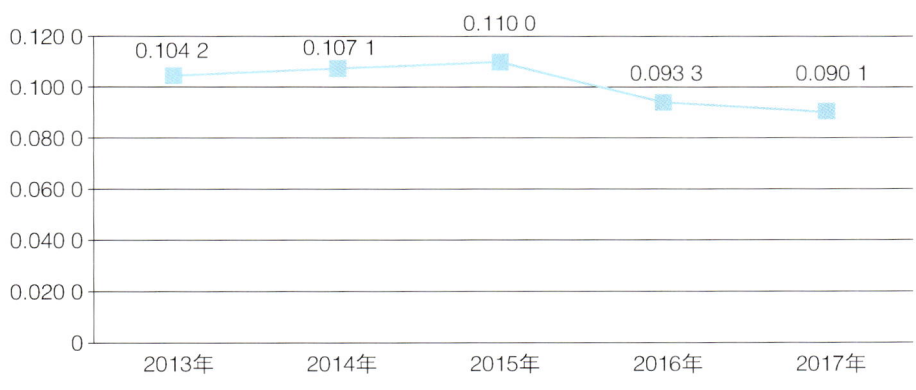

图 4-43　2013—2017 年东部产业园区社会发展指标得分均值变动

4.5.3　中部产业园区排名状况对比分析

2017 年进入百强榜的中部产业园区数量与 2016 年相同;较 2013 年减少 1 家,但其平均得分则出现小幅度上涨。由百强榜单可知,2017 年上榜的 21 家园区中,高新技术产业开发区有 12 家,经济技术开发区有 9 家,较 2016 年无变化。中部地区产业园区的持续发展竞争力综合得分情况是:2017 年产业园区总得分 6.528 2 与 2015 年总得分 6.501 3 相近,小幅上涨 0.41%。

表 4-22 2016—2017 年中部园区持续发展竞争力总指标得分对比表

中部园区	2016 年	2017 年	增长率
园区个数	21	21	0.00%
总得分	6.501 3	6.528 2	0.41%
平均得分	0.309 6	0.310 9	0.42%

4.5.4　中部产业园区单项指标变动分析

2013—2017 年,百强榜中部产业园区经济发展指标平均得分总体呈下降的趋势。2013 年百强榜中部园区经济发展指标得分均值为五年中的最高分 0.045 1；2017 年百强榜经济发展指标得分均值为 0.032 2,与 2016 年相比下降了 16.15%(图 4-44)。

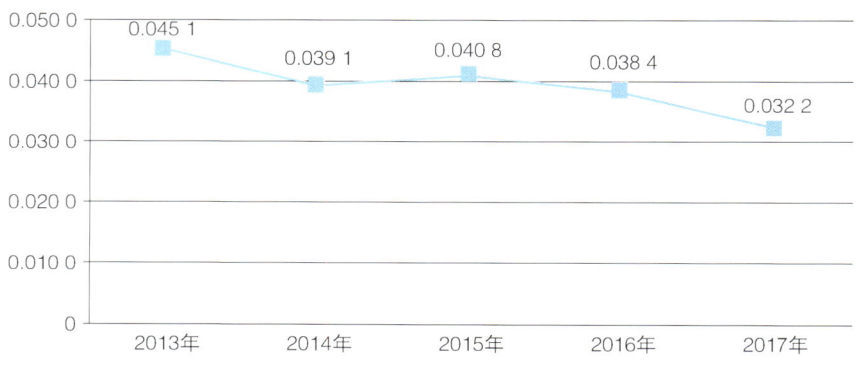

图 4-44　2013—2017 年中部产业园区经济发展指标得分均值变动

2013—2017 年,百强榜中部产业园区创新发展指标得分均值总体呈现上升趋势。2017 年百强榜中部产业园区创新发展指标得分为 0.027 0,与 2016 年相比涨幅明显,上涨 10.66%,比 2013 年增长了 22.73%(图 4-45)。

2013—2017 年,百强榜中部产业园区产业合作指标得分均值总体呈现先降后增的 U 形趋势,近两年相对稳定。2013 年百强榜中部产业园区产业合作指标得分均值最高为 0.100 2；2017 年得分均值为 0.078 4,比 2016 年上升了 0.77%,比 2013 年的峰值下降了 21.76%(图 4-46)。

2013—2017 年,百强榜中部产业园区公共服务指标得分均值整体呈平稳上升趋势。五年中,2017 年百强榜中部产业园区公共服务指标得分均值最高,为

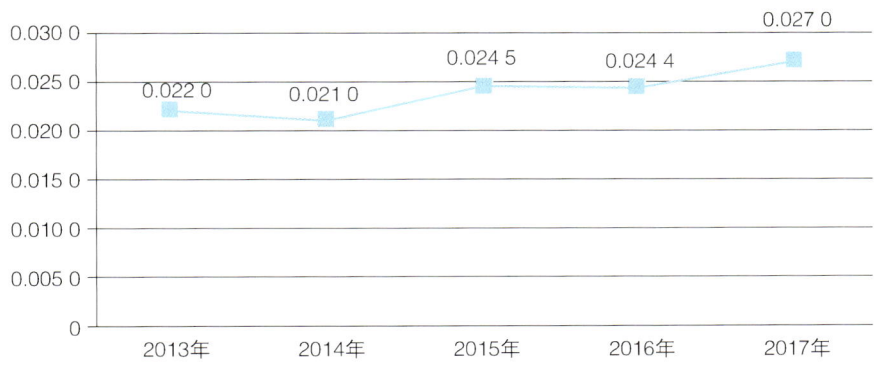

图 4-45　2013—2017 年中部产业园区创新发展指标得分均值变动

图 4-46　2013—2017 年中部产业园区产业合作指标得分均值变动

图 4-47　2013—2017 年中部产业园区公共服务指标得分均值变动

0.078 8；2013 年得分均值最低，为 0.059 5；2017 年百强榜中部产业园区公共服务指标均值与 2016 年相比上升了 6.34%（图 4-47）。

2013—2017 年，百强榜中部产业园区社会发展指标得分均值有起有落，波动幅度较大，近两年趋于平稳。2015 年百强榜中部产业园区社会发展指标得分均值为五年中的最高值;2017 年百强榜中部产业园区社会发展指标得分均值为五年来的最低值,即 0.094 5,与 2016 年持平(图 4-48)。

图 4-48　2013—2017 年中部产业园区社会发展指标得分均值变动

4.5.5　西部产业园区排名状况对比分析

西部产业园区入围百强榜的数量总体呈下降趋势,从 2013 年的 17 家减少至 2014 年的 14 家;但近三年来趋于稳定,保持在 15 家的水平。由百强榜可知,西部产业园区 2017 年共有 15 家上榜,其中高新技术产业开发区有 10 家,经济技术开发区有 5 家;2016 年百强榜西部地区共 15 家,其中高新技术产业开发区 9 家,经济技术开发区 6 家。据此,百强榜上西部产业园区数量总体虽无变化,但高新区和经开区数量发生了细微的调整。

近五年来,西部综合排名百强榜产业园区平均得分呈现"V"形变化趋势;与 2016 年相比,进入百强榜产业园区的总体得分则有所上升。西部地区的持续发展竞争力综合得分情况是:2016 年产业园区总得分 4.325 3,2017 年总得分 4.454 8,上升了 2.99%。平均得分则由 2016 年的 0.288 4 上升至 0.297 0,上升 2.98%,具体见表 4-23。

表 4-23　2016—2017 年持续发展竞争力总指标得分对比表

西部园区	2016 年	2017 年	增长率
园区个数(家)	15	15	0.00%
总得分	4.325 3	4.454 8	2.99%
平均得分	0.288 4	0.297 0	2.98%

4.5.6 西部产业园区单项指标变动分析

从 2013 年到 2017 年,西部产业园区经济发展指标平均得分呈先降再增的趋势,总体呈"U"形。2016 年西部产业园区百强榜的经济发展指标平均得分低于前三年的得分;但是 2017 年该指标突然上涨,这得益于西部各园区出口创汇的提升;2013 年百强榜西部园区的经济发展指标为最高值,得分为 0.041 6;2017 年经济发展指标得分均值为 0.039 6,与 2016 年相比大幅上升了 41.43%(图 4-49)。

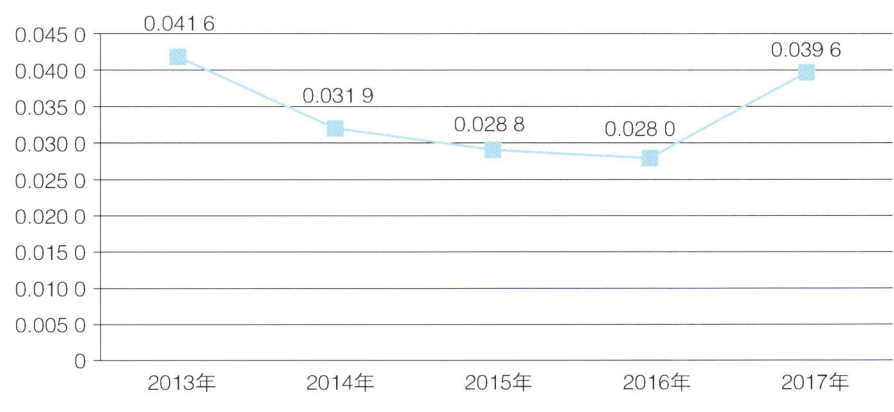

图 4-49 2013—2017 年西部产业园区经济发展指标得分均值变动

2013—2017 年,西部产业园区创新发展指标平均得分总体呈上升趋势。其中 2015—2016 年间增长最快,但近年增速放缓,2017 年与 2016 年相比增长了 1.77%,但与 2013 年相比则大幅增长了 69.12%(图 4-50)。

图 4-50 2013—2017 年西部产业园区创新发展指标得分均值变动

2013—2017 年,西部产业园区百强榜中产业合作指标平均得分呈现先降后升的形态。2013 年为 5 年内的峰值 0.088 1,但 2014 年得分下降至 0.062 9,自 2015 年开始又逐渐回升,此后 2016 年到 2017 年涨幅不大,相对稳定;2017 年,西部园区产业合作指标得分均值为 0.074 1,与 2016 年相比增加了 8.16%(图 4-51)。

图 4-51　2013—2017 年西部产业园区产业合作指标得分均值变动

近五年来,百强榜西部产业园区公共服务指标平均得分呈现逐年上升之后略有回落的趋势。2013 到 2014 年上升较明显,增长率为 21.35%;从 2015 年开始增速放缓,2016 年到 2017 年开始回落,但幅度不大;2017 年的平均得分为 0.071 1,与 2016 年相比降低了 5.33%(图 4-52)。

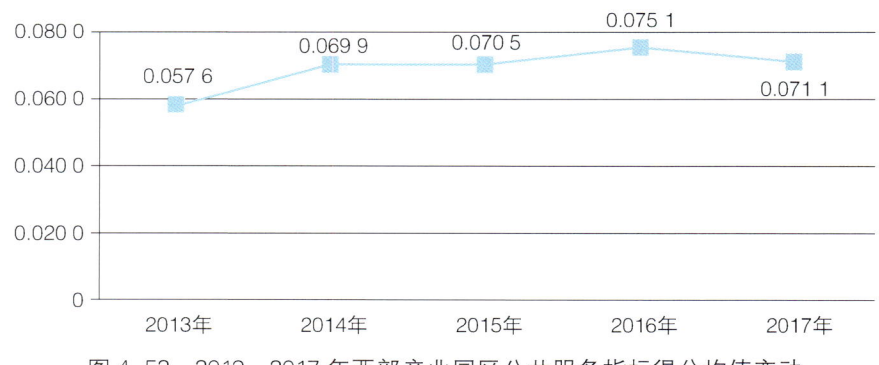

图 4-52　2013—2017 年西部产业园区公共服务指标得分均值变动

近五年来,百强榜西部产业园区社会发展指标平均得分呈先上升后下降再稳定的趋势。2014 年百强榜西部产业园区社会发展指标得分均值为 0.094 5,为五年来的峰值;2015 年到 2016 年下降了 5.41%,并趋于稳定;2017 年百强榜社会发展指标平均得分为 0.089 0,与 2016 年相比下降了 0.22%(图 4-53)。

图 4-53　2013—2017 年西部产业园区社会发展指标得分均值变动

4.5.7　各省市排名对比分析

与 2016 年相比,河北、内蒙古、海南 3 个省入围百强榜的园区个数有所上升,福建、四川、重庆 3 个省份(直辖市)入围百强榜的园区个数有所下降,其余省份入围数量则保持不变。其中内蒙古继 2014 年后再入百强榜,海南更是第 1 次进入百强名单,而 2016 年退出的山西省园区依然未能进榜(表 4-24)。

表 4-24　2016—2017 年各省市园区数量与排名

省市	园区个数(家)		数量排名		省市	园区个数(家)		数量排名	
	2016 年	2017 年	2016 年	2017 年		2016 年	2017 年	2016 年	2017 年
江苏	20	20	1	1	北京	2	2	17	15
山东	11	11	2	2	天津	2	2	18	16
广东	9	9	3	3	陕西	2	2	15	17
浙江	7	7	4	4	吉林	2	2	14	18
安徽	4	4	6	5	湖北	2	2	10	19
湖南	4	4	8	6	贵州	2	2	20	20
福建	4	3	16	7	广西	2	2	22	21
四川	4	3	11	8	甘肃	2	2	23	22
上海	3	3	9	9	重庆	2	1	21	23
辽宁	3	3	5	10	云南	1	1	24	24

续表

	园区个数(家)		数量排名			园区个数(家)		数量排名	
江西	3	3	17	11	新疆	1	1	25	25
黑龙江	3	3	13	12	内蒙古	0	1	27	26
河南	3	3	12	13	海南	0	1	27	27
河北	2	3	7	14					

五年来,绝大部分省市入围百强榜的园区数量变化不大,各年相差在 1~2 个之内。值得关注的是江苏省入围的园区数量从 2013 年的 15 个逐年增长至 2017 年的 20 个,园区发展成效显著。同时,有数量逐年减少直至近两年跌出百强榜的省市,如青海及山西;也有强势回归或进入百强榜的省市,如内蒙古和海南。

与 2016 年相比,五个省份的百强榜产业园区平均得分有所下降。由百强榜各省份产业园区平均得分对比分析可知,2016 至 2017 年度各省市入围百强榜园区的平均得分变化较总得分变化相对平缓,平均得分涨幅最大的是湖北省,达到了 17.95%;另外北京、新疆、云南、河北也有较大涨幅,均在 5% 以上;其余各省市的涨幅均在 5% 以内。2017 年百强榜产业园区平均得分下降的 5 个省市分别为天津、陕西、河南、福建、江西。各省市的具体变化情况见表 4-25 和图 4-54。

表 4-25 2016—2017 年各省市园区持续发展竞争力平均得分对比表

省市	平均得分排名		平均得分		增长率
	2016 年	2017 年	2016 年	2017 年	
北京	1	1	0.616 6	0.702 6	13.95%
上海	2	2	0.452 8	0.470 3	3.86%
湖北	4	3	0.359 7	0.424 3	17.95%
天津	3	4	0.403 1	0.365 6	-9.31%
陕西	5	5	0.351 2	0.350 9	-0.08%
四川	6	6	0.338 1	0.343 5	1.59%
安徽	7	7	0.331 7	0.333 3	0.48%
广东	8	8	0.326 2	0.331 5	1.63%
辽宁	9	9	0.311 3	0.323 7	3.98%

续表

	平均得分排名		平均得分		增长率
吉林	10	10	0.305 2	0.310 3	1.68%
江苏	13	11	0.298 7	0.305 8	2.38%
浙江	15	12	0.292	0.305 1	4.50%
山东	14	13	0.293	0.297 1	1.40%
河南	11	14	0.302 7	0.293 2	−3.13%
新疆	20	15	0.267 5	0.290 0	8.41%
福建	16	16	0.290 4	0.288 9	−0.51%
湖南	17	17	0.284	0.287 1	1.10%
江西	12	18	0.301 7	0.286 1	−5.19%
云南	21	19	0.266 6	0.284 6	6.76%
黑龙江	18	20	0.279 2	0.279 8	0.22%
广西	19	21	0.269 3	0.278 4	3.38%
贵州	22	22	0.265 9	0.274 6	3.27%
河北	24	23	0.253	0.267 9	5.88%
甘肃	23	24	0.253 5	0.264 6	4.40%
内蒙古	27	25	0.248 5	0.258 2	3.89%
海南	27	26	—	0.255 1	—
重庆	26	27	0.248 7	0.254 5	2.35%
西藏	—	—	—	—	—
宁夏	—	—	—	—	—
青海	—	—	—	—	—

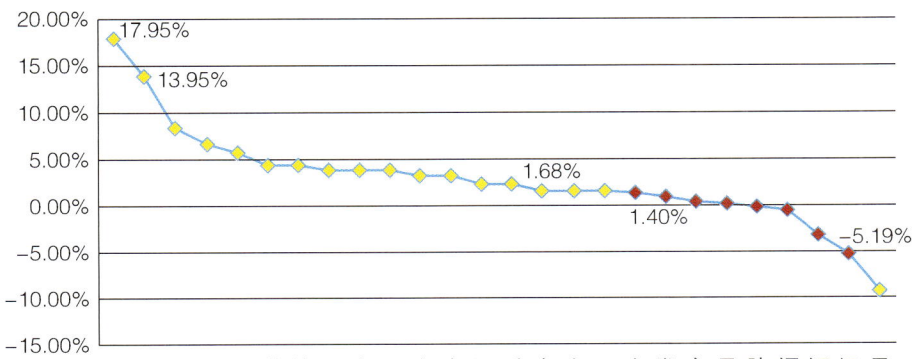

图 4-54　各省市百强园区平均得分增长率

第5章

中国产业园区持续发展类别排名分析

本章根据 2017 年国家级产业园区持续发展竞争力综合排名百强榜,主要针对进入百强榜的高新技术产业开发区和经济技术开发区进行了比较分析。首先对两类产业园区进行综合排名分析,然后展开两类园区的对比分析,最后进行时间序列的情况分析。

5.1 高新技术产业开发区持续发展排名分析

5.1.1 高新技术产业开发区总体状况分析

综合排名百强榜中,高新区平均得分高于百强榜全部园区的平均得分,中关村国家自主创新示范区综合得分占绝对优势,上海张江国家自主创新示范区次之,其余园区间得分差距较小,呈现连续性分布特征。进入综合排名百强榜的 51 家高新区占高新区总数的 32.7%,百强中的高新区平均得分为 0.323 8,略高于百强产业园区总体得分均值 0.319 3。位列榜首的中关村国家自主创新示范区得分为 0.969 6,是第 2 名上海张江国家自主创新示范区得分(0.773 7)的 1.25 倍。武汉东湖国家自主创新示范区得分为 0.490 7,其他高新区综合得分在 0.25~0.45 之间呈连续分布形态(图 5-1)。

综合排名百强榜中,东部高新区数量和均值均占绝对优势。从综合排名百强榜高新技术产业开发区的区域分布来看,东部拥有 29 家,占百强榜高新区总数的 56.86%;中部拥有 12 家,占 23.53%;西部拥有 10 家,占 19.61%。从百强榜中各地区高新技术产业开发区综合得分总值来看,东部高新区为 9.839 6,占

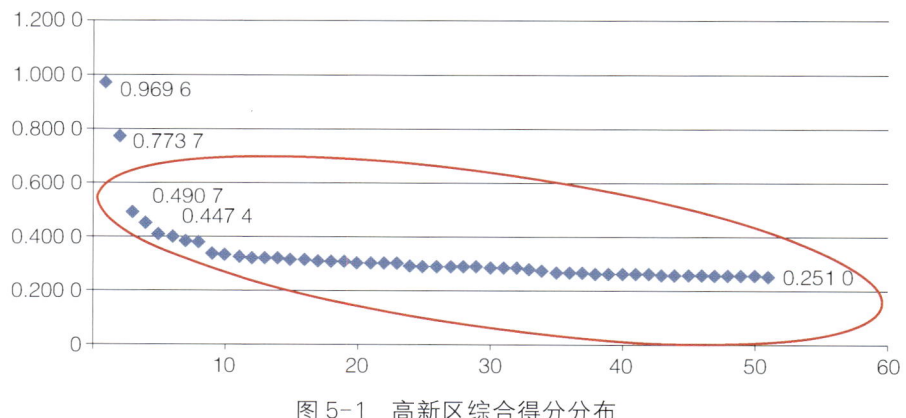

图 5-1 高新区综合得分分布

百强榜高新区的 59.58%,中部高新区为 3.678 5,占 22.27%,西部高新区为 2.997 8,占 18.15%(图 5-2);从百强榜中各区域高新技术产业开发区综合得分的均值来看,东部高新区平均得分为 0.339 3,高于百强高新区的平均值 0.323 8;中部高新区和西部高新区平均得分分别为 0.306 5、0.299 8,均低于百强高新区的平均值(图 5-3)。

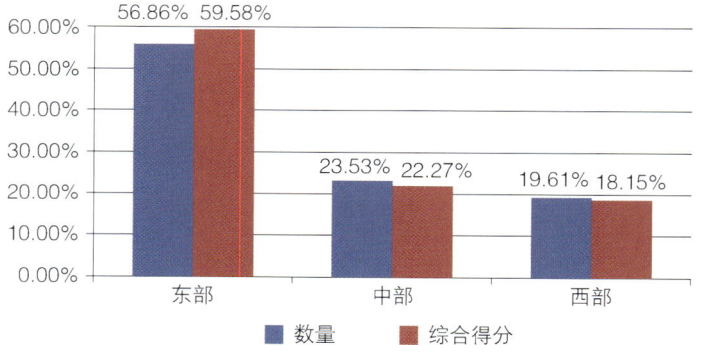

图 5-2 高新区各区域数量比例及综合得分比例

5.1.2 高新技术产业开发区前 10 强排名分析

综合排名前 10 强高新区中,中关村国家自主创新示范区以绝对优势依旧位列榜首,上海张江国家自主创新示范区位列第 2 名,其余园区呈连续分布特征。中关村国家自主创新示范区得分是第 2 名的 1.25 倍,而第 2 名上海张江国家自

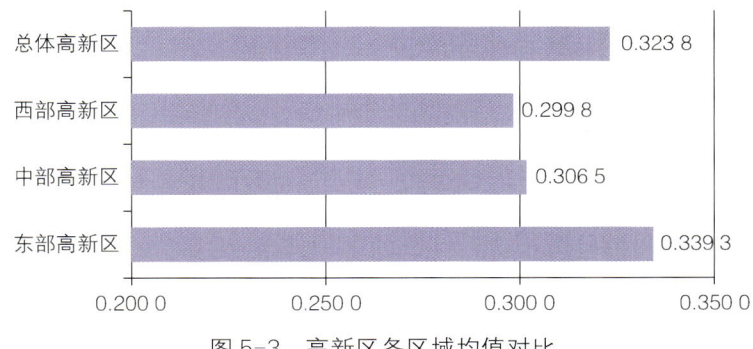

图 5-3 高新区各区域均值对比

表 5-1 高新技术产业开发区前 10 强排名与得分

排名	高新区名称	省市	区域	综合得分	百强榜排名
1	中关村国家自主创新示范区	北京	东	0.969 6	1
2	上海张江国家自主创新示范区	上海	东	0.773 7	2
3	武汉东湖国家自主创新示范区	湖北	中	0.490 7	5
4	成都高新技术产业开发区	四川	西	0.447 4	6
5	合肥高新技术产业开发区	安徽	中	0.405 1	8
6	深圳高新技术产业开发区	广东	东	0.394 3	9
7	杭州高新技术产业开发区	浙江	东	0.385 8	11
8	西安高新技术产业开发区	陕西	西	0.380 9	12
9	天津滨海高新技术产业开发区	天津	东	0.338 6	21
10	苏州国家高新技术产业开发区	江苏	东	0.332 0	22

主创新示范区是第 3 名武汉东湖国家自主创新示范区得分的 1.58 倍(表 5-1)。前两名高新区综合得分远高于百强榜高新区综合得分水平。苏州国家高新技术产业开发区因其发展较高的经济发展水平新进入综合排名前 10 强。

综合排名高新区前 10 强中,东部地区得分占绝对优势。从综合得分总和来看,高新区前 10 强东部高新区在数量与综合水平上更具优势(图 5-4)。从综合得分的均值来看,高新区前 10 强中,东部高新区平均得分为 0.532 3,高于高新区前 10 强的平均值 0.491 8;中部高新区平均得分为 0.447 9;西部高新区平均得分为 0.414 1。中部和西部前 10 强高新区均值都低于高新区前 10 强均值。可以看出,东部高新区在持续发展竞争力的平均水平上高于中部、西部地区,占有绝对优势(图 5-5)。

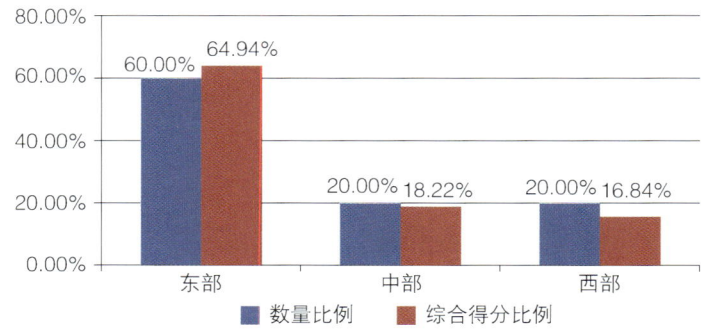

图 5-4　高新区前 10 强各区域数量比例与综合得分比例

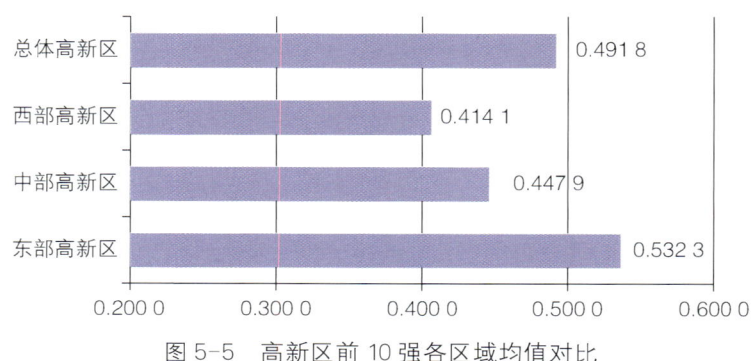

图 5-5　高新区前 10 强各区域均值对比

5.1.3　高新技术产业开发区单项指标排名分析

1. 经济发展指标

经济发展指标上,中关村国家自主创新示范区得分具有绝对优势,位列榜首,上海张江国家自主创新示范区与西安高新技术产业开发区组成第二梯队,其余相邻名次间差距较小,呈现连续性分布特征。中关村国家自主创新示范园区得分 0.265 2,为第 2 名上海张江国家自主创新示范区得分的 1.37 倍,是第 10 名长沙高新技术产业开发区的 4.58 倍,远远超出其他园区(表 5-2)。由于"一带一路"建设的实施,2017 年,西安高新技术产业开发区出口创汇额实现爆发性增长,显著提高了西安高新技术产业开发区的经济地位。

东部高新区在数量上和得分均值上占有优势。从数量上来看,东部高新区有 6 家,中部高新区 2 家,西部 2 家。从各区域的均值来看,6 家东部高新区经济

表 5-2 高新区经济发展指标前 10 强排名与得分

排名	高新区名称	省市	区域	指标得分
1	中关村国家自主创新示范区	北京	东	0.265 2
2	上海张江国家自主创新示范区	上海	东	0.193 9
3	西安高新技术产业开发区	陕西	西	0.138 4
4	成都高新技术产业开发区	四川	西	0.097 6
5	武汉东湖国家自主创新示范区	湖北	中	0.090 5
6	无锡国家高新技术产业开发区	江苏	东	0.083 3
7	深圳高新技术产业开发区	广东	东	0.079 5
8	合肥高新技术产业开发区	安徽	中	0.069 7
9	南京国家高新技术产业开发区	江苏	东	0.064 2
10	惠州仲恺高新技术开发区	广东	东	0.057 9

发展指标得分的均值为 0.124 0,2 家中部高新区经济发展指标得分的均值为 0.080 1,2 家西部高新区经济发展指标得分的均值为 0.118 0。

2. 创新发展指标

创新发展指标第 1 名仍是中关村国家自主创新示范区,中关村国家自主创新示范区和上海张江国家自主创新示范区在创新发展指标的得分上分别列为第 1、第 2 名,二者在该项指标上具有较强优势,其余相邻名次间得分差距较小。创新发展指标排名前 3 位均为东部园区。其中中关村国家自主创新示范区因其地理位置、教育资源、科研实力等优势,在创新发展指标上保持着一贯的优势,其指标得分为 0.251 3,是第 2 名上海张江国家自主创新示范区得分的 1.35 倍,是第 10 名合肥高新技术产业开发区指标得分的 6.74 倍(表 5-3)。

表 5-3 高新区创新发展指标前 10 强排名与得分

排名	高新区名称	省市	区域	指标得分
1	中关村国家自主创新示范区	北京	东	0.251 3
2	上海张江国家自主创新示范区	上海	东	0.186 8
3	武汉东湖国家自主创新示范区	湖北	中	0.099 3
4	杭州高新技术产业开发区	浙江	东	0.077 0

续表

排名	高新区名称	省市	区域	指标得分
5	南宁高新技术产业开发区	广西	西	0.066 7
6	惠州仲恺高新技术开发区	广东	东	0.053 4
7	兰州高新技术产业开发区	甘肃	西	0.045 6
8	成都高新技术产业开发区	四川	西	0.045 0
9	深圳高新技术产业开发区	广东	东	0.039 3
10	桂林高新技术产业开发区	广西	西	0.037 3

创新发展指标前 10 强 2017 年没有较大的变化。深圳高新技术产业开发区进入前 10 强。2017 年,深圳高新技术产业开发区专利申请量大幅增长,园区内创新氛围浓厚。

东部高新区在创新发展指标上占据得分均值的优势,西部有 4 家高新区进入创新发展指标前 10 强。从数量上来看,东部有 5 家,中部 1 家,西部 4 家;从各区域的均值来看,5 家东部高新区创新发展指标得分的均值为 0.121 6,1 家中部高新区创新发展指标的得分为 0.099 3,4 家西部高新区创新发展指标得分的均值为 0.048 6。其中东部高新区在创新发展的质量上具有绝对优势,中部次之。

3. 产业合作指标

产业合作指标第一梯队为上海张江国家自主创新示范区、中关村国家自主创新示范区,其余相邻名次间园区得分差距较小,呈现连续性分布特征。2017 年,上海张江国家自主创新示范区进一步巩固了产业合作方面的优势,位列榜首,得分为 0.209 6,略微领先于中关村国家自主创新示范区(表 5-4)。2017 年有 3 家新进入榜单的园区,分别是厦门火炬高技术产业开发区、泰州医药高新技术产业开发区、郑州高新技术产业开发区。2017 年,泰州医药高新技术产业开发区、郑州高新技术产业开发区被评为新型国家工业化产业示范基地,泰州医药高新技术产业开发区、厦门火炬高技术产业开发区的分园区数量增加至 7 家,分园区建设效果显著,产业园区合作加强。

东部高新区在产业合作指标上占据数量与得分均值的优势。从产业合作指标前 10 强的高新区的区域分布情况来看,东部 6 家,中部 3 家,西部 1 家。东部

表 5-4 高新区产业合作指标前 10 强排名与得分

排名	高新区名称	省市	区域	指标得分
1	上海张江国家自主创新示范区	上海	东	0.209 6
2	中关村国家自主创新示范区	北京	东	0.201 4
3	成都高新技术产业开发区	四川	西	0.113 4
4	深圳高新技术产业开发区	广东	东	0.105 1
5	厦门火炬高技术产业开发区	福建	东	0.102 3
6	武汉东湖国家自主创新示范区	湖北	中	0.100 4
7	宁波高新技术产业开发区	浙江	东	0.098 9
8	泰州医药高新技术产业开发区	江苏	东	0.097 7
9	长沙高新技术产业开发区	湖南	中	0.097 2
10	郑州高新技术产业开发区	河南	中	0.097 0

具有绝对数量优势,东部园区表现出较强的园区合作理念,以及对持续平衡发展的重视;从各区域均值来看,6 家东部高新区产业合作指标得分的均值为 0.135 8,3 家中部高新区产业合作指标得分均值为 0.098 2,1 家西部高新区产业合作指标的得分为 0.113 4。可以看出,在产业合作排名前 10 强高新区中,东部在发展质量上仍然具有优势。

4. 公共服务指标

公共服务指标方面第 1 名为中关村国家自主创新示范区,总体名次间差距较小,呈现连续性分布特征。从公共服务指标前 10 强排名及其得分可以看出,中关村国家自主创新示范区在公共服务指标得分上占较大优势,这主要得益于其完善的园区组织结构、优越的地理位置以及由此带来的良好的服务水平。其余相邻排名产业园区之间的得分差距较小,呈连续分布态势(表 5-5)。

表 5-5 高新区公共服务指标前 10 强排名与得分

排名	高新区名称	省市	区域	指标得分
1	中关村国家自主创新示范区	北京	东	0.120 7
2	深圳高新技术产业开发区	广东	东	0.106 3
3	武汉东湖国家自主创新示范区	湖北	中	0.101 2

续表

排名	高新区名称	省市	区域	指标得分
4	合肥高新技术产业开发区	安徽	中	0.099 3
5	青岛高新技术产业开发区	山东	东	0.099 2
6	长春高新技术产业开发区	吉林	中	0.099 0
7	上海张江国家自主创新示范区	上海	东	0.097 9
8	宁波高新技术产业开发区	浙江	东	0.096 5
9	天津滨海高新技术产业开发区	天津	东	0.085 9
10	无锡国家高新技术产业开发区	江苏	东	0.084 6

武汉东湖国家自主创新示范区、天津滨海高新技术产业开发区新进高新区公共服务指标前10强。2017年，武汉东湖国家自主创新示范区通过了ISO9000认证；天津滨海高新技术产业开发区在2017年的大环境下各指标保持稳定。

东部高新区在公共服务指标上占据绝对数量优势，但中部高新区得分均值处于优势地位。东部高新区在公共服务指标上占据绝对数量优势，但得分均值低于中部高新区。从数量上来看，东部7家，中部3家，中西部由于地理条件的限制处于劣势地位；从各区域均值来看，7家东部高新区公共服务指标得分均值为0.098 7，3家中部高新区公共服务指标得分均值为0.099 8，中部高新区在公共服务方面的优势得以显现。

5. 社会发展指标

社会发展指标第一梯队为中关村国家自主创新示范区、常州国家高新技术产业开发区，其余相邻名次间得分差距较小，呈现连续性分布特征。社会发展前3强为中关村国家自主创新示范区、常州国家高新技术产业开发区、天津滨海高新技术产业开发区。前3强均为比较有代表性的产业园区，有着较高的媒体曝光率和社会声誉，正面品牌宣传较多，对园区品牌形象塑造比较关注，同时，园区周边的社会服务能力良好，学校、医院、商场齐全，配套设施完善。各相邻排名的产业园区之间的得分基本上呈连续分布状态（表5-6）。

桂林高新技术产业开发区、济宁高新技术产业开发区、淄博高新技术产业开发区、惠州仲恺高新技术开发区新进高新区社会发展指标前10强。桂林高新技

表 5-6 高新区社会发展指标前 10 强排名与得分

排名	高新区名称	省市	区域	指标得分
1	中关村国家自主创新示范区	北京	东	0.137 6
2	常州国家高新技术产业开发区	江苏	东	0.123 6
3	天津滨海高新技术产业开发区	天津	东	0.118 2
4	南昌高新技术产业开发区	江西	中	0.113 6
5	成都高新技术产业开发区	四川	西	0.110 8
6	合肥高新技术产业开发区	安徽	中	0.110 0
7	桂林高新技术产业开发区	广西	西	0.107 7
8	济宁高新技术产业开发区	山东	东	0.106 4
9	淄博高新技术产业开发区	山东	东	0.106 0
10	惠州仲恺高新技术开发区	广东	东	0.105 4

术产业开发区、济宁高新技术产业开发区、惠州仲恺高新技术开发区通过 ISO14000 认证;淄博高新技术产业开发区周围配套的社会服务齐全。

东部高新区在社会发展指标上占据绝对数量优势,但得分均值优势不显著。从数量上来看,东部 6 家,中部 2 家,西部 2 家,主要集中于东部。从各区域均值来看,6 家东部高新区社会发展指标得分均值为 0.116 2,2 家中部高新区社会发展指标得分的均值为 0.111 8,2 家西部高新区社会发展指标得分的均值为 0.109 2。由此可见东部平均水平略高,中部和西部之间的差异较小。

5.2 经济技术开发区持续发展排名分析

5.2.1 经济技术开发区总体状况分析

综合排名百强榜中,49 家上榜经开区综合得分均值低于百强榜园区得分均值,前 2 强得分遥遥领先,其余园区得分呈连续分布状态。进入综合排名百强榜的 49 家经开区占经开区总数的 22.37%。百强榜中的经开区平均得分为 0.314 6,低于百强榜产业园区总体得分均值 0.319 3。排名位于经开区前 2 强的苏州工业园区、广州经济技术开发区得分明显高于其他经开区。其中苏州工业园区得分为 0.595 4,广州经济技术开发区得分为 0.515 8。其他经开区综合得分在 0.24~0.44 之间,基本呈连续分布形态(图 5-6)。

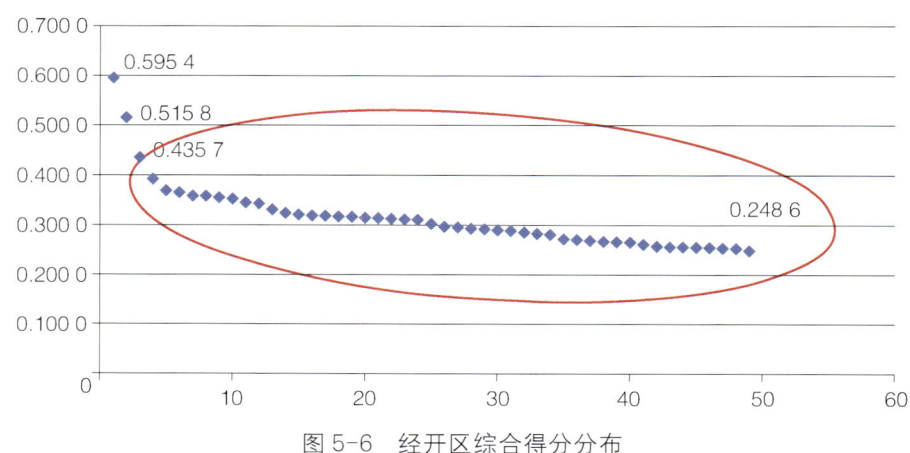

图 5-6 经开区综合得分分布

综合排名百强榜中的经开区,东部经开区排名数量和得分均值占绝对优势。数量上,东部 35 家,占比 71.43%;中部 9 家,占比 18.37%;西部 5 家,占比 10.20%。综合得分方面,东部经开区为 11.108 3,占百强经开区的 72.06%;中部经开区为 2.849 6,占百强经开区的 18.49%;西部经开区为 1.457 0,占百强经开区的 9.45%(图 5-7);从百强榜中各地域经济技术产业开发区综合得分的均值来看,东部经开区平均得分最高,为 0.317 4,其次是中部经开区,平均得分为 0.316 6,中东部经开区平均得分均高于百强经开区的平均值 0.314 6;西部经开区平均得分为 0.291 4(图 5-8)。

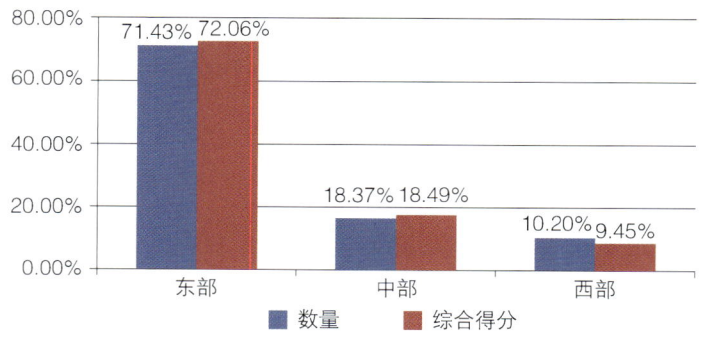

图 5-7 经开区各区域数量比例及综合得分比例

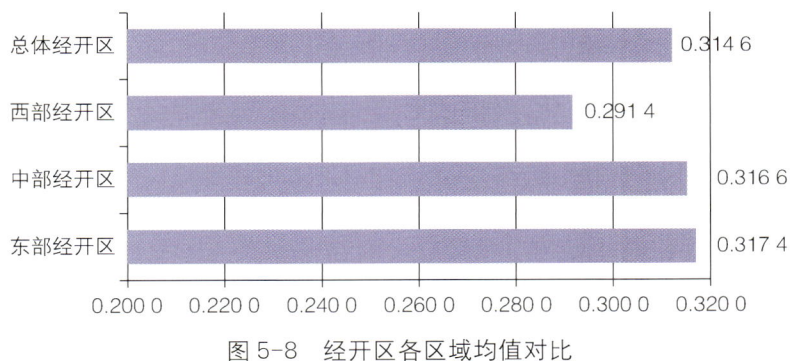

图 5-8 经开区各区域均值对比

5.2.2 经济技术开发区前 10 强排名分析

综合排名前 10 强经开区中,前 3 强是苏州工业园区、广州经济技术开发区、北京经济技术开发区。苏州工业园区以 0.595 4 的绝对得分优势位居榜首,是第 2 名广州经济技术开发区得分的 1.15 倍,是第 10 名的 1.70 倍(表 5-7)。

表 5-7 经济技术开发区前 10 强排名与得分

排名	经开区名称	省市	区域	综合得分	百强榜排名
1	苏州工业园区	江苏	东	0.595 4	3
2	广州经济技术开发区	广东	东	0.515 8	4
3	北京经济技术开发区	北京	东	0.435 7	7
4	天津经济技术开发区	天津	东	0.392 6	10
5	大连经济技术开发区	辽宁	东	0.369 4	13
6	青岛经济技术开发区	山东	东	0.365 3	14
7	烟台经济技术开发区	山东	东	0.358 9	15
8	武汉经济技术开发区	湖北	中	0.357 9	16
9	昆山经济技术开发区	江苏	东	0.355 2	17
10	合肥经济技术开发区	安徽	中	0.352 8	18

综合排名前 10 强经开区中,8 家位于东部,2 家位于中部,区域差异明显。我国经济技术开发区发展历程是从沿海、沿江城市开始逐渐向内陆中心城市推进,可以看出目前经开区在东中西部之间发展很不均衡,但内陆的经济技术开发区已经具有较好的发展势头。

5.2.3 经济技术开发区单项指标排名分析

1. 经济发展指标

经济发展指标排名前2强的苏州工业园区、昆山经济开发区具有较大优势，其余相邻名次间得分差距较小，呈现连续性分布特征。苏州工业园区经济发展指标得分为0.160 5，是第2名昆山经济开发区的1.06倍，是第10名的2.40倍（表5-8）。

表5-8　经开区经济发展指标前10强排名与得分

排名	经开区名称	省市	区域	指标得分
1	苏州工业园区	江苏	东	0.160 5
2	昆山经济技术开发区	江苏	东	0.151 2
3	广州经济技术开发区	广东	东	0.111 4
4	天津经济技术开发区	天津	东	0.103 4
5	乌鲁木齐经济技术开发区	新疆	西	0.083 2
6	北京经济技术开发区	北京	东	0.071 1
7	江宁经济技术开发区	江苏	东	0.069 5
8	广州南沙经济技术开发区	广东	东	0.069 2
9	青岛经济技术开发区	山东	东	0.067 8
10	烟台经济技术开发区	山东	东	0.066 8

经开区经济发展指标前10强中，9家位于东部地区，由此可见东部经开区在经济发展水平上均具有绝对优势。

2. 创新发展指标

创新发展指标上，苏州工业园区、广州经济技术开发区处于第一梯队，南昌经济技术开发区、漕河泾新兴技术开发区为第二梯队，其余相邻名次间得分差距较小，呈现连续性分布特征。2017年，苏州工业园区、广州经济技术开发区在创新发展指标上表现出较大的优势（表5-9）。长沙经济技术开发区新进创新发展指标前10强榜单。这主要得益于2017年长沙经济开发区专利数量高速增长，园区内创新氛围浓厚。

表 5-9 经开区创新发展指标前 10 强排名与得分

排名	经开区名称	省市	区域	指标得分
1	苏州工业园区	江苏	东	0.086 7
2	广州经济技术开发区	广东	东	0.085 2
3	南昌经济技术开发区	江西	中	0.069 0
4	漕河泾新兴技术开发区	上海	东	0.064 3
5	大连经济技术开发区	辽宁	东	0.045 8
6	北京经济技术开发区	北京	东	0.045 3
7	天津经济技术开发区	天津	东	0.034 0
8	南京经济技术开发区	江苏	东	0.032 5
9	合肥经济技术开发区	安徽	中	0.030 2
10	长沙经济技术开发区	湖南	中	0.029 8

东部经开区在创新发展指标上占据数量与得分均值的优势。从数量上来看,东部 7 家,中部 3 家,东部具有绝对的数量优势;从各区域均值来看,7 家东部经开区创新发展指标得分的均值为 0.056 3,3 家中部经开区创新发展指标得分均值为 0.043 0,东部经开区平均创新发展水平高于其他区域。

3. 产业合作指标

产业合作指标上,广州经济技术开发区具有较大优势,位列榜首,其余相邻名次之间得分差距较小,呈现连续分布状态。广州经济技术开发区产业合作指标得分为 0.128 9,是第 2 名漕河泾经济技术开发区的 1.19 倍(表 5-10)。与 2016 年经开区产业合作指标排名前 10 强相比,2017 年产业合作指标前 10 强有微小变动,大连经济技术开发区、天津经济技术开发区、南通经济技术开发区新入围 2017 年前 10 强榜单。2017 年,这三家园区世界 500 强企业入驻数量增加,产业集聚度提升。

东部经开区在产业合作指标上占据数量与得分均值的优势。从产业合作指标前 10 强经开区的区域分布情况来看,东部 9 家,西部 1 家。东部经开区仍然具有数量优势;从各区域的均值来看,9 家东部经开区产业合作指标得分的均值为 0.100 8,东部经开区内上市公司数量和世界 500 强企业数量均优于中部经开区和西部经开区。

表 5-10　经开区产业合作指标前 10 强排名与得分

排名	经开区名称	省市	区域	指标得分
1	广州经济技术开发区	广东	东	0.128 9
2	漕河泾新兴技术开发区	上海	东	0.108 2
3	苏州工业园区	江苏	东	0.101 8
4	北京经济技术开发区	北京	东	0.098 1
5	惠州大亚湾经济技术开发区	广东	东	0.094 7
6	烟台经济技术开发区	山东	东	0.094 5
7	大连经济技术开发区	辽宁	东	0.094 0
8	天津经济技术开发区	天津	东	0.093 5
9	南通经济技术开发区	江苏	东	0.093 2
10	成都经济技术开发区	四川	西	0.091 5

4. 公共服务指标

经济技术开发区公共服务指标前 10 强之间得分差距较小,整体上呈连续分布状态。第 1 名苏州工业园区得分 0.127 4,第 10 名常熟经济技术开发区得分 0.095 5,数据显示,公共服务指标前 10 强得分差距很小(表 5-11)。

表 5-11　经开区公共服务指标前 10 强排名与得分

排名	经开区名称	省市	区域	指标得分
1	苏州工业园区	江苏	东	0.127 4
2	广州经济技术开发区	广东	东	0.114 4
3	连云港经济技术开发区	江苏	东	0.107 3
4	广州南沙经济技术开发区	广东	东	0.104 5
5	萍乡经济技术开发区	江西	中	0.100 9
6	福州经济技术开发区	福建	东	0.099 6
7	威海经济技术开发区	山东	东	0.098 5
8	青岛经济技术开发区	山东	东	0.097 1
9	沈阳经济技术开发区	辽宁	东	0.096 4
10	常熟经济技术开发区	江苏	东	0.095 5

2017 年经开区公共服务指标前 10 强具有一定的调整。萍乡经济技术开发区、福州经济技术开发区、威海经济技术开发区和沈阳经济技术开发区新入围

2017年经开区公共服务指标排行榜前10强。

东部经开区在公共服务指标上占据数量与得分均值的优势。从数量上来看,东部9家,中部1家,东部具有绝对的数量优势;从各区域的均值来看,9家东部经开区公共服务指标得分的均值为0.104 5,可以看出,在公共服务指标上,东部经开区领先于其他区域。

5. 社会发展指标

经开区中社会发展指标前10强得分差距较小,呈现连续分布状态。其中,北京经济技术开发区以0.1310的得分位居榜首(表5-12)。

表5-12 经开区社会发展指标前10强排名与得分

排名	经开区名称	省市	区域	指标得分
1	北京经济技术开发区	北京	东	0.131 0
2	南京经济技术开发区	江苏	东	0.124 6
3	苏州工业园区	江苏	东	0.119 0
4	哈尔滨经济技术开发区	黑龙江	中	0.112 3
5	徐州经济技术开发区	江苏	东	0.110 7
6	郑州经济技术开发区	河南	中	0.108 1
7	嘉兴经济技术开发区	浙江	东	0.107 1
8	淮安经济技术开发区	江苏	东	0.107 0
9	合肥经济技术开发区	安徽	中	0.105 9
10	温州经济技术开发区	浙江	东	0.105 7

哈尔滨经济技术开发区、嘉兴经济技术开发区、淮安经济技术开发区和温州经济技术开发区新入围社会发展指标前10强。2017年,哈尔滨经济技术开发区入选生态工业示范园区,同时,园区周围社会服务能力排名较高;嘉兴经济技术开发区、淮安经济技术开发区和温州经济技术开发区在园区周边拥有大量的医院和商场,园区配套设施完善。

社会发展指标排名前10强的园区中,东部经开区具有数量上的绝对优势。东部地区有7家经开区进入社会发展指标排行榜前10名,中部3家入选,西部未入选。数据显示东部经开区在社会发展指标的竞争力上显著优于中西部。

5.3 高新技术产业开发区与经济技术开发区对比分析

5.3.1 高新技术产业开发区与经济技术开发区总体状况对比

综合排名百强榜中,高新区在数量和平均得分上都高于经开区。综合排名前百强的高新技术产业开发区共有 51 家,平均得分为 0.323 8,略高于百强产业园区的得分均值 0.319 3。综合排名前百强的经济技术开发区总共有 49 家,平均得分为 0.314 6,低于百强产业园区的得分均值。

东部高新区、经开区在入选数量和综合得分上均大于中西部园区。从高新区和经开区各区域的绝对数量和综合得分来看(图 5-9、图 5-10),东部经开区数

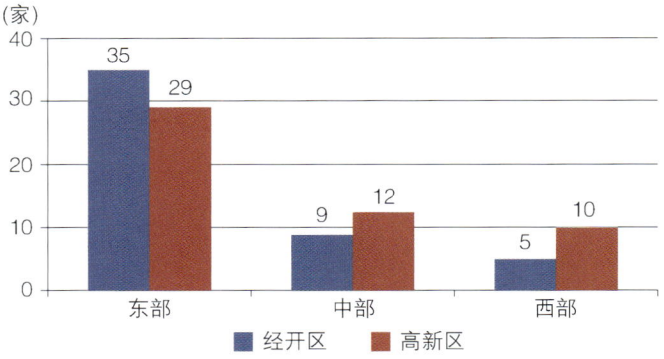

图 5-9 高新区和经开区各区域的数量比较

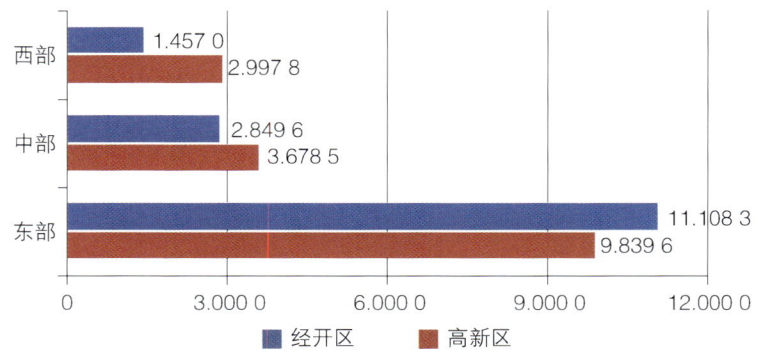

图 5-10 高新区和经开区各区域的综合得分比较

量、综合得分均高于东部高新区;中、西部经开区数量、综合得分均低于中、西部高新区。从高新区和经开区的区域平均水平来看,东部和西部综合排名前百强的高新区得分均值均高于综合排名前百强的经开区(图 5-11),表明在东部和西部地区,高新区在持续发展竞争力的平均水平上高于经开区。

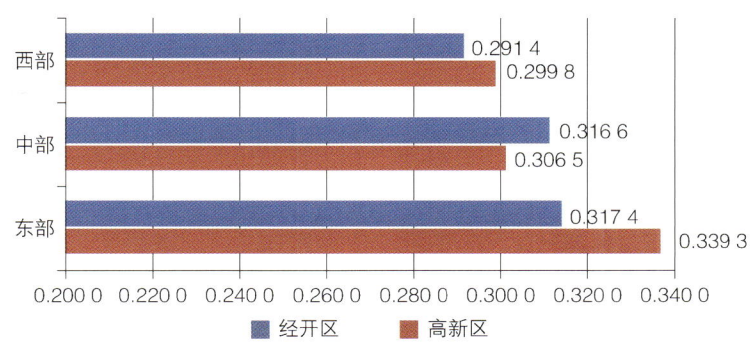

图 5-11　高新区和经开区各区域的均值比较

5.3.2　高新技术产业开发区与经济技术开发区前 10 强对比

高新区前 10 强得分均值高于经开区前 10 强得分均值,高新区均值和经开区均值较 2016 年均有增长,高新区均值增长幅度大于经开区均值增长幅度。从高新技术产业开发区和经济技术开发区前 10 强的得分均值来看(图 5-12),高新区前 10 强的得分均值为 0.491 8,高于经开区 0.409 9。数据显示,高新区在持续发展竞争力的平均水平上高于经开区。高新区和经开区的前 10 强得分均值与 2016 年相比均有所增长,经开区前 10 强均值增长幅度为 0.24%,高新区前 10 强均值增长幅度为 4.15%(图 5-13)。

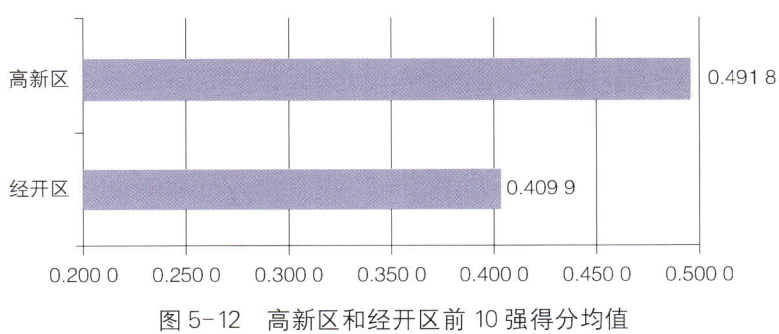

图 5-12　高新区和经开区前 10 强得分均值

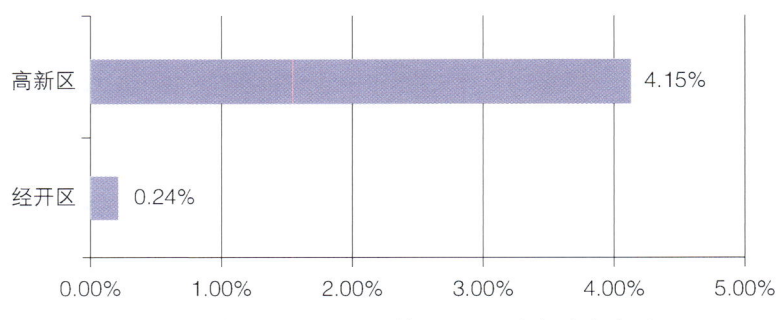

图 5-13　高新区和经开区前 10 强均值变动速度对比

高新区和经开区前 10 强地域分布上,东部地区占数量上的绝对优势。从数量分布情况来看,高新区前 10 强在东部地区有 6 家;经开区前 10 强除合肥经济技术开发区和武汉经济技术开发区外全部集中在东部,东部经开区具有明显数量优势(图 5-14)。从均值比较来看,在各个区域上,前 10 强高新区的平均得分高于前 10 强经开区的平均得分,数据显示,高新区的持续发展竞争力的平均水平要高于经开区(图 5-15)。

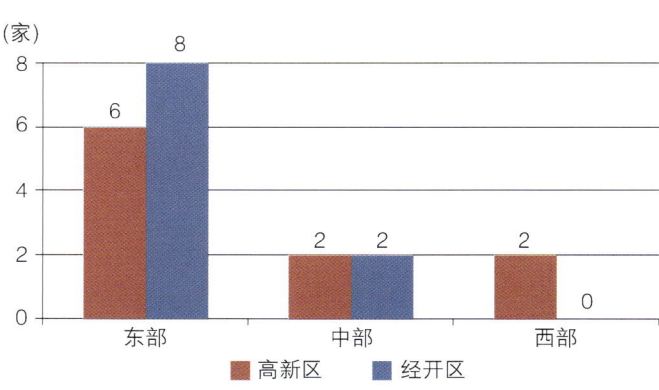

图 5-14　高新区和经开区前 10 强区域分布

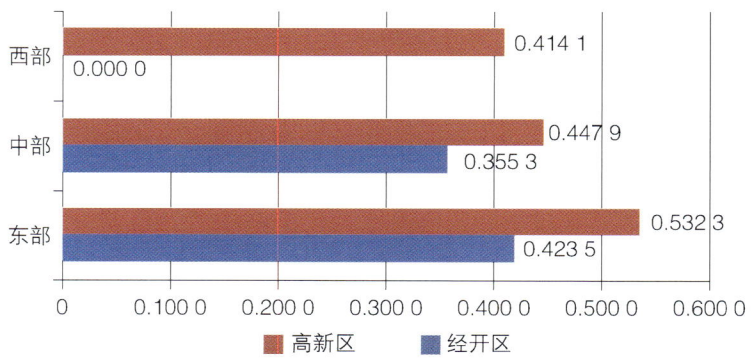

图 5-15　高新区和经开区前 10 强各区域均值比较

5.4 类别排名各年度对比分析

5.4.1 高新技术产业开发区排名状况对比分析

2013年至2017年百强榜中的高新区数量基本保持稳定;2017年百强榜高新区平均得分上升;2017年百强榜高新区的综合得分差距小于2016年。2017年有51家高新技术产业开发区进入综合排名百强榜,与2016年入榜高新区数量相同;2017年进入综合排名百强榜的高新区平均得分从0.315 1上升到0.323 8,百强榜高新区综合指标得分增长率为2.77%。与2016年相比,2017年进入综合排名百强榜的高新技术产业开发区变异系数从0.345 9升高到0.383 7,并且高于2017年百强产业园区的变异系数0.311 5,2013年至2017年百强榜内的高新区得分差距拉大,变异系数复合增长率为9.06%(表5-13)。

表5-13　2013—2017年高新区持续发展竞争力总指标得分对比

高新区	2013年	2014年	2015年	2016年	2017年	增长率	复合增长率
园区个数(家)	50	50	50	51	51	0.00%	0.00%
总得分	15.998 8	15.434 5	15.563 2	16.068 9	16.516 0	2.78%	0.93%
平均得分	0.320 0	0.308 7	0.311 3	0.315 1	0.323 8	2.77%	0.93%
前10强总得分	4.549 1	4.667 2	4.650 7	4.722 6	4.918 5	4.15%	3.35%
变异系数	0.285 9	0.406 3	0.372 1	0.345 9	0.383 7	10.92%	9.06%

2013年至2017年共有15家高新区先后进入高新区前10强,其中6家园区连续五年进入高新区前10强。这6家园区是中关村国家自主创新示范区、上海张江国家自主创新示范区、武汉东湖国家自主创新示范区、深圳高新技术产业开发区、合肥高新技术产业开发区、成都高新技术产业开发区。

2013年至2017年百强榜高新区前3强始终保持不变,但平均得分差距在缩小。前3强依次为中关村国家自主创新示范区、上海张江国家自主创新示范区、武汉东湖国家自主创新示范区,对比2016年,中关村国家自主创新区仍位居第 1 名,综合得分增长了 17.06%。上海张江国家自主创新示范区的综合得分增长率为 6.42%,而第 3 名武汉东湖国家自主创新示范区综合得分上涨 22.43%,实现了快速发展。成都高新技术产业开发区保持第 4 名稳定发展,苏州国家高新技术产业开发区挤入前 10 强,成为第 15 家进入高新区前 10 强的园区。

2013 年至 2017 年综合排名百强榜中,东部高新区数量小幅上升,中部高新区数量基本平稳,西部高新区数量变化不大。2013—2017 年,东部高新区在数量上始终占有绝对优势,5 年间入榜数量由 27 家增加到 29 家。中西部高新区的竞争力不及东部高新区,中西部高新区数量基本不变(图 5-16)。

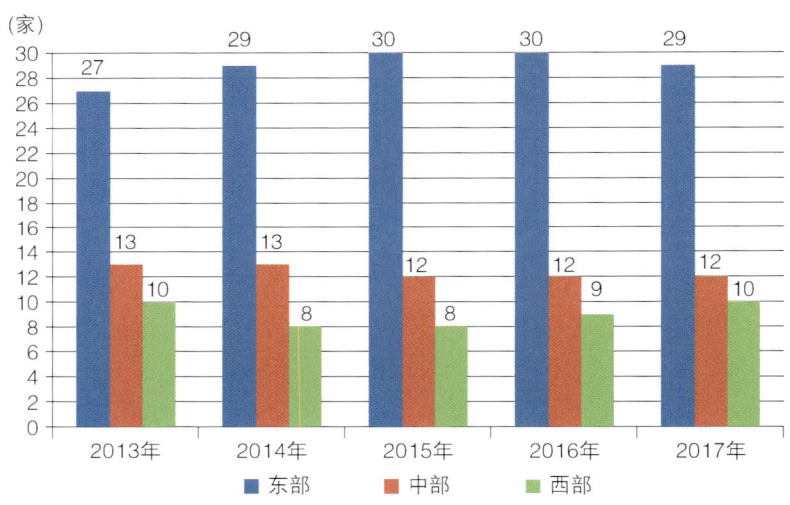

图 5-16　2013—2017 年高新区区域分布趋势

5.4.2　高新技术产业开发区单项指标变动分析

1. 经济发展指标

2013 年以来,百强榜高新区经济发展指标均值略有下降,至 2017 年反弹回升,2016 年得分为 0.035 8,为五年来最低值(图 5-17)。

2. 创新发展指标

2013—2017 年,百强榜高新区创新发展指标得分均值逐步上升,2017 年出现新高(图 5-18)。

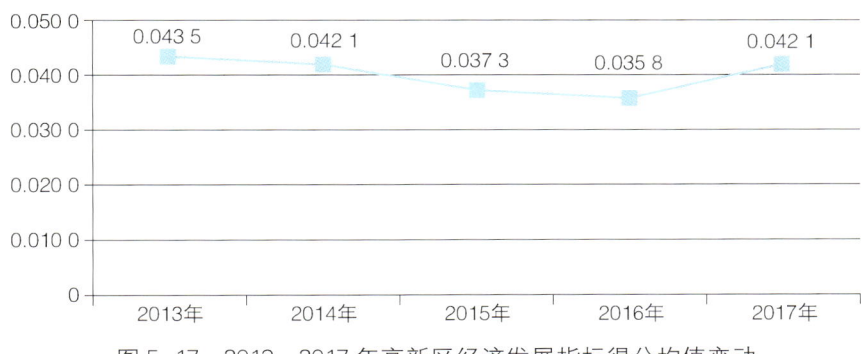

图 5-17　2013—2017 年高新区经济发展指标得分均值变动

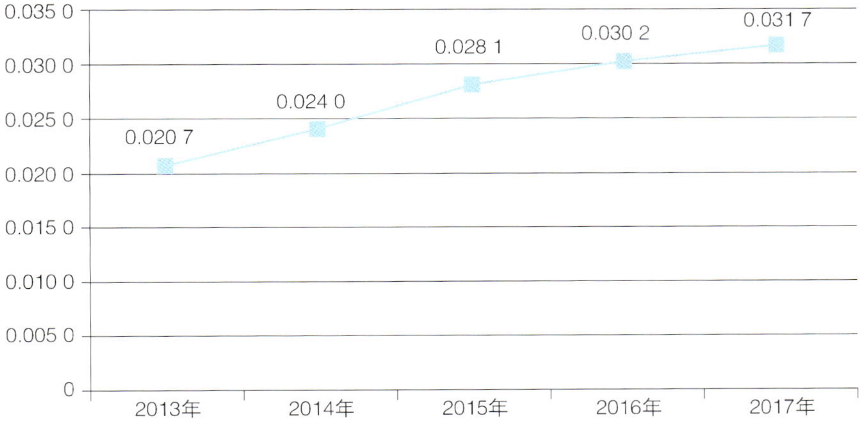

图 5-18　2013—2017 年高新区创新发展指标得分均值变动

3. 产业合作指标

2014 年以来百强榜产业合作指标稳步上升,2017 年达到四年来最大值,但仍低于 2013 年的水平(图 5-19)。

图 5-19　2013—2017 年高新区产业合作指标得分均值变动

4. 公共服务指标

2013年至今,百强榜高新区公共服务指标得分均值整体呈上升趋势,2017年略微低于2016历史峰值,总体稳定(图5-20)。

图5-20　2013—2017年高新区公共服务指标得分均值变动

5. 社会发展指标

2013—2017年,百强榜高新区社会发展指标得分均值呈先上升后下降的变化趋势,2016年社会发展指标有大幅度的下滑,2017年较2016年下降趋缓(图5-21)。其原因一是在于中美贸易战,经济下行的压力下,园区把首要的精力和资源放在了经济增长方面;二是由于统计方式进行了优化,导致一部分数据的变化。

图5-21　2013—2017高新区社会发展指标得分均值变动

5.4.3　经济技术开发区排名状况对比分析

2013—2017年,百强榜经开区数量基本保持稳定;2017年百强榜经开区平均得分上升;2017年百强榜经开区的综合得分差距大于2016年。2017年有49家经济技术开发区进入综合百强榜,与 2016 年进入百强榜的经开区数量相同;进入综合排名百强榜的经开区平均得分从 0.309 6 上升到 0.314 6,百强经开区综合指标得分均值增长速率为 1.61%。与 2016 年相比,2017 年进入综合排名百强榜的经济技术开发区变异系数从 0.198 5 升高到 0.208 0,但低于 2017 年百强产业园区变异系数 0.311 5。变异系数复合增长率为 4.20%,得分差距拉大(表 5-15)。

表 5-15　2013—2017 年经开区持续发展竞争力总指标得分对比

经开区	2013 年	2014 年	2015 年	2016 年	2017 年	增长率	复合增长率
园区个数(家)	50	50	50	49	49	0.00%	0.00%
总得分	16.167 2	15.173 2	14.977 2	15.170 6	15.414 9	1.61%	0.64%
平均得分	0.323 3	0.303 5	0.299 5	0.309 6	0.314 6	1.61%	0.64%
前 10 强总得分	4.379 3	4.158 8	4.036	4.088 7	4.098 9	0.25%	1.25%
变异系数	0.219 1	0.224 7	0.217 8	0.198 5	0.208 0	4.76%	4.20%

2013 年至 2017 年百强榜共有 13 家经开区先后进入经开区前 10 强,6 家园区连续五年进入经开区前 10 强。这些园区是苏州工业园区、广州经济技术开发区、天津经济技术开发区、青岛经济技术开发区、昆山经济技术开发区、北京经济技术开发区。

2013 年至 2016 年百强榜经开区前 3 强基本稳定,为苏州工业园区、广州经济技术开发区和天津经济技术开发区。2017 年,北京经济技术开发区超越天津经济技术开发区挤入前 3 名。排名第 4—10 名的园区变动较大,其中烟台经济技术开发区、大连经济技术开发区排名有所提升。

2013 年至 2017 年综合排名百强榜中,东部经开区数量有绝对优势,且具有较强的竞争实力,5 年间入榜数量由 34 家增加到 35 家。中西部经开区数量变化不大。中西部经开区的发展状况不及东部经开区,5 年间入榜中部经开区维持不变,西部经开区减少 2 家(图 5-22)。

5.4.4　经济技术开发区单项指标变动分析

1. 经济发展指标

2013—2016 年,百强经开区经济发展指标得分均值呈"U"形分布,2016—2017 年,百强经开区经济发展指标均值有微弱的增长(图 5-23)。

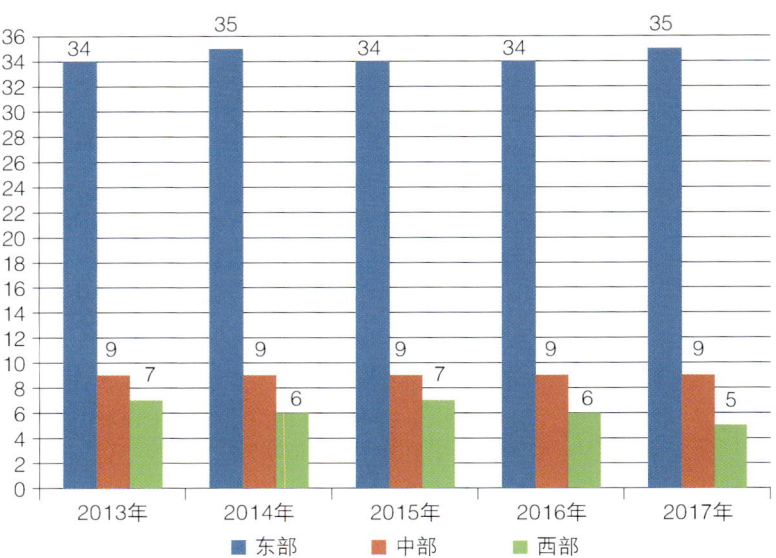

图 5-22　2013—2017 年经开区区域分布趋势

图 5-23　2013—2017 年经开区经济发展指标得分均值变动

2. 创新发展指标

2013—2017 年,百强榜经开区创新发展得分均值呈现波动上升的趋势,2017 年为五年来最高水平(图 5-24)。

3. 产业合作指标

2013—2015 年,百强榜经开区产业合作指标得分均值呈下降趋势,自 2016 年开始反弹,2017 年较 2016 年有所上升,但仍未超过 2013 年的水平(图 5-25)。

图 5-24　2013—2017 年经开区创新发展指标得分均值变动

图 5-25　2013—2017 年经开区产业合作指标得分均值变动

4. 公共服务指标

2013—2017 年,百强榜经开区公共服务指标得分均值呈波动上升趋势,2017 年经开区公共服务指标得分均值为五年来最高水平(图 5-26)。

图 5-26　2013—2017 年经开区公共服务指标得分均值变动

5. 社会发展指标

2013—2015年,经开区社会发展指标得分均值比较平稳,但2016年百强榜经开区社会发展指标得分开始大幅度下滑,2017年相较于2016年仍有轻微下滑(图5-27)。该原因与高新区社会发展指标变动的原因基本一致。

图5-27　2013—2017年经开区社会发展指标得分均值变动

附　录

Ⅰ 中国产业园区持续发展评价指标体系构建

一、持续发展评价指标体系的构建理念

（1）重视持续发展。在政府外力驱动下，产业园区主要依靠"招商引资"的粗放型建设发展模式，缺乏内生动力，自主创新能力不足，不具有发展的持续性。现有的评价体系主要关注园区发展的经济结果，相对忽视了园区未来发展的潜力，对内涵性发展指标如增长率研发投入、企业间互动合作、人才培训等重视不足。本报告重视生态环境、社会和谐、产业优化以及企业创新等内生源动力，并将其作为衡量产业园区持续发展的关键要素。

（2）形成统一评价。产业园区可以根据功能、地域等标准划分为不同的类别，现有对产业园区的评价指标体系也基本是针对某类园区进行专门性评价，难以对中国产业园区进行全面统一观测。本报告在深入研究各类园区特征及其协同优化发展的基础上，形成一套指标体系，对所有国家级产业园区进行统一评价。

（3）强调"三聚"路径。产业园区的协同优化发展对园区战略定位与主导产业设计提出了要求，政府部门或园区管理机构需要在园区发展中科学规划、合理引导。本报告依循产业园区的发展规律，提出了确定主导产业并吸引核心企业以"聚核"、拓展纵向产业链和横向服务链以"聚链"、打造公共平台并进行体系建设以"聚网"的"三聚"发展路径。

二、持续发展评价指标体系的内涵

（1）从指标设置来看。持续发展评价指标体系的指标，主要可分为基量指标和增量指标两类。其中，基量指标用以衡量园区过去及现有的实力，而增量指标则用以衡量园区现在及未来的发展能力。

（2）从研究范围来看。持续发展评价指标体系的研究对象不仅仅是园区内的企业或是产业，而是包括企业、产业、基础设施及社区服务平台等在内的整体系统。

（3）从评价功能来看。持续发展评价指标体系强调，园区的功能不单单是提供促进经济增长的平台和途径，更在于其所承担的社会责任和环境责任。因而，评价一个园区的优劣，不能只看经济指标，还应综合考察其社会和环境方面的指标。

三、持续发展评价指标体系的构建原则

（1）科学性原则。指标体系要反映持续发展的科学内涵，同时每一个指标都应该科学地反映系统整体的某一个侧面。

（2）可行性原则。指标体系中的指标应具有可测性和可比性，而且计算方法不应太复杂，所需数据应该能够获得。

（3）独立性原则。指标体系中的各指标之间应保持相互独立。

（4）完备性原则。指标体系应该能够反映被评价系统的主要特征，以比较全面和完整地反映被评价系统的整体状况。

（5）简洁性原则。在完备性原则的基础上，应使指标体系尽可能简化，这样可以使指标体系容易为人们所理解和采用。

（6）层次性原则。根据评价需要，应使指标体系具有合理和清晰的层次和结构，层次的划分可根据指标的重要性或指标的属性加以进行。

（7）可接受性原则。应使指标体系中的各项指标能为大多数人所理解或接受，尤其是比较重要的指标更应如此。

（8）稳定性原则。在一定的时期内，指标体系的指标内容应保持相对的稳定，这样可以比较容易地分析和比较被评价系统的发展过程或状况。

四、持续发展评价指标体系的内容

根据上述分析,我们最终得到了中国产业园区持续发展评价指标体系,如下表所示。

中国产业园区持续发展评价指标体系

一级指标	二级指标	含 义
经济发展	经济实力	园区当年度创造的GDP总量、工业总产值等反映其经济体量的相关指标
	经济增长	园区当年度相关经济实力指标的同比增长情况
创新发展	创新资源	园区内大专院校、科研机构等
	创新平台	园区内国家级工程技术研究中心
	创新成果	园区所拥有的专利授权数
产业合作	企业集聚度	园区内产业相关、分工协作等企业集群的成熟程度
	园区合作状况	园区内部以及园区之间的合作水平、合作强度,分园区数量等
公共服务	区位优势	园区所在地的地理优势、交通状况、国际化区位等
	园区组织结构	园区组织机构(管委会等相关部门)的设置情况
	配套服务机构	园区内检测、认证及相关中介服务等机构的建设
社会发展	环境保护	园区在环境保护方面的认证或相关政策制定状况
	产城融合	园区周围相关生活设施的配套情况

五、持续发展指标体系的运用方法

(1) 数据搜集。截至2018年3月,国家级园区共387家。考虑到数据的可比性,我们以截至2017年底的375家国家级园区为对象,进行统计分析,针对持续发展指标体系进行原始数据的调查与收集。

(2) 专家打分。对定性指标的测量结果采取专家打分的方法进行赋值,将定性指标加以量化。至此,所有的指标数据都以数值形式呈现,标记为 X。

(3) 无纲量化。对所有指标的测量结果进行无纲量化,将每一个指标数据除以该项指标数值的最大值,得到园区单项指标得分值。

(4) 园区评分。将每一个产业园区的所有单项指标得分按照各自的权重加权平均求和,得到该产业园区的综合得分。

(5) 综合排名。以所有产业园区的综合得分为依据,针对总体情况以及各分类情况,对园区进行持续发展竞争力排名。

II 中国国家级产业园区名录

一、国家级经济技术开发区 219 家

东部地区分布 107 家

名　称	批复时间(年)	名　称	批复时间(年)
辽宁 9 家			
大连经济技术开发区	1984	营口经济技术开发区	1992
沈阳经济技术开发区	1993	大连长兴岛经济技术开发区	2010
锦州经济技术开发区	1992	盘锦辽滨沿海经济技术开发区	2013
沈阳辉山经济技术开发区	1993	铁岭经济技术开发区	2014
旅顺经济技术开发区	2014		
北京 1 家			
北京经济技术开发区	1994		
天津 6 家			
天津经济技术开发区	1984	西青经济技术开发区	2010
武清经济技术开发区	2010	天津子牙经济技术开发区	2012
北辰经济技术开发区	2013	东丽经济技术开发区	2014
河北 6 家			
秦皇岛经济技术开发区	1984	廊坊经济技术开发区	2009
沧州临港经济技术开发区	2010	藁城经济技术开发区	2013
唐山曹妃甸经济技术开发区	2013	邯郸经济技术开发区	2013
山东 15 家			
青岛经济技术开发区	1984	烟台经济技术开发区	1984
威海经济技术开发区	1992	东营经济技术开发区	2010
日照经济技术开发区	2010	潍坊滨海经济技术开发区	2010
邹平经济技术开发区	2010	临沂经济技术开发区	2010
招远经济技术开发区	2011	德州经济技术开发区	2012
明水经济技术开发区	2012	胶州经济技术开发区	2012
聊城经济技术开发区	2013	滨州经济技术开发区	2014

续表

名　称	批复时间(年)	名　称	批复时间(年)
威海临港经济技术开发区	2013		
江苏26家			
南通经济技术开发区	1984	连云港经济技术开发区	1984
昆山经济技术开发区	1992	苏州工业园区	1994
南京经济技术开发区	2002	扬州经济技术开发区	2009
徐州经济技术开发区	2010	镇江经济技术开发区	2010
吴江经济技术开发区	2010	江宁经济技术开发区	2010
常熟经济技术开发区	2010	淮安经济技术开发区	2010
盐城经济技术开发区	2010	锡山经济技术开发区	2011
太仓港经济技术开发区	2010	张家港经济技术开发区	2011
海安经济技术开发区	2012	靖江经济技术开发区	2012
宜兴经济技术开发区	2013	宿迁经济技术开发区	2013
海门经济技术开发区	2013	如皋经济技术开发区	2013
吴中经济技术开发区	2014	浒墅关经济技术开发区	2014
沭阳经济技术开发区	2014	相城经济技术开发区	2014
上海6家			
闵行经济技术开发区	1986	虹桥经济技术开发区	1986
上海漕河泾新兴技术开发区	1988	上海金桥出口加工区	1990
上海化学工业经济技术开发区	2012	松江经济技术开发区	2014
浙江21家			
宁波经济技术开发区	1984	温州经济技术开发区	1992
宁波大榭开发区	1993	杭州经济技术开发区	1993
萧山经济技术开发区	1993	嘉兴经济技术开发区	2010
湖州经济技术开发区	2010	绍兴袍江经济技术开发区	2010
宁波石化经济技术开发区	2010	长兴经济技术开发区	2010
金华经济技术开发区	2011	嘉善经济技术开发区	2011
衢州经济技术开发区	2011	义乌经济技术开发区	2012
杭州余杭经济技术开发区	2012	绍兴柯桥经济技术开发区	2012
富阳经济技术开发区	2012	平湖经济技术开发区	2013
杭州湾上虞经济技术开发区	2014	慈溪经济技术开发区	2014
丽水经济技术开发区	2014		

续表

名　称	批复时间(年)	名　称	批复时间(年)
福建 10 家			
福州经济技术开发区	1985	厦门海沧台商投资区	1989
福清融侨经济技术开发区	1992	东山经济技术开发区	1993
漳州招商局经济技术开发区	2010	泉州经济技术开发区	2010
漳州台商投资区	2012	泉州台商投资区	2012
龙岩经济技术开发区	2012	东侨经济技术开发区	2012
广东 6 家			
湛江经济技术开发区	1984	广州经济技术开发区	1984
广州南沙经济技术开发区	1993	惠州大亚湾经济技术开发区	1993
增城经济技术开发区	2010	珠海经济技术开发区	2012
海南 1 家			
海南洋浦经济技术开发区	1992		

(﹡:漕河泾新兴技术开发区既是经开区又是高新区,但由于其经开区认定先于高新区,为避免重复计算,本报告将其归类为经开区,且维持不变。)

中部地区分布 63 家

名　称	批复时间(年)	名　称	批复时间(年)
山西 4 家			
太原经济技术开发区	2001	大同经济技术开发区	2010
晋中经济技术开发区	2012	晋城经济技术开发区	2013
吉林 5 家			
长春经济技术开发区	1993	吉林经济技术开发区	2010
四平红嘴经济技术开发区	2010	长春西新经济技术开发区	2010
松原经济技术开发区	2013		
黑龙江 8 家			
哈尔滨经济技术开发区	1993	宾西经济技术开发区	2010
海林经济技术开发区	2010	哈尔滨利民经济技术开发区	2011
大庆经济技术开发区	2012	绥化经济技术开发区	2012
牡丹江经济技术开发区	2013	双鸭山经济技术开发区	2014
安徽 12 家			
芜湖经济技术开发区	1993	合肥经济技术开发区	2000
马鞍山经济技术开发区	2010	安庆经济技术开发区	2010

续表

名　称	批复时间(年)	名　称	批复时间(年)
铜陵经济技术开发区	2011	滁州经济技术开发区	2011
池州经济技术开发区	2011	六安经济技术开发区	2013
淮南经济技术开发区	2013	宁国经济技术开发区	2013
桐城经济技术开发区	2013	宣城经济技术开发区	2014
江西 10 家			
南昌经济技术开发区	2000	九江经济技术开发区	2010
赣州经济技术开发区	2010	井冈山经济技术开发区	2010
上饶经济技术开发区	2010	萍乡经济技术开发区	2010
南昌小蓝经济技术开发区	2012	宜春经济技术开发区	2013
龙南经济技术开发区	2013	瑞金经济技术开发区	2013
河南 9 家			
郑州经济技术开发区	2000	漯河经济技术开发区	2010
鹤壁经济技术开发区	2010	开封经济技术开发区	2010
许昌经济技术开发区	2010	洛阳经济技术开发区	2012
新乡经济技术开发区	2012	红旗渠经济技术开发区	2012
濮阳经济技术开发区	2013		
湖北 7 家			
武汉经济技术开发区	1993	黄石经济技术开发区	2010
襄阳经济技术开发区	2010	武汉临空港经济技术开发区	2010
荆州经济技术开发区	2011	鄂州葛店经济技术开发区	2012
十堰经济技术开发区	2012		
湖南 8 家			
长沙经济技术开发区	2000	岳阳经济技术开发区	2010
常德经济技术开发区	2010	宁乡经济技术开发区	2010
湘潭经济技术开发区	2011	浏阳经济技术开发区	2012
娄底经济技术开发区	2012	望城经济技术开发区	2014

西部地区分布 49 家

名　称	批复时间(年)	名　称	批复时间(年)
内蒙古 3 家			
呼和浩特经济技术开发区	2000	巴彦淖尔经济技术开发区	2013
呼伦贝尔经济技术开发区	2014		

续表

名　称	批复时间(年)	名　称	批复时间(年)
广西 4 家			
南宁经济技术开发区	2001	钦州港经济技术开发区	2010
广西-东盟经济技术开发区	2013	中国-马来西亚钦州产业园区	2014
陕西 5 家			
西安经济技术开发区	2000	陕西航空经济技术开发区	2010
陕西航天经济技术开发区	2010	汉中经济技术开发区	2012
神府经济技术开发区	2013		
甘肃 5 家			
兰州经济技术开发区	2002	金昌经济技术开发区	2010
天水经济技术开发区	2010	酒泉经济技术开发区	2013
张掖经济技术开发区	2013		
青海 2 家			
西宁经济技术开发区	2000	格尔木昆仑经济技术开发区	2012
宁夏 2 家			
银川经济技术开发区	2001	石嘴山经济技术开发区	2011
新疆 9 家			
乌鲁木齐经济技术开发区	1994	石河子经济技术开发区	2000
库尔勒经济技术开发区	2011	奎屯经济技术开发区	2011
阿拉尔经济技术开发区	2012	五家渠经济技术开发区	2012
准东经济技术开发区	2012	甘泉堡经济技术开发区	2012
库车经济技术开发区	2015		
四川 8 家			
成都经济技术开发区	2000	广安经济技术开发区	2010
德阳经济技术开发区	2010	遂宁经济技术开发区	2012
绵阳经济技术开发区	2012	广元经济技术开发区	2012
宜宾临港经济技术开发区	2013	内江经济技术开发区	2013
重庆 3 家			
重庆经济技术开发区	1993	万州经济技术开发区	2010
长寿经济技术开发区	2010		
云南 5 家			
昆明经济技术开发区	2000	曲靖经济技术开发区	2010

续表

名　称	批复时间(年)	名　称	批复时间(年)
大理经济技术开发区	2012	嵩明杨林经济技术开发区	2013
蒙自经济技术开发区	2013		
贵州 2 家			
贵阳经济技术开发区	2000	遵义经济技术开发区	2010
西藏 1 家			
拉萨经济技术开发区	2001		

二、国家级高新技术产业开发区 168 家

东部地区分布 77 家

名　称	批复时间(年)	名　称	批复时间(年)
辽宁 8 家			
沈阳高新技术产业开发区	1991	本溪高新技术产业开发区	2010
大连高新技术产业开发区	1991	营口高新技术产业开发区	2010
鞍山高新技术产业开发区	1992	阜新高新技术产业开发区	2014
辽阳高新技术产业开发区	2010	锦州高新技术产业开发区	2015
北京 1 家			
中关村科技园	1988		
天津 1 家			
天津滨海高新技术产业开发区	1991		
河北 5 家			
石家庄高新技术产业开发区	1991	保定高新技术产业开发区	1992
唐山高新技术产业开发区	2010	燕郊高新技术产业开发区	2011
河北承德高新区	2012		
山东 12 家			
威海火炬高技术产业开发区	1991	济南高新技术产业开发区	1991
淄博高新技术产业开发区	1992	青岛高新技术产业开发区	1992
潍坊高新技术产业开发区	1992	济宁高新技术产业开发区	2010
烟台高新技术产业开发区	2010	临沂高新技术产业开发区	2011
泰安高新技术产业开发区	2012	枣庄高新技术产业开发区	2015
莱芜高新技术产业开发区	2015	德州高新技术产业开发区	2015

续表

名　称	批复时间(年)	名　称	批复时间(年)
江苏 17 家			
南京国家高新技术产业开发区	1991	苏州国家高新技术产业开发区	1992
常州国家高新技术产业开发区	1992	无锡国家高新技术产业开发区	1992
昆山高新技术产业开发区	2010	泰州医药高新技术产业开发区	1996
武进高新技术产业开发区	2012	江阴高新技术产业开发区	2011
南通高新技术产业开发区	2013	徐州国家高新技术产业开发区	2012
盐城高新技术产业开发区	2015	连云港高新技术产业开发区	2015
常熟高新技术产业开发区	2015	扬州高新技术产业开发区	2015
镇江高新技术产业开发区	2015	淮安高新技术产业开发区	2017
宿迁高新技术产业开发区	2017		
上海 2 家			
上海张江高新技术产业开发区	1991	上海紫竹高新技术产业开发区	2011
浙江 8 家			
杭州高新技术产业开发区	1991	宁波高新技术产业开发区	2007
衢州高新技术产业开发区	2007	绍兴高新技术产业开发区	2010
温州高新技术产业开发区	2012	萧山临江高新技术产业开发区	2015
嘉兴秀洲高新技术产业开发区	2015	湖州莫干山高新技术产业园区	2015
福建 8 家			
福州高新技术产业开发区	1991	厦门火炬高技术产业开发区	1991
泉州高新技术产业开发区	2010	莆田高新技术产业开发区	2012
漳州高新技术产业开发区	2014	三明高新技术产业开发区	2015
龙岩高新技术产业开发区	2015	永安尼葛高新技术开发区	2015
广东 14 家			
中山火炬高技术产业开发区	1991	广州高新技术产业开发区	1991
佛山高新技术产业开发区	1992	惠州仲恺高新技术开发区	1992
深圳高新技术产业开发区	1996	江门高新技术产业开发区	2010
东莞松山湖高新技术产业园	2010	肇庆高新技术产业开发区	2010
珠海高新技术产业开发区	1992	源城高新技术产业开发区	2015
清远高新技术产业开发区	2015	汕头高新技术产业开发区	2017
茂名高新技术产业开发区	2018	湛江高新技术产业开发区	2018
海南 1 家			
海口高新技术产业开发区	1991		

中部地区分布 52 家

名　称	批复时间(年)	名　称	批复时间(年)
山西 2 家			
太原高新技术产业开发区	1992	长治高新技术产业开发区	2015
吉林 5 家			
长春高新技术产业开发区	1991	吉林高新技术产业开发区	1992
延吉高新技术产业开发区	2010	长春净月高新技术产业开发区	2012
通化医药高新技术产业开发区	2014		
黑龙江 3 家			
哈尔滨高新技术产业开发区	1991	大庆高新技术产业开发区	1992
齐齐哈尔高新技术产业开发区	2010		
安徽 6 家			
合肥高新技术产业开发区	1991	蚌埠高新技术产业开发区	2010
芜湖高新技术产业开发区	2010	马鞍山慈湖高新技术开发区	2012
铜陵狮子山高新技术产业开发区	2017	淮南高新技术产业开发区	2018
江西 9 家			
南昌高新技术产业开发区	1992	新余高新技术产业开发区	2010
景德镇高新技术产业开发区	2010	鹰潭高新技术产业开发区	2012
抚州高新技术产业开发区	2015	吉安高新技术产业园区	2015
赣州高新技术产业园区	2015	宜春丰城高新技术产业园区	2018
九江共青城高新技术产业园区	2018		
河南 7 家			
郑州高新技术产业开发区	1991	洛阳高新技术产业开发区	1992
安阳高新技术产业开发区	2010	南阳高新技术产业开发区	2010
新乡高新技术产业开发区	2012	平顶山高新技术产业开发区	2015
焦作高新技术产业开发区	2015		
湖北 12 家			
武汉东湖高新技术开发区	1991	襄阳高新技术产业开发区	1992
宜昌高新技术产业开发区	2010	孝感高新技术产业开发区	2012
荆门高新技术产业开发区	2013	仙桃高新技术产业开发区	2015
随州高新技术产业园区	2015	咸宁国家高新技术产业开发区	2017
黄冈高新技术产业开发区	2017	潜江高新技术产业园区	2018
黄石大冶湖高新技术产业园区	2018	荆州高新技术产业园区	2018

续表

名　称	批复时间(年)	名　称	批复时间(年)
湖南 8 家			
长沙高新技术产业开发区	1991	株洲高新技术产业开发区	1992
湘潭高新技术产业开发区	2009	益阳高新技术产业开发区	2011
衡阳高新技术产业开发区	2012	郴州高新技术产业开发区	2015
常德高新技术产业开发区	2017	怀化高新技术产业开发区	2018

西部地区分布 39 家

名　称	批复时间(年)	名　称	批复时间(年)
内蒙古 3 家			
包头稀土高新技术产业开发区	1992	金山高新技术产业开发区	2014
鄂尔多斯国家高新技术产业开发区	2017		
广西 4 家			
桂林高新技术产业开发区	1991	南宁高新技术产业开发区	1992
柳州高新技术产业开发区	2010	北海高新技术产业开发区	2015
陕西 7 家			
西安高新技术产业开发区	1991	宝鸡高新技术产业开发区	1992
杨凌农业高新技术产业示范区	1997	渭南高新技术产业开发区	2010
榆林高新技术产业开发区	2012	咸阳高新技术产业开发区	2012
安康高新技术产业开发区	2015		
甘肃 2 家			
兰州高新技术产业开发区	1991	白银高新技术产业开发区	2010
青海 1 家			
青海高新技术产业开发区	2010		
宁夏 2 家			
银川高新技术产业开发区	2010	石嘴山高新技术产业开发区	2014
新疆 3 家			
乌鲁木齐高新技术产业开发区	1992	昌吉高新技术产业开发区	2010
石河子高新技术产业开发区	2014		
四川 8 家			
成都高新技术产业开发区	1991	绵阳高新技术产业开发区	1992
自贡高新技术产业开发区	2011	乐山高新技术产业开发区	2012

续表

名　称	批复时间(年)	名　称	批复时间(年)
泸州高新技术产业开发区	2015	德阳高新技术产业园区	2015
攀枝花钒钛高新技术产业园区	2015	内江高新技术产业园区	2017
重庆 4 家			
重庆高新技术产业开发区	1991	重庆璧山高新技术产业开发区	2015
永川高新技术产业开发区	2018	荣昌高新技术产业开发区	2018
云南 3 家			
昆明高新技术产业开发区	1992	玉溪高新技术产业开发区	2012
楚雄高新技术产业开发区	2018		
贵州 2 家			
贵阳高新技术产业开发区	1992	安顺高新技术产业开发区	2017

三、国家级保税区 135 家

东部地区分布 84 家

名　称	批复时间(年)	名　称	批复时间(年)
北京 1 家			
北京天竺综合保税区	2008		
辽宁 5 家			
大连保税区	1992	沈阳综合保税区	2011
辽宁大连出口加工区	2000	大连大窑湾保税港区	2006
营口综合保税区	2017		
天津 5 家			
天津港保税区	1991	天津滨海新区综合保税区	2008
天津出口加工区	2000	天津保税物流园区	2004
天津东疆保税港区	2006		
山东 9 家			
山东青岛西海岸出口加工区	2006	潍坊综合保税区	2011
济南综合保税区	2012	临沂综合保税区	2014
东营综合保税区	2015	威海综合保税区	2016
青岛前湾保税港区	2008	山东青岛出口加工区	2003
烟台保税港区	2009		

续表

名　称	批复时间(年)	名　称	批复时间(年)
江苏 21 家			
苏州工业园综合保税区	2006	张家港保税区	2009
昆山综合保税区	2009	苏州高新技术产业开发区综合保税区	2010
无锡高新区综合保税区	2012	盐城综合保税区	2012
淮安综合保税区	2012	太仓港综合保税区	2013
南通综合保税区	2013	吴中综合保税区	2015
常熟综合保税区	2015	吴江综合保税区	2015
镇江综合保税区	2017	扬州综合保税区	2016
泰州综合保税区	2015	江苏连云港出口加工区	2003
南京综合保税区龙潭片及江宁片	2012	江阴综合保税区	2016
徐州综合保税区	2017	江苏常州综合保税区	2015
江苏武进综合保税区	2015		
上海 10 家			
上海外高桥保税区	1990	上海浦东机场综合保税区	2009
上海漕河泾出口加工区	1992	上海嘉定出口加工区	2005
上海金桥出口加工区南区	2001	上海外高桥保税物流园区	2003
洋山保税港区	2005	上海松江出口加工区及 B 区	2000/2002
上海青浦出口加工区	2003	上海闵行出口加工区	2003
浙江 8 家			
宁波保税区	1992	舟山港综合保税区	2012
金华金义综合保税区	2015	嘉兴综合保税区	2016
浙江杭州出口加工区	2000	浙江宁波出口加工区	2002
宁波梅山保税港区	2008	浙江慈溪出口加工区	2005
福建 7 家			
福州保税区	1992	厦门象屿保税区	1992
福建福州出口加工区	2005	福州保税港区	2010
厦门海沧保税港区	2008	厦门象屿保税物流园区	2004
福建泉州综合保税区	2016		
广东 12 家			
广州出口加工区	2000	广东福田保税区	1991
广州保税区	1992	汕头经济特区保税区	1993

续表

名　称	批复时间(年)	名　称	批复时间(年)
广东珠海保税区	1996	深圳盐田综合保税区	1996
广州白云机场综合保税区	2010	广州保税物流园区	2007
广州南沙保税港区	2008	广东深圳出口加工区	2000
珠澳跨境工业区	2003	深圳前海湾保税港区	2008
海南 2 家			
海口综合保税区	2008	海南洋浦保税港区	2007
河北 4 家			
曹妃甸综合保税区	2012	石家庄综合保税区	2015
河北秦皇岛出口加工区	2002	廊坊综合保税区	2018

中部地区分布 24 家

名　称	批复时间(年)	名　称	批复时间(年)
山西 1 家			
太原武宿综合保税区	2012		
黑龙江 2 家			
黑龙江绥芬河保税区	2009	哈尔滨综合保税区	2016
安徽 4 家			
合肥综合保税区	2014	安徽合肥出口加工区	2010
芜湖综合保税区	2015	马鞍山综合保税区	2016
湖北 3 家			
武汉东湖综合保税区	2011	武汉新港空港综合保税区	2016
湖北武汉出口加工区	2000		
河南 3 家			
郑州新郑综合保税区	2010	郑州经开综合保税区	2016
南阳卧龙综合保税区	2014		
江西 4 家			
江西赣州综合保税区	2014	南昌综合保税区	2016
江西九江出口加工区	2005	江西井冈山出口加工区	2011
吉林 2 家			
长春兴隆综合保税区	2011	吉林珲春出口加工区	2000
湖南 5 家			
衡阳综合保税区	2012	湘潭综合保税区	2013

续表

名　称	批复时间(年)	名　称	批复时间(年)
长沙黄花综合保税区	2016	郴州综合保税区	2016
岳阳城陵矶综合保税区	2014		

西部地区分布 27 家

名　称	批复时间(年)	名　称	批复时间(年)
重庆 3 家			
重庆西永综合保税区	2010	重庆江津综合保税区	2017
重庆两路寸滩保税港区	2008		
广西 4 家			
广西凭祥综合保税区	2008	南宁综合保税区	2015
广西北海出口加工区	2003	广西钦州保税港区	2008
四川 2 家			
成都高新综合保税区及双流园区	2010/2012	四川绵阳出口加工区	2012
陕西 4 家			
西安综合保税区	2011	西安高新综合保税区	2012
陕西西安出口加工区	2002	西安航空基地综合保税区	2012
新疆 4 家			
阿拉山综合保税区	2011	喀什综合保税区	2014
乌鲁木齐综合保税区	2015	中哈霍尔果斯国际边境合作中心中方配套区	2006
内蒙古 3 家			
满洲里综合保税区	2016	内蒙古鄂尔多斯综合保税区	2017
内蒙古呼和浩特出口加工区	2002		
贵州 3 家			
贵阳综合保税区	2013	贵安综合保税区	2015
贵州遵义综合保税区	2017		
宁夏 1 家			
银川综合保税区	2012		
云南 2 家			
红河综合保税区	2013	昆明综合保税区	2016
甘肃 1 家			
兰州新区综合保税区	2014		

四、国家级边境经济开发区 19 家

东部地区分布 1 家

名　称	批复时间(年)	名　称	批复时间(年)
辽宁 1 家			
丹东边境经济合作区	1992		

中部地区分布 6 家

名　称	批复时间(年)	名　称	批复时间(年)
内蒙古自治区 2 家			
满洲里边境经济合作区	1992	二连浩特边境经济合作区	1993
吉林 2 家			
珲春边境经济合作区	1992	和龙边境经济合作区	2015
黑龙江 2 家			
黑河边境经济合作区	1992	绥芬河边境经济合作区	1992

西部地区分布 12 家

名　称	批复时间(年)	名　称	批复时间(年)
广西 2 家			
凭祥边境经济合作区	1992	东兴边境经济合作区	1992
新疆 5 家			
伊宁边境经济合作区	1992	塔城边境经济合作区	1992
博乐边境经济合作区	1992	中哈霍尔果斯国际边境合作中心	2006
吉木乃边境经济合作区	2011		
云南 5 家			
瑞丽边境经济合作区	1992	畹町边境经济合作区	1992
河口边境经济合作区	1992	临沧边境经济合作区	2013
中国老挝磨憨—磨丁经济合作区	2016		

五、其他类型开发区 23 家

东部地区分布 17 家

名　称	批复时间(年)	名　称	批复时间(年)
辽宁 3 家			
大连金石滩国家旅游度假区	1992	沈阳海峡两岸科技工业园	1995
中德(沈阳)高端装备制造产业园	2015		

续表

名　称	批复时间(年)	名　称	批复时间(年)
山东 1 家			
青岛石老人国家旅游度假区	1992		
江苏 3 家			
南京海峡两岸科技工业园	1995	苏州太湖国家旅游度假区	1992
无锡太湖国家旅游度假区	1992		
上海 2 家			
上海陆家嘴金融贸易区	1990	上海佘山国家旅游度假区	1995
浙江 1 家			
杭州之江国家旅游度假区	1992		
福建 6 家			
湄州岛国家旅游度假区	1988	福州台商投资区	1989
厦门杏林台商投资开发区	1989	武夷山国家旅游度假区	1992
厦门集美台商投资开发区	2010	福州元洪投资区	2005
海南 1 家			
三亚亚龙湾国家旅游度假区	1992		

中部地区分布 1 家

名　称	批复时间(年)	名　称	批复时间(年)
黑龙江 1 家			
中俄东宁—波尔塔夫卡互市贸易区	1992		

西部地区分布 5 家

名　称	批复时间(年)	名　称	批复时间(年)
广西 1 家			
北海银滩国家旅游度假区	1992		
新疆 2 家			
喀什经济开发区(含新疆生产建设兵团片区)	2011	霍尔果斯经济开发区(含新疆生产建设兵团片区)	2011
云南 1 家			
昆明滇池国家旅游度假区	1992		
内蒙古 1 家			
满洲里中俄互市贸易区	1992		